중국영화사

– 초기 무성영화 시대의
번역과 발전

중국영화사 – 초기 무성영화 시대의 번역과 발전

초 판 1쇄 2023년 01월 10일

지은이 찐하이나
옮긴이 쑨핑
펴낸이 류종렬

펴낸곳 미다스북스
총괄실장 명상완
책임편집 이다경
책임진행 김가영, 신은서, 임종익, 박유진

등록 2001년 3월 21일 제2001-000040호
주소 서울시 마포구 양화로 133 서교타워 711호
전화 02) 322-7802~3
팩스 02) 6007-1845
블로그 http://blog.naver.com/midasbooks
전자주소 midasbooks@hanmail.net
페이스북 https://www.facebook.com/midasbooks425
인스타그램 https://www.instagram.com/midasbooks

한국어판 © 쑨핑, 미다스북스 2023, *Printed in Korea*.

ISBN 979-11-6910-121-9 93680

값 20,000원

미다스북스는 다음세대에게 필요한 지혜와 교양을 생각합니다.

중국영화사
– 초기 무성영화 시대의 번역과 발전

찐하이나 지음·쑨핑 옮김

세계 영화에 융합하기 위한 최초의 노력, 번역!
중국의 초기 영화 번역으로 보는 역사적 평가와 해석

미다스북스

한국어판 출판 저자 서문

  나의 졸작 『중국 무성영화의 번역 연구(中國無聲電影翻譯研究)』에 대한 한국어 번역본이 출판되는 것을 아주 영광스럽게 생각한다. 이 모든 것은 역자 쑨핑 선생님의 노력 덕분이다. 선생님이 이 책의 학술 가치를 인정해 주신 것에 대해 감사드리고 노고를 마다하지 않고 한국어로 번역해 주셔서 감사드린다.

  2007년, 내가 박사논문의 주제를 고심하고 있을 때 무심코 1992년에 제작한 중국 무성영화 〈노동자의 사랑(勞工之愛情)〉에 중영(中英) 이중언어 자막카드가 달려 있고 중국어 세로쓰기, 영어 가로쓰기, 백화문과 문언문이 교차되어 나타나는 것을 발견하였다. 중국어와 외국어, 고대와 현대의 언어와 문화가 매 장의 자막카드에 교차해서 순식간에 나타난 것이다. 이러한 현상은 나를 의아하게 만들었다. 동시대의 다른 중국 영화를 찾아본 결과, 원래 중국 영화인들은 20세기 1920-30년대부터 이미 해외 관객, 해외 시장을 타겟 범주에 넣고 조직적이고 계획적으로 상당한 규모가 있는 외국어 번역 활동을 시작하였다는 것을 알게 되었다. 이는 중국 영화가 '저우추취(走出去, 해외진출)' 하는 초기 형태이고 중국 영화가 세계 영화에 융합하기 위한 최초의 노력이었다. 나는 이 현상에 매료되어 이것을 박사논문의 연구 방향으로 선정하였다.

중국 영화 번역은 오래전부터 수많은 활동을 진행하여 중국 영화 발전의 전반적인 과정과 함께했다고 볼 수 있으며 중국 영화 사업 발전 과정의 중요한 구성 부분이다. 그러나 이 화두는 오랫동안 상응한 주목을 받지 못했고 국내외 연구자들의 중국 영화의 번역사(飜譯史)에 대한 연구는 여전히 매우 제한적이며 그에 대한 탐구도 확장할 공간이 많이 남아있다. 학계에서 영화의 번역사에 대한 연구를 예로 들면, 여전히 적지 않는 편차와 잘못된 인식이 존재한다. 영화 번역을 시작한 시점에 대해 루샤오펑(魯曉鵬, 2015)은 "세계적 범위에서 보면, 초기의 무성영화는 민족성이 그다지 강하지 않아서 언어 문제가 없었다."라고 주장한 바가 있다. 사실 무성영화 시기에 중국이나 세계적 범위에서 보든 영화의 전파 활동은 모두 풍부한 영화 번역 행위가 수반되어 있다. 『중국 무성영화의 번역 연구』는 충분한 역사 자료와 연구 분석을 토대로 영화의 번역사에 대한 오해와 편견을 바로 잡기 위해 힘썼다.

이 책은 중국 초기의 국산 영화에 대한 번역을 연구 대상으로 삼고 번역 연구와 문화 연구의 관점에서 중국 초기 국산 영화에 대한 번역을 역사문화적 맥락에서 고찰하였으며 중국 영화 번역의 기원, 심층 원인과 번역 유형을 검토하였다. 이와 동시에 텍스트 클로즈 리딩(Close Reading) 방식과 결부하여 〈한 꿰미 진주(一串珍珠)〉, 〈일전매(一剪梅)〉 등 초기 영화의 중국어 자막 및 영어 번역에 대해 고찰하였고 초기 영화의 중영 자막의 특성, 번역 현상과 번역 전략에 대해 분석하였다.

『중국 무성영화의 번역 연구』는 중국 영화의 번역사에 대한 연구를 위해 한 기반을 마련하고자 노력하였다. 현재 나와 팀원들은 외국 영화에 대한 중국어 번역사(飜譯史), 중국 영화에 대한 외국어 번역사, 민족언어 번역 제작 역사, 무장애(배리어 프리) 영화 번역사를 통합적으로 다루는 "중국 영화 번역 통사(中國電影飜譯通史)" 관련 연구를 진행하고 있다. 이로써 중국 역사에서 나타난 현장 해설, 자막 번역, 더빙 번역, 구술 영상 등 다양한 형식의 영화 번역 활동에 대해 고찰하고 이에 대한 역사적 평가와 해석을 진행하여 중국 영화 번역 활동의 생성 기제와 발전 법칙을 밝히고 영화 번역 활동의 사회적 역할과 역사 작용에 대해 총정리하고자 하였다. 그중에서도 중국 내 한국 영화에 대한 번역 문제도 고찰할 예정이다. 앞으로 한국 독자분들을 뵐 수 있는 기회가 있기를 바란다.

중국영화사로 보는 무성영화의 번역 문화

　중국 영화의 발전사는 지금까지 이미 한 세기에 이른다. 기존 사료(史料)에 따르면 1905년에 제작된 중국 영화사상 첫 영화 〈정군산(定軍山)〉은 북경의 풍태사진관(豊泰照相館)에서 제작되었다. 이는 중국인이 영화를 촬영하는 효시였다. 그러나 아직까지 이 영화가 당시에 해외에서 상영하였던 기록을 발견하지는 못하였다.[1] 15년이 지난 1917년에 화미(華美) 영화사가 촬영한 무성영화 〈장자가 아내를 시험하다(장자시처, 莊子試妻)〉는 미국에서 상영됨으로써 중국 영화 해외 상영의 서막을 올렸다. 관련 통계 연구에 따르면 1905년부터 1949년까지 중국 영화사들은 천 여 편의 영화를 제작하였는데 이는 중국 영화가 시작된 지 반세기 만에 장족의 발전을 하였다는 것을 보여준다. 중국 영화에 대한 번역도 백

---

[1] 對於中國電影的誕生具體時間, 學術界尚有爭議, 但主流電影史與中國電影年鑑均認為中國電影誕生的標誌是1905年《定軍山》的拍攝完成。參見程季華主編, 《中國電影發展史》(第一卷), 北京：中國電影出版社, 1980年, 第8頁；陸弘石、舒曉鳴主編, 《中國電影史》, 北京：文化藝術出版社, 1998年, 第2頁；酈蘇元、胡菊彬, 《中國無聲電影史》, 北京：中國電影出版社, 1996年, 第2-4頁；陳明、邊靜、黎煜、酈蘇元, 《中國早期電影回顧》, 《中國電影年鑑》編委會, 《中國電影年鑑百年特刊》, 北京：中國電影年鑑出版社, 2006年, 第148頁。

년에 가까운 역사를 갖고 있다.2) 일찍이 1927년에 출간된『중화영업연감 (中華影業年鑑)(China Cinema Year Book)』에는 중국 영화사에서 자발 적으로 영어 번역을 진행한 중국 영화가 97편3)이나 있다는 기록이 있다. 초기 영화사들의 대규모 중국 영화 번역은 1930년대 초에까지 지속되어 초기 중국 영화 발전사의 중요한 특성이라 할 수 있다. 초기 영화 번역자 들은 주로 상해에서 생활하고 있는 외국 국적 인사와 영어에 능통한 중 국인들이었기 때문에 중국 초기 영화는 비교적 높은 번역 수준을 갖고 있었다.

1930년대 초기에 국민정부(國民政府)의 영화관리기구가 설립되면서 중국 영화 사업도 국가관리체계에 편입되었다. 당시 정부는 외국어 남용 을 막고 적극적으로 중국어를 보급하고자 하였는데 이에 호응하기 위해 정부의 영화관리기구도 영화 자막에 관해 "1931년 10월 10일부터 중국 국내에 상영되는 중국 영화에 외국어 자막을 다는 것을 금지한다"4)는 명 령을 내렸다. 이 이후로 중국 국내에서 상영하는 모든 중국 영화는 영어 자막을 덧붙일 수 없게 되었다. 그러나 중국 영화사에서 제작한 영화는 영화관리기구의 허가를 받으면 해외의 영화전시회로 보내거나 수출될 때 영어 자막을 추가할 수 있었다. 정부도 영화관리기구를 통해 많은 항 일선전영화를 찍어서 해외로 보내 전시회에 참가하거나 국제영화협회와

---

2) 這一數據還不包括港澳臺電影公司出品的電影。見《中國電影年鑑》編委會, 《中國電 影年鑑百年特刊》, 北京 : 中國電影年鑑出版社, 2006年, 第13頁。

3) 程樹仁, 《中華影業年鑑》, 上海 : 中華影業年鑑社, 民國十六年(1927年)。

4) 教育部內政部電影檢查委員會全體委員, 《教育部內政部電影檢查工作總結報告》, 1934 年, 第15頁、第84頁。

교류를 하였다. 영화관리기구의 허가를 받고 해외에서 상영한 영화는 해외에서 상영할 때마다 번역을 거친 후 외국어 자막을 달게 되었다. 항일전쟁 기간 동안 정부는 영화관리기구를 통해 많은 항일전쟁 선전영화를 찍어서 해외에서 상영했으며 유리한 국제 여론 환경을 조성하기 위해 상당한 노력을 기울였다. 관영영화기구가 설립된 후 중국 영화에 대한 번역과 대외 수출은 정부관리체계 안에 편입되었고 정부도 번역 작업에 직접적으로 참여하였음을 알 수 있다. 1905년부터 1949년 사이에 중국 영화에 대한 번역은 주로 초기 영화사가 주도한 비즈니스 번역, 영화관리기구와 영화사의 공동 번역, 영화관리기구의 영화 번역, 해외 영화 단체 혹은 해외 영화사가 중국 영화를 구입한 후 진행한 번역 등 네 가지 기본 유형으로 나눌 수 있다.

초기 중국의 영화 번역은 조직적이고 대규모적인 문화 수출 행위로서 중국 문화수출사의 중요한 연구 가치를 가지고 있다. 초기 중국 영화사와 정부는 적극적으로 중국 영화를 번역해 해외 시장으로 수출하였고 국제영화전시에 참여하기도 하였다. 이는 오늘날 중국 정부가 영화의 '저우추취(走出去, 해외진출)' 전략을 시행하고 해외 시장에서 중국 영화의 경쟁력을 높이며 중국 문화의 영향력을 확대하고 중국 문화의 소프트파워를 강화하는 데 중요한 의미를 가지고 있다. 또한, 초기 영화를 번역할 때 있었던 현상과 전략은 오늘날 내가 중국 영화를 번역하는 데 도움이 되었다.

이 책은 1905년에서 1949년 사이의 초기 중국 영화에 대한 번역을 다룬다. 주로 중국의 영화제작사가 자체 제작한 영화 혹은 해외 영화사와 공동으로 제작한 중국어 버전과 영어 버전의 영화를 포함한다. 이와 같은 시간대를 선정하는 이유는 1905년은 중국의 첫 영화 〈정군산〉이 개봉한 연도이고 1949년은 중화인민공화국이 건국된 후 중국 영화가 이데올로기, 생산 방식, 관리체제, 장르 등 다양한 면에서 새로운 특성을 보였기 때문이다. 1905년에서 1949년 사이에 영화업계의 발전과 영화 번역의 상황은 크게 다르지 않았다. 책에서 다루는 중국 영화의 영어 번역은 주로 중국 영화사가 생산한 무성영화의 영어 자막이다. 이는 당시 영화 번역이 무성영화의 자막 번역을 위주로 하였기 때문이다. 현존하는 사료(史料)에 따르면 앞서 말한 시기에 중국 영화사에서 더빙 번역을 한 영화는 오직 한 편밖에 없는데 바로 '문화영업(文華影業)'이 제작한 〈가봉허황(假鳳虛凰)〉(1947)[5]이다. 그러나 이 영화의 영어 더빙 버전은 너무 오래되어 이미 존재하지 않아 초기 국산 영화의 더빙 번역에 대한 텍스트 고찰을 진행할 수 없었다.

---

5) 影片《假鳳虛凰》上映後引起了一場風波。美國的《生活》(Life)雜誌、《時代周刊》(Time)都對此事做了報道。不少美國片商相繼來到上海洽談購買影片放映權的事宜, 並很快與文華影業協商成功。1948年, 文華影業在拍完《艷陽天》以後, 特地將攝影棚空出兩個月, 聘請了二十余能演出英文戲劇的演員, 由導演黃佐臨加配英文配音拷貝。8月, 影片寄往美國各地放映。文華影業為了加強宣傳攻勢, 還加印了大量主演李麗華和石揮的巨幅彩色照片, 在美國各個影院散發。參見, 「Chinese Movies: A Comedy about an Amorous Barber Breaking Records in Shanghai.」 Life 27 Oct. 1947:75-78.; 「CHINA: Little Meow,」 Time 03 Nov. 1947; 「CHINA: The Razor's Edge.」 Time 04 Aug.1947 ; 張偉, 《都市·電影·傳媒──民國電影筆記》, 上海 : 同濟大學出版社, 2010年, 第162-163頁。

목차

The History of Chinese cinema

1장

왜 중국 무성영화
번역인가?

1

무성영화 번역의 연구 배경

결론부터 말하면 현재 중국 국내와 해외 학술계에서 중국 영화 번역에 대한 연구는 아직 걸음마 단계이고 초기 영화 번역을 연구하는 학자는 더욱 드물다. 아직 이와 관련된 연구를 진행하는 전문 서적과 논문은 찾아볼 수가 없다. 비록 연구 문헌에서 무성영화의 번역에 대한 기록과 논의는 아주 적지만, 다음의 여러 저술은 다양한 각도에서 이 문제를 다루고자 노력하였다.

중국 국내와 해외 각 시기에 출판한 중국 영화사(電影史)는 초기 영화 번역에 대해 언급하였다. 일찍이 1927년에 정수인(程樹仁) 등은 『중화영업연감(中華影業年鑑)』을 편찬하였다. 총 200여 페이지에 이르고 내용은 매우 풍부하다. 총 47개의 카테고리로 중화영업사(中華影業史), 영업(影業) 출판물, 영화업계의 계보, 각 회사의 제작 리스트, 감독 및 관련 작품, 부감독 및 관련 작품, 중국 영화의 해외 수출 상황 등에 대해 소개를 하고 중국 초기 영화 관련 사진 193장을 첨부하였다. 특히 그중에서 『중화영업연감』의 많은 카테고리는 모두 중문과 영문의 언어 대조가 되어 있다. 각 영화사가 배급하는 영화 중에서 영어 번역이 있는 경우 영어 이름을 같이 표기하였다. 여기에 기록된 97편의 중국 영화는 영어 번역이 있다. 또한 이 연감에는 전문적으로 중국어 영화의 중국어 변사(辯士)와 영어 변사(辯士) 및 그의 작품, 중국 영화의 해외 시장에서의 전파 상황, 외국 영화의 중국어 번역자 및 그의 작품 등을 소개해주는 카테고리가 있으며 중국 영화의 초기 번역 연구를 위한 소중한 정보를 제공하고 있다. 기록에 따르면 초기 영화의 중국어 자막 제작자로는 포천소(包天笑), 정정추(鄭正秋), 주검운(周劍雲), 홍심(洪深), 후요(侯曜), 정수인, 구양여천(歐陽予倩) 등이 있으며 각자의 작품들도 기록되어 있다. 초기 영화의 영어 자막 번역자로는 주석연(朱錫年), 주유기(朱維基), 오중낙(吳仲樂), 오명하(吳明霞), 주독영(周獨影), 홍심, 풍범패유(馮範佩萸), 서유한(徐維翰), 마개포(馬介甫), 허후옥(許厚鈺), 장후연(張厚緣), 조와은(曹蝸隱), 조철초(趙鐵樵), 유노은(劉蘆隱), 소공(蘇公) 등이 있으며 그들의 번역 작품도 각각 기록되어 있다.[6] 그 후로도 각 시기에 출판한 중국 영화사는 초기 영화의 번역에 대해서도 기록을 하였다. 예를 들어 『중국영화발전사(中國電影發展史)』,[7] 『중국영화문화사(中國電影

---

6) 程樹仁, 《中華影業年鑒》, 上海 : 中華影業年鑒社, 1927年。

7) 程季華、李少白、邢祖文, 《中國電影發展史》 (上)(下), 北京 : 中國電影出版社, 1980年。

文化史)』[8], 『중국영화사(中國電影史)(1937-1945)』[9], 『영사권략(影史権略)』[10], 『중국무성영화사(中國無聲電影史)』[11] 등은 초기 중국 영화의 번역 상황에 대해 어느 정도만 언급하였고 중국 영화의 해외 시장(동남아시아 시장 위주)의 발표 상황, 그리고 또 다른 일부 영화의 해외에서의 번역·전파 상황 등에 대해서도 논의하였다.

1932년에 중국교육전영협회(中國教育電影協會)(이하 중영협회)가 설립되었다. 1932~1937년 사이에 출판한 『중국교육전영협회의 회무보고(中國教育電影協會會務報告)』에 따르면 국제교육전영협회가 중영협회와 해마다 진행하는 교류 협력, 촬영 혹은 중국 영화를 국제영화제에 출품하는 상황 등을 상세히 기록[12]하였다. 1934년, 중영협회편찬위원회가 편찬하고 남경정중서국(南京正中書局)에서 출간한 『중국영화연감』은 중국의 첫 공식적인 영화연감이다. 당시 중국 영화계의 정부 영화관리기구인 중영협회가 적극적으로 국제 교류를 진행하기 위해 확립한 규정과 구체적인 행동을 기록[13]하였다. 또한, 이 영화연감은 1949년 전에 중국에서 출판한 유일한 공식 중국의 영화연감이다. 이 연감은 중국 초기 영화의 번역, 특히 정부 영화관리기구가 중국 영화에 대한 번역과 전파를 관

8) 李道新, 《中國電影文化史》, 北京：北京大學出版社, 2005年。

9) 李道新, 《中國電影史》 (1937~1945), 北京：首都師範大學出版社, 2000年。

10) 李少白, 《影史権略》, 北京：文化藝術出版社, 2003年。

11) 酈蘇元、胡菊彬, 《中國無聲電影史》, 北京：中國電影出版社, 1996年。

12) 中國教育電影協會總務組, 《中國教育電影協會會務報告》, (中華民國二十五年四月至二十六年三月)1936年4月至1937年3月。

13) 郭有守, 《中國教育電影協會成立史》, 中國電影教育協會編著, 北京市市屬市管高校電影學研究創新團隊整理, 《中國電影年鑒1934》 (影印本), 北京：中國廣播電視出版社, 2007年, 第1013-1014頁。

리했는데 객관적이면서도 상세하고 확실한 사료(史料)와 데이터를 제공하였다.

1930년대 이후에 발표한 정부의 영화관리기구의 업무보고, 법률법규와 관리규정 등도 초기 중국 영화 번역에 있어 연구의 중요한 사료(史料)이다. 1934년에 출판한『교육부·내정부의 영화검사 업무에 관한 총보고(教育部內政部電影檢查工作總報告)』는 조직의 구성, 법률 규정, 구체적인 시행, 시행 효과 등의 면에서 정부가 진행한 영화 검열을 구체적으로 기록[14]하였다. 1933~1935년 사이에 간행한 매회의『중앙영화검사위원회공보(中央電影檢查委員會公報)』는 중앙영화검사위원회의 업무를 상세하게 기록하였고 그 중에는 영화의 자막 번역에 대한 확인이 포함되었다.[15] 이는 중국 초기 영화의 법규, 번역 정책, 번역 전략, 번역자의 선택, 목표 관객수 등에 대한 연구를 살펴보는 데 소중한 문헌 자료가 되었다.

또한, 기타 자료로는 일부 영화인의 수필과 잡기 등이 있다. 예를 들어 손유(孫瑜)는 회고록『은해범주(銀海泛舟)』에서 자신이 영화업계에 종사하게 된 과정에 대해 서술하였는데 영화 작가와 자막을 번역하는 경험이 수록되어 있다.[16] 포천소, 정보고(程步高), 공가농(龔稼農), 손유, 오영강(吳永剛), 채초생(蔡楚生), 왕인미(王人美), 호접(胡蝶), 완령옥(阮玲玉), 하연(夏衍), 양한생(陽翰笙), 사도혜민(司徒慧敏), 가령(柯靈) 등의

---

14) 教育部內政部電影檢查委員會全體委員,《教育部內政部電影檢查工作總報告》, 1934年。

15) 中央電影檢查委員會,《中央電影檢查委員會公報》, 1933年-1935年各期, V.1, no.1[1933]-v.2, no.5(1935, 5)。

16) 孫瑜,《銀海泛舟──回憶我的一生》, 上海 : 上海文藝出版社, 1987年。

작품과 회고록도 당시 영화 번역을 위해 일부 사실(史實) 기록을 제공하였다. 1939년, 항일전쟁 시기에 하연이 발표한 「중국 영화는 해외로 가야 한다(中國電影要到海外去)」란 글에서 영화업계의 동료들에게 "이 유리한 시기와 환경을 이용하여 구미 인사들에게 우리의 성전(聖戰)을 선전할 수 있는 영화를 계획적으로 제작하고 수출해야 한다"[17]고 호소한 바가 있다. 하연이 영화업계 인사들에게 영화 수출의 홍보 기능 중시를 호소한 것은 국제 사회에 중국의 항일전쟁을 알리고 국제 사회의 지지와 지원을 얻기 위해서다.

모든 영화사의 규정, 선언과 특집도 초기 중국 영화를 연구하는 데 연구 자료가 되고 있다. 초기 중국 영화사의 규정, 선언에서 그들의 국제적 시야, 중국 문화와 해외 시장을 개척하려는 결심을 볼 수 있다. 명성영업회사(明星影業公司), 연화영업공사(聯華影業公司) 등 초기 영화사는 모두 특집을 발행하였는데 그중에는 중국 각 영화사가 적극적으로 해외 관객들을 확보하기 위해 하였던 구체적인 행동, 그리고 관객의 자막 번역에 대한 수용 상황과 인식 등이 기록되어 있다.

20세기 상반기의 신문, 정기간행물도 초기 영화의 자막 번역을 연구하는 중요 자료이다. 〈신보(申報)〉의 영화전간(電影專刊), 〈대공보(大公報)〉의 희극과 영화(戲劇與電影), 〈신보(晨報)〉의 매일영화(每日電影), 〈대만보(大晚報)〉의 전영(剪影), 〈민보(民報)〉의 영상(影像), 〈중화일보(中華日報)〉의 영화예술(電影藝術), 〈시보(時報)〉의 영화시보(電影時報) 등은 초기 중국 영화의 번역과 관련된 대량 정보를 실었다. 신문 외

---

17) 夏衍, 《中國電影到海外去》, 《國民公報》, 1939年12月7日。

에 일부 전문 잡지 〈은등(銀燈)〉, 〈영희춘추(影戲春秋)〉, 〈영희주간(影戲周刊)〉, 〈현대영화(現代電影)〉, 〈명성월보(明星月報)〉, 〈예화주보(藝華周報)〉, 〈시대영화(時代電影)〉, 〈신화화보(新華畫報)〉 등에도 영화 자막 및 자막 번역에 대한 논평을 게재하였으며 이는 소중한 영화 평론과 사료가 되었다.

초기 영화 중 공개 발표되고 현존하는 영화는 초기 영화 번역을 연구하는 중요 자료이다. 초기의 필름영화는 보존하기가 어렵고 시간이 오래 지났기 때문에 중국이 1905~1949년 사이에 촬영한 천여 편의 영화 중에서 현존하고 공개 발표되었으며 영어 자막이 있는 영화는 9편에 불과하다. 즉, 〈노동자의 사랑(勞工之愛情)〉(일명 〈척과연(擲果緣)〉)(The Labor's Love, 감독 정소추(鄭少秋), 명성영화회사, 1922년), 〈한 꿰미 진주(一串珍珠)〉(The Pearl Necklace, 감독 이택원(李澤源), 장성화편회사(長城畫片公司), 1926년), 〈정해중문(情海重吻)〉(Don't Change Your Husband, 감독 사운경(謝雲卿), 대중화백합영화회사(大中華百合影片公司), 1928년), 〈설중고추(雪中孤雛)〉(The Orphan of the Storm, 감독 장혜민(張惠民), 상해화극영화회사(上海華劇影片公司), 1929년), 〈아들영웅(兒子英雄)〉(일명 〈아내가 무서워(怕老婆)〉)(Poor Daddy, 감독 양소중(楊小仲), 장성화편회사, 1929년), 〈일전매(一剪梅)〉(YIHJANMAE, 감독 복만창(葡萬蒼), 연화영업공사(聯華影業公司), 1931년), 〈은한쌍성(銀漢雙星)〉(Two Stars, 감독 사동산(史東山), 연화영업공사, 1931년), 〈도화읍혈기(桃花泣血記)〉(The Peach Girl, 감독 복만창, 연화영업공사, 1931년), 〈천륜(天倫)〉(Song of China, 감독 비목(費穆), 나명우(羅明佑), 연화영업공사, 1935년) 등18)이다. 여기서 〈천륜〉을 제외한 8편의 영화는 1905~1932년 사이에 중국 민영 영화사가 촬영·제작하고 번역한 무성영화들이며 최초 발표될 때 이미 영화 속에 중영(中英) 이중 언어 자막을 삽입하였다. 1931~1933년 사이 정부 영화관리기구는 국내에 상영한 영화에 영어 자막 삽입 금지 명령을 두 차례 내렸다.19) 그 후로 중국 민영 영화사의 영화에서 수출하거나 해외 전시에 보낸 것 외에 더 이상 영어 자막을 추가하지 않게 되었다. 〈천륜〉은 1935년에 발표한 것이지만 미국 파라마운트 영화사가 구매한 후 뉴욕에서 개봉하였는데 이 영화의 영어 자막은 파라마운트 영화사가 편집해서 제작한 것이다. 앞에서 언급한 번역·제작된 영화는 이 책이 구체적인 사례 분석을 진행하는 데 생동한 텍스트 소재를 제공하였다.

중국과 해외 학술계를 통틀어 중국의 초기 영화에 대한 구체적인 연구는 지금까지 장영진(張英進)의 「각색과 번역의 이중전향과 학제적 실천—셰익스피어 희극부터 초기 중국 영화에 이르기까지(改編和翻譯中的雙重轉向與跨學科實踐——從莎士比亞戲劇到早期中國電影)」라는 논문 한 편밖에 발견되지 않았다. 여기서 제기한 독자의 영화 관람 체험과 선택한 사례는 모두 편파적이었고 에이브 마크 노른스(Abe Mark Nornes)가 제기한 '폭력적인 자막(Abusive Subtitling)'20)을 인용하였다.

---

18) 目前國內出版的早期無聲電影主要有廣東俏佳人音像出版社、福建省音像出版社、峨嵋音像出版社和大連音像出版社等出版的DVD和VCD。經筆者比較, 論文所選個案分析的電影在各音像出版社的出品中, 只在音畫品質上略有區別, 無內容上差異。

19) 教育部內政部電影檢查委員會全體委員, 《教育部內政部電影工作檢查總報告》, 1934年, 第15、87頁。

20) Nornes, Abe Mark. Cinema Babel: Translating Global Cinema. Minneapolis:

노른스는 유성영화 속의 자막이 시간과 공간의 제한으로 대량의 정보를 압축하는 것을 이른바 '폭력적인 자막'이라고 주장하였다. 이를 무성영화의 자막 번역에 응용하려면 어느 정도의 사고와 소통을 진행해야 한다. 왜냐하면 무성영화의 자막 번역과 유성영화의 자막 번역이 받은 시공간의 제한이 다르기 때문이다. 유성영화는 자막과 스크린 화면이 동시에 나타나고 화자의 목소리와 일치해야 한다. 하지만 무성영화는 화면과 화면 사이에 별도로 자막을 만들어 삽입하는 형식을 취했고, 자막 화면의 자막은 전체 화면을 차지하지 않았으며 소리와도 일치하지 않았다. 이러한 시공간의 제한은 영화 번역의 정보를 압축하는 데 영향을 끼친다. 다만 장영진 선생은 각색의 사회학전향(社會學轉向)과 번역의 문화전향(文化轉向)으로부터 셰익스피어 희극에서 중국 희극에 이르는 각색에 대한 관점을 검토하였고 인물 부각, 촬영장 세팅과 이중 언어 자막의 측면에서 번역 연구 속의 문화전향과 각색 연구 중의 사회학전향이 강조한 주체적 위치를 분석함으로써 본 연구를 진행하는 데 참고가 되었다.

비록 영화가 전파되는 과정에서 영화 번역은 항상 존재하고 중요한 역할을 하지만 영화 연구에서 영화 번역은 늘 무시당하는 영역이었다. 최근 미시간대학교 영화학과 학과장 노른스 교수는 『영화 바벨: 국제영화 번역(Cinema Babel : Translating Global Cinema)』을 출판하였다. 이는 현재 필자가 발견한 영화 연구자가 영화 번역을 연구하고 출판한 유일한 전문 서적이다. 이 책에서는 무성영화 시기의 미국 영화와 일본 영화의 번역에 대한 연구를 진행했다. 노른스는 전통 자막은 '타락한 실

University of Minnesota Press, 2007.115.

천'(a corrupt practice)이라고 표현했다. 그는 기존의 자막 번역은 가독
성을 고려하고 눈에 띄지 않는 것을 포인트로 했기 때문에, 번역문을 최
대한 매끄럽게, '타자(他者)'가 귀화(歸化)하듯이 융합하게 하여 관객들
이 최대한 해외 문화가 느껴지지 않도록 현지화할 수밖에 없었다고 생각
했다. 노른스는 이러한 타락적인 방식을 선택하지 말아야 한다고 주장하
며, 필립 루이스(Philip Lewis)의 '폭력적인' 번역 이론을 토대로 '폭력적
인 자막 번역'을 제시하였다. '폭력적인 번역'은 실험을 중시하고 창의적
인 방식으로 원어(原語) 텍스트의 다양성을 강조하였다. 노른스는 '폭력
적'인 자막의 번역자는 번역문이 영화의 장면과 용어와 적합해야 하고 관
객들이 해외 영화를 관람할 때 진정한 번역을 체험할 수 있도록 해야 하
기에 번역문에 대해 테스트를 진행할 것을 제기하였다.[21] 노른스의 '타락
한 실천'에 대한 비판은 목표 언어 사회에서 번역자가 영화를 번역할 때
흔히 나타나는 현상이다. 하지만 중국 초기의 무성영화는 주로 중국 영
화인이 자발적으로 역출(譯出, 역자주: 모국어에서 외국어로 번역하는
작업)을 조직하는 것으로 노른스가 제기한 '폭력적'인 자막 번역을 실천
하는 경우가 많았다.

무성영화 시대의 자막 번역에 대한 연구는 세계적으로 극히 보기 드물
다. 신타스 디아스(Cintas Díaz)는 무성영화 시기 기존 사용하였던 자막
카드는 번역할 때 버리게 되고 번역문의 자막카드에 의해 대체되거나 기
존의 자막카드를 여전히 보류하고 통역원이 관객들에게 해설을 진행한

---

21) Nornes, Abe Mark. Cinema Babel: Translating Global Cinema. Minneapolis:
University of Minnesota Press, 2007.115.

다고 생각하였다.22) 이러한 분석은 분명히 초기 중국 영화의 번역 상황, 특히 1932년 이전의 중국 영화의 번역 상황에 적합하지 않았다. 무성영화 시기의 중국 영화 자막 번역은 제작할 때 직접 중국과 영어 이중 언어 자막카드를 사용하는 경우가 많았는데 초기 영화인의 비범한 국제적 시각이 나타났다. 그러나 이중 언어 자막영화의 현상은 세계 무성영화 시기에 중국 영화에서만 나타난 현상이 아니었다. 다문화, 다언어의 관객 집단을 가진 영화 시장에서 이중 언어, 세 가지 언어, 심지어 네 가지 언어의 자막을 추가하는 영화도 많았다.23)

〈메타〉(Meta), 〈역자〉(The Translator), 〈바벨〉(Babel) 등 해외 유명한 번역 연구 관련 간행물들은 최근 적지 않은 멀티미디어 번역과 연관된 논문을 게재하였고 이러한 간행물은 또한 각각 멀티미디어 번역과 관련된 특집을 출간하였다. 2003년, 영국 맨체스터의 세인트 제롬 출판사(St. Jerome Publisher)는 이브 갬비어(Yves Gambier)를 특별히 초청하여 번역학 간행물 〈역자〉를 위해 영화 번역 연구 특집을 편집, 출판하였으며 십여 편의 논문을 수록하였다. 〈메타〉도 2004년 제1기에 영화 번역 연구 전문 특집을 출간하였다. 이러한 멀티미디어 번역 특집에 수록한 논문들은 각 나라 학자들이 멀티미디어 번역 영역에서의 이론 연구, 업무 실천 및 교육 과정 등 면에서의 최신 연구 성과들을 모은 것이다. 이러한 연구 방법은 중국 초기 영화의 번역 연구에 대해 일부 참고가 될

---

22) Díaz, Cintas J., and Aline Remael. Audiovisual Translation: Subtitling. Manchester: St. Jerome, 2007. 26.

23) Nornes, Abe Mark. Cinema Babel: Translating Global Cinema. Minneapolis: University of Minnesota Press, 2007. 18-31.

수 있다.

　요컨대, 중국 및 해외의 영화 연구업계와 번역 연구업계는 아직 초기 중국 영화의 번역 역사에 대해 체계적인 정리를 진행하지 않았다. 게다가 초기 중국 영화의 번역 문화에 관한 역사적 맥락의 고찰도 이루어지지 않았다. 영화의 번역 작품에 대한 심층적인 개발 사례 분석 자체가 이루어지지 않았다. 중국 국내외에서 중국 영화의 영어 번역 연구에 대해 관심이 적은 이유는 주로 아래의 몇 가지 요인이 있다. 첫째, 영화 번역의 텍스트는 전통 의미에서의 번역 텍스트와 다르다. 번역 텍스트의 전파와 교류 경로는 음성, 그림, 문자, 화면 등이 더 많이 포함된다. 멀티미디어 텍스트에 대한 번역은 시공간의 제한을 받고 텍스트 속의 화면 전환의 영향, 원어와 목표어에 대한 구조어의 영향, 관객의 읽기 속도의 영향 등을 받게 된다. 물론 자막 번역도 일반 텍스트 번역이 가지지 않는 장점을 갖고 있다. 이를테면 기타 교류 경로가 있는데, 스크린의 화면 정보를 예로 들면 자막 번역의 내용에 대해 보충 설명을 진행할 수 있다. 둘째, 영화 번역 연구는 영화 연구와 번역 연구가 겹친 부분이 있는 분야이다. 많은 번역 연구자들은 영화 연구가 익숙하지 않고 많은 영화 연구가들의 외국어 능력도 어느 정도로 그들이 영화 번역 연구를 진행하는 것을 제한하고 있다. 자세히 서술한 이유는 중국 영화 번역의 연구로 하여금 번역 연구와 영화 연구를 거의 진공(眞空)의 지역에 처하게 한다. 이 밖에 해외 영화 번역 연구자들은 대체로 자신이 익숙한 언어에 대해 관심이 많아서 중국 영화 번역에 대한 연구, 특히 초기 중국 영화의 번역 연구에 대해 별로 관심이 없었다. 물론 영화 번역은 새로 일어난 연구 분야이지만 문학 번역 연구가 오랫동안 주도적 지위를 차지하는 번역업계에서 영상 번역의 학문적 위치는 비교적 변두리에 처해 있었다. 영화 번역은 오직 100여 년의 역사밖에 없었고, 체계적이고 심층적인 번역 연구를 진행하려면 더 많은 시간이 필요하다. 하지만 중국 국내외 학자들의 멀티미디어 번역, 특히 영화 번역과 연관된 연구는 이 책의 유익한 참고 자료가 될 수 있었다.

해외 멀티미디어 번역 연구에서는 멀티미디어 번역 자체에 대해 정의를 내렸다. 전통 번역과의 다른 점을 구분하고 멀티미디어의 성질을 분석했다. 또한 멀티미디어 번역의 구체적 규범을 제시하며, 번역학과 다른 학과의 이론을 멀티미디어 번역 연구에 도입시키려고 하였다. 예를 들어 어용학(語用學), 어의학(語義學), 목적론(目的論), 문화 연구의 측면에서 멀티미디어 번역에 대해 분석을 진행하였지만 그것의 연구 대상은 영어, 독일어, 프랑스어 등을 위주로 하고 많은 규칙들은 중국 영화의 번역에 적합하지 않았다. 하지만 총체적으로 말하면 이러한 연구는 중국 영화의 영어 번역을 연구하는 데 도움이 될 수 있다.

이 책의 서론 부분에서는 주제 선정 이유, 연구 범위, 연구 현황 연구 방법 및 각 장의 내용에 대해 간략한 소개를 하였다. 제1장은 1905~1949년 사이의 초기 중국 영화의 영어 번역의 시작 및 역사와 문화적 맥락을 살펴보았으며 초기 중국 영화 번역의 역사적 맥락을 환원하려고 시도하였다. 구미 영화의 영향, 상업 이익, 민족주의의 동기, 후원자의 국제적 시야, 목표 관객과 시장 등의 면에서 초기 중국 영화 번역의 심층적인 요인을 깊이 탐구하였다. 제2장은 1905~1949년 사이의 중국 영화 번역의 네 가지 기본 유형, 즉 민족 영화사의 독립 번역, 민족 영화사와 정부의 공동 번역, 정부가 주도한 영화 번역, 해외 정부기관 혹은 영화사가 중국 영화를 수입한 이후의 번역 등을 위주로 논술하였다. 그리고 구체적인 사례와 결합하면서 서로 다른 유형의 영화 번역에 대해 정치문화 측면에서 분석을 진행하였다. 제3장은 중국 무성영화 시기의 중국어와 영국 자막의 연구를 시도하였다. 무성영화 시기의 자막과 유성영화 시기의 자막은 형식, 내용과 기능 면에서 상당한 차이점을 갖고 있다. 중국 무성영화 자막의 형식, 기능, 언어 특성과 문학성 등에 대해 전면적이고 세밀한 분석을 시도하였다. 중국 무성영화 시기의 자막은 화면에 삽입하는 형식으로 영화에서 나타나는데 기능적인 면에서 보면 대체로 설명성 자막(說明性字幕)과 대사성 자막(對白性字幕)으로 나눌 수 있다. 설명성 자막은 이야기 줄거리, 인물, 시간, 장소, 논의, 서정 혹은 일부 특수한 기능을 소개하는 역할을 한다. 대사성 자막은 주로 인물의 대화 내용을 제시한다. 무성영화 시기의 자막은 문언문과 백화문(구어체로 쓴 중국의 글)을 같이 사용하여 문언과 백화를 혼합 사용 혹은 교체로 사용하는 특성을 가지고 있으며 중국 무성영화는 문자전형(文字轉型)하는 시대, 문화가 격변하는 시대에 처해 있음을 반영한다. 제4장은 영화 〈일전매〉와 〈한 꿰미 진주〉를 예로 들어 초기 무성영화 속의 이중번역 속의 각색과 혼합(;雜合) 현상을 분석하였고 이데올로기, 후원자와 시학 등 세 측면에서 중국 초기 영화를 제작할 때 외국 문학작품에 대해 진행한 각색을 살펴보았다. 여기서 원작에 대한 각색을 함으로써 목표어(target language; 譯入語)의 이데올로기 및 주류 시학(詩學) 규범에 부합하게 하여 더 많은 관객들의 관심을 끌고 수용성을 최대화하려고 하였다. 영화의 대외 번역 영역에서 해외 관객을 목표 단체로 하고 번역문에는 원작에 대한 존경과 보존 내용이 있을 뿐만 아니라 목표 언어와 문화에 접근하여 동시에 중국 언어, 문화의 차이성을 보존하여 중국어와 영어의 언어문화가 혼합 속에서 융합할 수 있도록 하였다. 제5장은 영화 〈천륜〉을 예로 들어 영화를 번역할 때 동양 정서를 담는 것에 대해 분석하였고 번역자가 작위적으로 동양 정서를 조성하여 중국 문화의 이질성을 두드러지게 하는 것도 이야기해보았다. 심층적인 측면에서 살펴보면 번역의 텍스트에 대해 각색을 진행하였고 목표어의 주요 이데올로기, 심리적 기대와 심미적 수요에 더욱 부합하고자 하였다. 앞서 언급한 번역 전략과 특성은 해외 영화기구가 자발적으로 중국 영화를 구입한 후 영화 자막에 대해 각색과 번역을 할 때 많이 나타나는 현상이었다. 제6장은 중국 영화사의 역출 전략을 분석하였다. 영화 〈노동자의 사랑〉, 〈설중고추〉, 〈아들영웅〉, 〈도화읍혈기〉, 〈은한쌍성〉, 〈정해중문〉을 텍스트 분석 사례로 하고 초기 중국 영화사가 응용한 번역 전략과 방법을 탐구하였다. 이 6편의 영화는 현지의 이야기를 서술하였고 영화 자막에 대한 번역 후원자는 모두 중국의 민영 영화사였다. 번역문은 해외 관객들을 대상으로 제작하였고 여기서 외국 관객은 상해에 거주 중인 외국인 관객 외에 동남아시아 등 해외 시장의 관객들이 포함되어 있다. 맺음말 부분에서는 상술한 연구를 근거로 중국 초기 국산 영화 번역을 역사의 좌표에 놓고 고찰하고 총체적인 평가를 내렸다.

2

초기 영화의 기술적 번역 연구와 그 의미

본 연구는 주로 다음과 같은 연구 방법을 사용하였다.

(1) 사료(史料)에 대한 고증, 해독과 통계 분석이다. 중국 국산 영화 번역의 문헌과 사료를 전면적이고 심층적으로 발굴하였고 이에 대해 전면적이고 체계적인 고증과 통계 분석을 진행하였다. 지금까지 본 연구 주제는 평소에 주목을 받지 못했던 문헌과 자료들을 상당수 발견하였다. 그중에는 아직 영화 연구와 번역 연구의 중요성을 인정받지 못하고 광범위하게 이용하지 못한 각 시기의 매체 정보, 그리고 다양한 신문, 잡지, 연감에서 제공한 풍부한 영화 번역과 관련된 기록과 보도를 포함한다. 이러한 사료에 대한 통계와 데이터 분석은 이 책을 위해 극히 가치 있는 데이터베이스를 제공하고 있다.

(2) 중요한 영화 텍스트에 대해 개별 사례 분석을 진행하였고 현존한 초기 영화의 전형적인 영어 번역의 영상 텍스트에 대해 '자세히 읽기'를 진행하였으며 초기 영화 번역에서 나타난 현상 특성과 방법, 전략을 검토하였다.

이 책은 초기 영화의 번역 연구에 기술적 번역 연구의 방법을 도입시키고자 하였다. 1972년에 제임스 홈스(James Holmes)는 코펜하겐에서 개최한 제3회 국제응용언어학회에서 발표한 「번역학의 명과 실(The Name and Nature of Translation Studies)」에서 정식으로 기술적 번역 연구의 개념을 제기하였고 이를 자신이 구상한 번역학의 틀 속에 있는 순수번역학의 한 부분에 넣었다. 그 후에 진행한 3차례 규모가 작은 학술회의는 기술적 번역 연구의 진영을 형성하는 데 중요한 영향을 미쳤다. 제1차 회의는 1976년에 루뱅(Leuven)에서 개최하였고 회의 논문들이 모아져서 『문학과 번역(Literature and Translation)』이란 논문집으로 만들어졌고 1978년에 출판하였다. 제2차 회의는 1978년에 텔아비브에서 개최하였는데 논문은 〈오늘시학(Poetics Today)〉의 특집(1981년 제2원 제3기)으로 발간되었다. 제3차 회의는 1980년에 안트베르펜에 개최되었는데 논문은 기호학 잡지 〈성향(Disposition)〉의 1982년 제7기에 발표되었다. 이러한 논문집은 그 학파 초기의 기타 수많은 중요한 저작, 예컨대 이타마 이븐 조하르(Itama Even-Zohar)의 『역사시학논문집(Papers in Historical Poetics, 1979)』, 기드온 투어리(Gideon Toury)의 『번역이론탐색(In Searchof a Theory of Translation, 1980)』 등은 모두 기술적 번역학의 발전을 위해 중요한 기여를 하였다. 1980년대부터 기술적 번역 연구의 진영은 끊임없이 장대해졌고 번역업계에 대한 그들의 영향력도 끊임없이 강해졌다. 수잔 바스넷(Susen Bassnett)이 1980년에 편집을 주관한 〈번역 연구(Translation Studies)〉에서 이미 이러한 새로운 연구 패러다임의 흔적이 드러났다. 테오 허만스(Theo Hermans)는 1985년에 자신이 편집을 주관한 『문학에 대한 조작:문학적 번역에 관한 연구(The Manipulation of Literature : Studies in Literary Translation)』에서 더 많은 사람들로 하여금 기술적 번역 연구에 종사하는 주요 인물에 대한 서술을 읽을 수 있도록 하였다. 그리고 메리 스넬 한비(Mary Snell Hornby)는 『번역 연구: 통합적 접근법(Translation Studies : An Integrated Approach)』이란 책에서 이를 번역 연구의 한 주된 역량으로 간주하였다. 호세 램버트(José Lambert)와 투어리는 1989년에 창설한 잡지 〈타켓(Target)〉에서 기술적 번역 연구와 연관된 글들을 다수 게재하였다. 90년대에 이르러 기술적 번역 연구는 한 단계 더 발전하였다. 1990년에 바스넷과 앙드레 르페브르(André Lefevere)가 편집을 주관한 『번역, 역사와 문화(Translation, History and Culture)』란 책은 서언에서 정식으로 번역 연구가 이미 문화전향을 경험하였다는 것을 제기하였고 목표 언어의 문화, 정치 배경과 번역의 상호작용에 대해 더 많은 관심을 가져야 한다고 주장하였다. 르페브르는 『번역, 다시 쓰기와 문학 명성에 대한 조작(Translation, Rewriting and the Manipulation of Literary Fame)』이란 책에서 이러한 연구 방법을 실천하였다.

기술적 번역학은 번역에 대한 정의의 범위를 넓혔고, 그에 따라 당시 등한시되던 번역의 포지션이 번역 연구자의 관심을 끌게 되었다. 기술적 번역 연구가 제대로 이루어지기 전에는 오직 원문과 보편적인 텍스트만을 번역이라고 할 수 있다는 것이 사람들의 보편적인 인식이었고 번역 연구의 대상도 대체로 이에 국한되어 있었다. 이는 생활 속에서 실제로 발생한 기타 번역 행위를 변두리의 위치로 추방하였다. 그러나 기술적 번역 연구자는 다양한 번역의 위치를 정확하게 확정하고 목표 언어의 문화 속에서 번역의 형식으로 등장했거나 목표 언어 독자들이 번역이라고 생각한 모든 텍스트를 번역이라고 할 수 있다고 생각한다.[24] 이로부터 번역의 개념은 최대한 확장되었다는 것을 알 수 있다. 예전에 보편적으로 인식하였던 번역 텍스트 외에 원래 변두리 위치에 있던 수많은 종류의 번역도 포함되었는데 그 중에는 바로 번역 연구소가 줄곧 간과해왔던 영화 번역이 포함된 것이다.

기술적 번역 연구는 더 이상 기존의 규범적인 번역 연구처럼 시야를 정적(靜態)이고 폐쇄적인 텍스트 체계에 국한하지 않았고 보다 넓은 영역으로 주의를 돌려서 번역과 문화 환경 사이의 상호 작용 관계를 모색했다. 번역을 일종의 사회 행위로 간주하였고 한 문화와 역사의 현상으로 간주했다. 번역을 더욱 체계적이고 전면적으로 연구하기 위하여 번역을 '맥락화(contextualization)' 하는 방법을 택해야 한다, 즉, 번역문이 나타난 역사·사회·문화적 맥락에 다시 넣어, 번역 행동(translatoriesches handeln)과 관련된 여러 가지 요인들을 연구하고 나

---

24) Toury, Gideon. Descriptive Translation Studies and Beyond. Amsterdam/Philadelphia: John Benjamins Publishing Company, 1995. 32.

아가 번역 현상에 대해 해석을 하도록 하는 방법이다. 기술적 번역 연구는 번역 현상에 대해 역사적인 해석을 진행함으로써 그 발생 원인을 더욱 명확하게 인식하게 한다. 이는 초기 영화 번역을 연구하는 데 도움을 준다. 즉, 초기 영화 번역을 당시의 역사적 맥락으로 환원하고 그것과 상호 작용 하는 여러 요인을 연구하고 나아가서 초기 영화 번역에 대해 설명을 할 수 있다.

기술적 번역 연구는 번역 연구의 위상을 높였고 번역 연구를 학술적 과목으로 성장하게 하였다. 그동안 각 문화 속에서 대부분 변두리 위치에 있었던 번역 활동은 늘 간단하고 기계적인 언어 전환, 부차적이고 파생적인 활동으로 여겨졌다. 번역 연구도 받아야 할 평가를 제대로 받지 못하였다. 기술적 번역 연구는 번역 활동을 사회, 역사, 문화의 광범위한 환경 속에 배치하고 일련의 개별 사례 연구를 통해 많은 실증 자료를 수집하였으며 번역이 사회, 문화와 문학 등 영역의 연구, 그리고 목표 언어의 사회문화와 문학의 발전에 대해 가늠할 수 없는 역할을 하였다. 이로써 사람들의 번역에 대한 편견을 바로 잡았고 번역 연구의 학술적 가치를 인식하게 되었다. 더 중요한 것은 기술적 번역 연구는 최대한 번역 연구를 객관화시켰고 일반 실증학과의 특성을 나타나게 하였으며 기술적 연구가 실증학과에 대한 중요성을 크게 강조하였다. 투어리는 "한 실증학과는 하나의 기술적 분파가 없다면 완전하고 (상대적으로) 독립적이라 할 수 없다."**25)**라고 주장하였다. 로렌스쿨 베누티(Laurence Venuti)는

---

25) ibid.

"투어리 등이 기술적 번역 연구를 주장하는 기본적인 동기는 번역 연구를 학과화하여 연구기구에서 자리를 잡기 위해서이다.[26]"라고 지적하였다. 이러한 관점은 학과학(學科學)의 원리에 부합하므로 번역 연구의 학과 지위를 확립하는 데 틀림없이 큰 도움이 될 것이다.

기술적 번역 연구는 여러 가지 장점이 있고 대단한 성과를 얻었음에도 현재 상황에서 이러한 연구 패러다임에 명확히 미흡한 점이 있다는 것은 부인할 수 없다. 기술적 번역 연구는 번역 연구의 시야를 넓혔지만 동시에 번역 활동 자체에서 점점 벗어났고 심지어 번역과 기타 문화 활동의 경계선을 혼동시켰다. 기술적 번역 연구는 번역 작품 혹은 번역 활동의 문화적 의미에 주목하면서 원어/번역문의 전환 과정에서 존재하는 구체적인 문제에는 크게 신경 쓰지 않았다. 그래서 이 책은 텍스트 내부에 대한 연구와 텍스트 외부에 대한 연구를 결합하여 구체적인 영화 번역 텍스트에 대해 고찰을 함으로써 초기 영화 번역에 존재한 두드러진 현상과 구체적인 번역 전략을 연구하고자 한다.

이 책은 처음으로 중국 초기 무성영화의 번역 활동을 전면적이고 심층적으로 고찰 · 발굴 · 연구하였다. 이 시기의 영화 번역 연구에 대한 체계적이고 기술적인 탐구는 사실적으로 역사를 복원하였으며 초기 국산 영화 번역의 발전 궤적을 재현하였다. 이를 토대로 초기 중국 국산 영화의 영어 번역과 당시 역사 · 문화적 맥락의 연관과 상호 작용 관계를 연구하

---

26) Venuti, Lawrence. The Scandals of Translation: Towards an Ethics of Difference. London and New York: Routledge, 1998. 28.

고 서술하였다. 전형적인 영화 번역과 관련된 개별 사례들을 선택하여 분석 연구를 진행하였는데 초기 영화 번역에 존재하는 현상, 전략과 방법을 분석하였다. 중국 국내외 학술계와 관련된 중국 초기 국산 영화의 번역 연구의 공백을 메웠고 학술계가 관련 연구 대상에 대한 인식을 강화하고 넓히는 데 도움이 된다. 또한, 초기 영화 번역에 대한 고찰도 현재 및 향후의 중국 영화의 번역과 수출에 참고가 될 것이다.

The History of Chinese cinema

2장

중국 초기 영화 번역은
왜 발전했는가?

1

구미 영화, 중국 시장에
열풍을 몰고 오다

　이 장의 목적은 초기 영화 번역의 기원을 알아보고 초기 영화 번역의 생성과 관련된 여러 요인들, 즉 구미 영화의 영향, 민족주의의 동기, 후원자의 국제적 시각, 정부의 관리정책, 목적 관객 등을 통해 이 시기의 영화 번역이 발전하는 심층적 원인을 분석하고 이해하고자 한다. 구미 영화는 19세기 말에 중국에 유입된 후 중국 대륙에서 흥행하여 대중들의 많은 사랑을 받은 오락이 되었다. 구미 영화의 강력한 서사 능력, 정교한 화면, 아름다운 스타와 선진적인 영화기술은 중국 관객들의 엄청난 관심을 받았다. 구미영화의 상업적인 성공은 엄청난 흥행 수입을 창출하였기에 중국의 경영자들에 대한 유혹은 아주 컸다. 영화를 촬영해서 상업적 이익을 도모하는 것이 중국 영화산업의 발전을 자극하는 직접적인 요인이 되었다. 중국민족영업회사(中國民族影業公司)가 영화를 번역한 것은 한편으로 당시 중국, 특히 상해에 생활하던 수많은 외국인 관객들의 이목을 끌기 위해서이고 다른 한편으로 영화를 해외 시장, 특히 동남아 시장에 수출하여 최대한 상업적 이익을 얻기 위해서였다. 초기 구미 영화 속 중국인의 이미지는 오히려 중국의 영화사가 스스로 영화를 번역하여 외국에게 중화 문명과 중국인의 긍정적인 이미지를 알리도록 하는 또 다른 계기가 되었다.

상업적 이익과 민족주의의 이중적인 동기하에 중국 민영 영화사는 촬영 초기부터 영화 속에서 자막을 입히는 작업을 하였고 영화 자막은 동시에 중국어 자막과 영어 자막으로 제작되었다. 1930년대에 정부의 영화 규제기구가 설립된 이후 영화 속의 자막 번역에 대한 규제를 강화하였다. 특히 1931년과 1933년에 두 차례에 걸쳐서 공문을 발표하여 중국 국내에 상영한 국산 영화에는 영문 자막을 넣지 못하도록 하였다. 영화 번역은 완전히 정부의 관리 안에 포함되었고 중국 영화 번역도 정부의 규제하에 완전히 종속되었다.

19세기 말에 세계 최초의 영화가 나타나면서부터 여러 나라에서 잇따라 영화 발전의 서막을 알렸다. 1895년 12월 28일, 프랑스에서 사진관을 운영하는 오귀스트 뤼미에르(Auguste Lumiere)와 루이 뤼미에르(Louis Lumiere)는 파리 카푸쉰거리 14번지 그랑 카페의 인도살롱 내에서 정식으로 〈아기의 식사(Le Repas de bébé)〉, 〈공장을 나서는 노동자들(La Sortie de l'UsineLumièreà Lyon)〉과 〈정원사(Le Jardinier)〉 등 세계 최초의 영화들을 상영하였다. 그날은 세계 각국 영화계에서 공인한 영화 발명 단계의 종결이었고 영화 시대가 본격적으로 시작됐음을 알리는 날로 인정받았다. 뤼미에르의 영화가 파리에서 성공적으로 상영됨으로써 영화산업은 급속히 확산되었다. 1896년 초, 뤼미에르는 20여 명의 조수를 고용하여 세계 각지에 파견해서 영화를 상영하였고 현지의 새로운 소재를 촬영해서 새로운 영화 프로그램을 제작하였다.[27]

사료의 부족으로 학계에서는 아직 영화가 처음 중국에 유입된 구체적인 시간과 정확한 장소에 대해 의견을 모으지 못하였으나 대략 1896년, 즉 영화가 탄생한 지 얼마 되지 않는 시점으로 추정된다. 정계화(程季華)는 『중국 영화발전사(中國電影發展史)』에서 '서양영희(西洋影戲)'는 1896년 8월 11일에 중국 상해에서 처음으로 상영된 것이라고 한다. 1896년 8월 10일부터 8월 14일까지의 〈신보(申報)〉의 광고란에 1896년 8월 11일부터 상해 서원(徐園)의 우일촌(又一村)에서 '서양영희'를 상영한다는 소식이 실렸다. 광고에서 '서양영희객곳희법(西洋影戲客串戲法)', '새로운 기교, 전광염화를 만들다(定造新樣奇巧電光焰火)'라는 문구[28]가 발견되었다. 육홍석(陸弘石), 서효명(舒曉鳴)은 『중국 영화사』에서 중국인이 아마 1896년 8월 1일 밤에 상해 서원의 우일촌의 한 오락 활동에서 처음으로 진정한 영화를 보았다고 고증한 바[29]가 있다. 그리고 여모운(餘慕雲)은 1896년 1월 8일의 홍콩 〈화자일보(華字日報)〉에 게재한 '전장화

---

27) 程季華主編, 《中國電影發展史》（第一卷）（上）, 北京 : 中國電影出版社, 1980年, 第6-7頁。

28) 同上, 第8頁。

29) 陸弘石、舒曉鳴主編, 《中國電影史》, 北京 : 文化藝術出版社, 1998年, 第2頁。

경기관(戰仗畫景奇觀)'의 광고에 의거하여 홍콩은 이미 1896년 1월에 상영하였다고 애써 설명하였다.[30]

구미 영화는 19세기 말에 중국에 등장한 후부터 점차 중국 관객들의 사랑을 받았다. 영화가 중국에 유입되고 상업적으로 상영되기 시작한 후 상영 규모와 사회적 영향력은 끊임없이 확장되었다. 1920년대 중기에 이르러 영화는 이미 상해(上海), 북경(北京), 천진(天津) 등 중국 여러 대도시에 널리 보급되고 중소 도시로 확장되고 있었다. 영화를 보는 것은 서민들이 가장 즐기는 일상문화 중의 한 소비활동이 된 것이다. 중국의 거대한 영화 시장도 서양 국가의 상인들로 하여금 중국 시장을 주목하게 하였고 중국으로 대량의 영화 상품들을 수출하였다. 구미 영화사는 판권 판매, 영화관 투자 및 회사 설립, 중국 국내에서 영화 촬영 등의 방식으로 영화를 홍콩, 상해, 북경, 천진, 광주(廣州), 무한(武漢), 하문(廈門), 하얼빈(哈爾濱) 등 중국의 여러 대중도시에 판매하였고 나아가서 중국 관객들에게 낯선 풍경과 구미 문화를 선보였으며 동시에 중국 영화산업의 발전을 자극하였다.[31] 제1차 세계대전 이전에 프랑스, 미국, 독일, 영국 등 나라의 영화는 전후에 중국의 상영 시장에 진출하였고 그중에서 가장 많은 것은 프랑스 파테(Pathé)회사와 고몽(Gaumont)회사가 촬영하고 제작한 영화이다. 제1차 세계대전 이후 할리우드가 건설되고 미국 영화가 부상하면서 대량의 미국 영화가 중국에 수입되기 시작하였고 프랑스, 이탈리아, 독일, 스페인의 소수 영화를 제외하면 미국 영

---

30) 余慕雲, 《香港電影史話》 (第一卷), 香港 : 香港次文化有限公司, 1996年, 第5-9頁。

31) 李道新, 《中國電影文化史》, 北京 : 北京大學出版社, 2005年, 第15頁。

화는 중국 영화 시장을 거의 독점하다시피 하였다.[32] 1920년대에 중국 국내에 상영된 외국 영화의 수량은 주로 1926년 피콕 모션 픽처스 회사 (Peacock Motion Picture Corporation) 이사장 리처드 패터슨(Richard Patterson Jr.)이 1926년에 450편의 외국 영화를 중국에서 상영하였고 그중에서 90%, 즉 약 400편이 미국에서 촬영 제작되었다는 한 담화를 근거로 추정한 것이다. 그리고 참고로 같은 해 할리우드 8대 회사의 영화 총생산량이 449편이라는 자료[33]도 있다. 이를 보아 중국 국내에서 상영된 구미 영화는 외국과 거의 비슷한 수준이라는 것을 알 수 있다.

1930년대 중국 국내에서 상영된 미국 영화는 더욱 많아졌다. 상해영조계공부국영화심사기구(上海英租界工部局審査機構)의 통계에 따르면 1930년에 중국에서 상영된 미국 영화는 540편이 넘었다고 한다.[34] 남경국민중부영화검사위원회(南京國民政府電影檢查委員會)의 통계에 따르면 1934년에 412편의 외국 영화가 중국에서 상영되었다고 한다.[35] 미국 정부의 중국 영화 시장에 대한 보고서에서는 "1913년에 미국에서 중국으로 수출한 영화가 최소 19만 피트였고 1926년에는 미국에서 중국으

---

32) 程季華主編, 《中國電影發展史》 (第一卷), 北京 : 中國電影出版社, 1981年, 第12頁.

33) Patterson, Richard Jr. 「The Cinema in China.」 Millard's Review, 12 March. 1927:48. 《密勒氏評論報》是美國 《紐約先驅論壇報》 駐遠東記者T·F·密勒 (T.F.Millard)1917年6月在上海創辦的英文周報. 有關好萊塢年產量的數字見Filler,Joel W.. The Hollywood Story, New York: Crown Publishers, 1988. 281.

34) 英租界警察總監1931年2月致秘書處信, 上海市檔案館, 工部局檔, U1—6—67. 轉引自蕭誌偉、尹鴻, 《好萊塢在中國 (1897-1950)》, 《當代電影》, 2005年, 第6期, 第69頁.

35) 《二十四年度外國影片進口總額》, 《電聲》, 1936年5月, 第5卷第17期, 第407頁.

로 수출한 영화가 300만 피트에 이르렀다"[36]고 밝혔다. 또한 1913년에 미국의 중국에 대한 영화 수출액은 2,100만 달러였고 1926년에 이르러 9,400만 달러로 늘었다는 자료[37]도 있다. 당시 국민정부 중앙영화검사 위원회(國民政府中央電影檢查委員會) 주임 나강(羅剛)의 추산에 따르면 할리우드가 중국에서 얻은 이익은 연간 1,000만 달러에 이르렀을 것이라고 하였다.[38] 미국 영화업계의 종사자들도 할리우드는 해외 배급과 임대를 통해 연간 평균 8~9억 달러의 수입을 확보한다고 추정하였다. 이 총수입에서 중국이 차지하는 비중은 1%, 즉 연간 800~900만 달러이다.[39]

해외 영화사들은 중국 시장에 대량의 영화를 수출하여 많은 이윤을 얻었다. 이익의 획득은 중국의 민영 영화산업의 발전을 자극하는 가장 큰 동기이다. 중화영화유한주식회사(中華電影有限股份公司)는 주식 공모 광고에서 영화에 대하여 다음과 같이 지적한 바가 있다.

영업이익이 훨씬 많다. 미국의 경우, 전국의 영화와 극장은 수만 개에 달하고 영화제작사는 수백 개에 이른다. 이 업계의 종사자들은 철강, 석유 등 큰 실업회사의 종사자와 어깨를 나란히 할 수 있고 늘 수백만 달러의

36) North, Clarence Jackson. "The Chinese Motion Picture Market." Trade Information Bulletin. No.467. United States Department of Commerce, Bureau of Foreign and Domestic Commerce, 4 May 1927:13-14.

37) 蕭誌偉、尹鴻, 《好萊塢在中國 (1897-1950)》, 《當代電影》, 2005年, 第6期, 第70頁。

38) 羅剛, 《中國現代電影事業鳥瞰》, 《教與學月刊》, 1936年, 第1卷第8期, 第3頁。

39) 這份材料藏於美國電影科學與藝術學院圖書館。轉引自尹鴻, 《好萊塢在中國 (1897-1950)》, 《當代電影》, 2005年, 第6期, 第70頁。

수입을 확보할 수 있는 한 편의 작품을 제작할 수 있으며 한 작품에 출연하여 십여 만 달러의 수입을 받은 배우가 나타났다. 그러나 중국의 영화관은 대부분 외국 영화업자들이 설립하였기에 각 영화관에서 상영되는 영화는 대체로 구미로부터 임대를 해야 하며 실로 해마다 엄청난 금액이 유출되고 있다. 게다가 구미 영화에서 중국 관련 내용을 직접 연출하고 있다. 이것만 봐도 수익을 도모하기 위해서라도 반드시 서둘러 따라잡아야 한다.[40]

해외 영화업자들은 영화를 수출하는 것 외에 또 중국 국내에 영화관을 세우고 영화의 상영 경로를 장악하였다. 1908년, 서양인 안토니오 라모스(Antonio Ramos)는 상해의 첫 전문 영화관—홍구대희원(虹口大戲園)을 설립하였다. 1920년에 이르러 그의 영화관 사업은 끊임없이 확장되어 잇따라 만국(萬國), 빅토리아, 올림픽(夏令配克), 엠파이어(恩派亞), 카드(卡德) 등 여러 영화관을 설립하였다.[41] 1924년에는 상해에 총 18개의 영화관이 있었는데 대부분은 서양인이 설립한 것이었고 라모스의 영화관은 그중에서 3분의 1을 차지하였다. 조건이 좋은 영화관은 건물이 높고 널찍하며 장식이 화려하고 공기 순환이 잘되고 여름에는 선풍기, 겨울에는 전기난로가 있었으며 상영한 영화들은 모두 구미 명작들이었다.[42] 그 뒤로 영화관 사업이 급격히 확장되어 1928년부터 1932년까

---

40) 《中華電影股份有限公司籌備處招股通告》, 《申報》, 1923年3月17日。

41) 周劍雲, 《中國影片之前途》, 《電影月報》, 1928年5月, 第2期。

42) 周伯長, 《一年間上海電影界之回顧》, 《申報》, 1925年1月1日。

지의 짧은 5년 사이에 약 25개 영화관을 설립하였고 대부분은 해외 투자 영화관으로서 미국 영화를 위주로 한 서양 영화들을 상영하였다.[43] 영화관을 설립하면 영화의 상영, 영화 티켓 판매를 통제할 수 있고 영화 상영 수익을 직접 얻을 수 있었다.

1927년에 이르러 영화관은 중국의 성급(省級) 도시에 이미 비교적 보편적으로 설립되었고 발전 추세가 상당히 맹렬하였다.

1927년과 1937년 중국 성(省)級 도시 영화관 개수 통계[44]

나라별	1927년 영화관 개수	1930년 영화관 개수
미국	약 20,000	약 21,000
독일	약 4,000	약 5,200
영국	약 3,500	약 4,500
프랑스	약 3,500	약 4,500
일본	약 100	약 1,500
중국	약 100	약 250

1920년대, 심지어 더욱 긴 시간 동안에 외국 영화사들은 주로 비교적 높은 영화 품질과 완벽한 배급 체계를 통하여 대량의 수익을 올렸다. 이 외에 외국 투자회사와 개인들은 중국에 와서 영화를 촬영하기도 하였다. 1907년, 이탈리아인 엔리코 라우로(Enrico Lauro)가 중국으로 온 후 먼저 영화 상영관을 운영하였고 후에 촬영 장비를 구매하여 영화 촬영 활

---

43) 王瑞勇、蔣正基, 《上海電影發行放映一百年》; 《上海電影史料》第五輯, 上海 : 海市 電影局史誌辦, 1994年12月, 第2頁.

44) 郭有守, 《二十二年之國産電影》, 《中國電影年鑑1934》, 上海 : 中國教育電影協會出版, 1934年, 第1-8頁.

동을 진행하였다. 1908년에 그는 상해에서 〈상해의 첫 번째 전차(上海第一輛電車行駛, Shanghai's First Tramway)〉, 11월에 북경에서 〈서태후 광서황제 장례식(西太後光緒帝大出喪, Imperial Funeral Procession in Peking)〉를 촬영하였으며, 후에 또 〈상해 조계의 아름다운 풍경(上海租界各處風景, Lovely Views in Shanghai Concessions)〉, 〈강제로 변발을 하다(強行剪辮, Cutting Pigtails by Force)〉 등 뉴스 단편 영상과 풍경 단편 영상을 촬영하였다.[45]

1909년, 프랑스의 파테 회사도 촬영 작가를 북경에 파견해서 풍경에 대한 영상을 찍었고 동시에 유명한 경극 무생(武生) 배우 양소루(楊小樓)가 공연한 〈금전표(金錢豹)〉와 하패정(何佩亭)이 출연한 〈화판관(火判官)〉 등 연극의 일부 영상을 촬영하였다.[46] 1909년, 미국의 영화 상인 벤자민 폴라스키(Benjamin Polaski)가 상해에 온 후 아시아영희회사(China Cinema Co.)를 설립하였다. 이 회사는 상해에서 단편 영화 〈서태후(西太後)〉, 〈불행아(不幸兒)〉를 제작하였고 홍콩에서 단편 〈자배기가 억울함을 호소하다(瓦盆伸冤)〉, 〈구운 오리를 훔치다(偷燒鴨)〉 등을 제작하였다.

1927년에 『중화영업연감(中華影業年鑒)』에 수록된 『중국영업사(中國影業史)』에는 미국에서 유학하여 영화를 전공한 감독 정수인(程樹仁)이 "청나라 의통(宜統) 원년(1909년)에 미국인 폴라스키가 상해에서 아시아

---

45) 程季華主編, 《中國電影發展史》 (第一卷), 北京 : 中國電影出版社, 1980年, 第16-17頁。但另外一份史料顯示他是俄國人。參見, 《電影企業家勞羅在滬逝世》, 《電聲》, 1937年, 第6卷第8期, 第400頁。

46) 同上, 第16頁。

영희회사(亞細亞影戲公司)를 세웠고 〈서태후〉, 〈불행아〉를 촬영 제작하였으며 홍콩에서 〈자배기가 억울함을 호소하다〉, 〈구운 오리를 훔치다〉를 촬영 제작하였다."라고 말한 기록47)이 있다.

상술한 정수인이 언급한 아시아영희회사에서 제작한 4편의 영화는 이미 존재하지 않지만 유독 〈구운 오리를 훔치다〉에 대해 홍콩 초기의 영화감독 관문청(關文淸)의 구두로 된 증명만 남아 있다. 여모운이 『홍콩영화사화(香港電影史話)』 제1권에 남긴 기록에 따르면 관문청이 그에게 〈구운 오리를 훔치다〉의 내용을 서술한 적이 있는데 이 영화는 까맣고 비쩍 마른 도둑(양소파梁少坡 출연)이 살찐 구운 오리를 훔치다가(구운 오리를 훔칠 때의 익살스러운 동작) 한 경찰(여북해黎北海 출연)에게 잡힌다는 이야기를 소재로 하였다. 관문청은 1917년에 미국 할리우드 영화관에서 이 영화를 관람하였다.48) 이로부터 초기 외국 영화사 및 개인이 중국에서 촬영한 영화는 이미 해외 시장과 유통 경로를 가지고 있었다는 것을 의미한다.

구미 영화가 중국 국내에서 유행하면서 많은 경제적 이윤을 얻었고 중국 국내 영화산업의 발전을 자극하였다. 구미 영화가 중국 국내에서 상영됨으로써 객관적으로 중국 영화인이 점차 영화의 캐릭터 부각, 촬영 언어 응용, 서사 기교, 심지어 영화 시장의 보급 등을 이해하게 되었다. 해외 영화사와 개인이 중국 국내에서 영화를 촬영하고 중국인과 합작하여 기술과 장비 면에서 중국 초기 영화산업의 형성과 발전을 추진하는

---

47) 程樹仁, 《中華影業年鑑》, 上海 : 中華影業年鑑出版社, 1927年, 第7部分。

48) 余慕雲, 《香港電影史話》第一卷, 香港 : 次文化堂, 1996年, 第76頁。

데 아주 적극적인 영향을 하였다고 할 수 있다. 중국 영화가 서양 영화에 대한 모방, 학습을 통해서 점차 영화의 생산이라는 현대문명의 한 오락 방식의 요령을 터득하게 되었다.

1905년에 설립한 북경의 풍태사진관(豐泰照相館)은 경극배우 담흠배(譚鑫培)가 주연을 맡은 〈정군산(定軍山)〉(감독 임경풍任景豐, 흑백 무성영화)을 촬영 제작하였고 중국인이 영화를 촬영하는 효시를 열었다. 하지만 〈정군산〉은 오직 담흠배가 출연한 단편 영화 〈청영(請纓)〉, 〈무도(舞刀)〉, 〈교봉(交鋒)〉 등에 대한 간단한 기록으로서 완전한 이야기 줄거리가 없다. 현재 발견한 자료에 따르면 이 영화를 촬영한 후 북경의 대책란(大柵欄) 대관원영희원(大觀園影戲園)과 동안시장길상희원(東安市場吉祥戲園)에서 상영하였으나 해외로 전파되지는 않은 것으로 나타났다.[49] 여태까지 발견된 사료(史料)를 보면 중국 최초로 해외에서 상영한 영화는 1913년에 촬영한 〈장자시처(莊子試妻)〉였다. 1912년에, 폴라스키는 아시아회사를 상해동남아인수보험회사(上海南洋人壽保險公司)에게 양도하였고 미국으로 돌아가는 도중에 홍콩을 경유하였는데 홍콩의 굉기판관(宏記辦館)에 들렀다가 인아경극사(人我鏡劇社)를 진행하고 있는 여민위(黎民偉)를 만나게 되었다. 여민위는 1892년에 일본에서 태어났고 초년에는 홍콩성보라서원(香港聖保羅書院)에서 공부하였다. 1911년에 중국 혁명동맹회에 가입한 후 청평악회사(淸平樂會社)를 조직하였고 문명희(文明戲)를 연출하였다. 그 뒤로 1913년에 인아경극사를 조직

49) 陳明、邊靜、黎煜、酈蘇元, 《中國早期電影回顧》, 中國電影年鑒編委會, 《中國電影年鑒百年特刊》, 北京 : 中國電影年鑒出版社, 2006年, 第148頁。

하게 된 것이다. 인아경극사에는 여민위, 그의 부인 엄산산(嚴珊珊), 넷째 형 여북해(黎北海), 친구 나영상(羅永祥) 등 4명의 구성원이 있었다. 1913년에 여민위는 나영상을 통해서 벤자민 폴라스키를 만나게 되었고 나영상은 폴라스키으로부터 촬영기술을 배운 적이 있었다. 두 사람은 폴라스키 등이 투자를 진행하고 필요한 기술 장비를 제공하며 인아경극사의 문명희의 세트장과 배우들을 이용하여 화미회사(華美公司)의 명의로 영화를 제작하고 배급할 것을 최종 합의하였다. 〈장지시처〉는 바로 이런 배경하에 촬영을 완성한 것이다. 영화는 당시의 월극(粤劇) 〈장주호접몽(莊周蝴蝶夢)〉 중의 '선분(扇墳)'이라는 부분을 각색해서 만든 것으로 장자가 죽은 척해서 아내가 수절(守節)하는지를 시험하는 이야기였다. 여민위가 직접 월극을 영화 대본으로 각색하였다. 영화가 완성된 후 홍콩 황후대도(皇後大道)의 환유화차희원(幻遊火車戲院)에서 처음으로 개봉한 후 큰 돌풍을 일으켰고 관객들이 쇄도하는 등 엄청난 대성황을 이루었다.[50] 그러다가 폴라스키가 영화를 미국으로 가져가면서 중국 영화의 해외 전파 서막을 열었다. 〈장자시처〉가 1917년에 미국 할리우드의 극장에서 상영된 사실도 관문청이 증명할 수 있었다.[51]

폴라스키의 상해와 홍콩에서의 활동은 중국 민족 영화 사업의 발전에 중요한 추진 작용을 일으켰고 그의 자금과 기술 장비의 지원하에 여민위, 여북해, 엄산산 등 중국 영화인들은 영화의 촬영 제작에 종사할 수 있는 기회와 조건을 가지게 되었으며 그들이 중국의 1세대 영향력이 있

---

50) 鳳群、黎民偉, 《中國早期文學電影的開拓者》, 《北京電影學院學報》, 2008年, 第2期, 第30-35頁。

51) 關文清, 《中國銀壇外史》, 香港 : 廣角鏡出版社, 1976年, 第110頁。

는 영화 사업가와 영화 종사자로 성장하는 데 틀림없이 긍정적인 역할을 하였다.

〈장자시처〉는 중국 영화가 해외에서 전파되는 단초로서 현재까지 수집된 자료를 보면 개인의 상업 행위이고 국가기관 혹은 사회 조직의 지지와 격려를 부여한 증거가 발견되지 않았으나 중국 영화의 해외전파라는 새 역사를 썼다. 이 영화의 제작 방식과 과정을 보면 〈장자시처〉는 합작 영화로서 미국 상인 폴라스키의 참여가 있었고 중국 초기 영화의 발전은 다차원 문화와 다원화 사회자원의 참여를 토대로 구현하였으며 이러한 운영 시스템은 당시 반봉건 반식민지의 사회 특성도 보여주었다.

1897년, 하수방(夏樹芳), 장원제(張元濟) 등은 상해에서 상무인서관(商務印書館)을 설립하여 처음에는 출판업자로 활동하다가 1917년부터 동시에 영화 사업을 경영하기 시작하면서 민족자본이 영화 사업에 투자하는 효시가 되었다. 상무인서관이 영화 사업에 종사하게 된 것은 외국 상인들이 중국 국내에서 영화를 촬영하는 것과도 관련이 있었다. 서치흔(徐恥痕)의 『중국영희대관(中國影戲大觀, Filmdom in China)』의 기록에 따르면, 1917년에 한 미국 상인이 "10만 위안, 필름 여러 박스 및 촬영에 응용된 기기 등을 가지고" 중국으로 건너왔고 "남경에 영화 제작사를 설립하는 중대한 작업을 할 계획이다."라고 하였다. 그러나 이 미국인은 "중국의 풍속과 중국인의 사정을 잘 몰라서 영화가 완성되기도 전에 자금을 거의 다 날렸다"고 한다. 그때 상무인서관은 3,000위안을 주고

미국인의 모든 촬영 설비를 구매해서 영화 사업을 운영하게 되었다.[52]
1918년에 활동영희부(活動影戲部)를 설립하였고 진춘생(陳春生)이 주임
으로 임명되었으며 미국 유학 경험이 있는 유학생 섭향영(葉向榮)을 초
빙하였고 감독과 기본 배우들도 주로 상무인서관 내부에서 발굴하였다.
1919년, 미국 유니버설 스튜디오(Universal Studios)는 중국에 와서 야외
촬영을 하였는데 상무인서관의 활동영희부의 설비를 빌려서 촬영을 하
였다. 중국을 떠나기 전에 가져온 한 세트의 기자재들을 모두 상무인서
관에게 양도함으로써 활동영희부의 설비는 풍부해졌고 곧 영화부로 이
름을 바꾸었다. 처음에는 〈상무인서관방공(商務印書館放工)〉, 〈미국홍
십자회상해대유행(美國紅十字會上海大遊行)〉 등의 뉴스 단편 영상을
찍었다. 그 뒤에는 시사 단편 외에 풍경 영화, 교육 영화, 신극(新劇) 영
화와 사극 영화 등이 있다. 주요 작품으로는 〈장강명승(長江名勝)〉, 〈서
기풍경(西期風景)〉, 〈상해용화(上海龍華)〉 등 풍경 영화, 〈구전축승유행
(歐戰祝勝遊行)〉, 〈국민대회(國民大會)〉와 〈제오차극동운동회(第五次
遠東運動會)〉 등 시사 영화, 〈자선교육(慈善教育)〉, 〈양잠(養蠶)〉과 〈여
자체육관(女子體育觀)〉 등 교육 영화, 그리고 유명한 경극 공연예술가
매란방(梅蘭芳) 선생이 주연한 〈춘향뇨학(春香鬧學)〉과 〈천녀산화(天女
散花)〉 등의 사극 영화가 있다.[53]

1922년, 명성영편공사(明星影片公司, The Star Motion Picture

52) 徐恥痕, 《中國影戲之溯源》, 《中國影戲大觀》第一集, 上海：上海合作出版社, 1927
年.

53) 酈蘇元, 《中國現代電影理論史》, 北京：文化藝術出版社, 2005年, 第6頁.

Co.)**54)**가 성립된 후, 장성호편공사(長城畫片公司, The Great Wall Film Co.)**55)**, 신주영편공사(神州影片公司, The Cathay Film Corp.)**56)**, 대중화백합영편공사(大中華百合影片公司, The Great China Lilium Pictures Ltd.)**57)**, 천일영편공사(天一影片公司, Unique Film Production Co.)**58)** 및 민신영편공사(民新影片公司, The China Sun Motion Picture)**59)**등이 그 뒤를 따랐고 중국 영화 제작 산업은 생기가 넘쳐흘렀다.

정수인이 『중화영업연감』에서 말한 것처럼 "중화민국 10년(1921) 이후

---

54) 1922年2月, 明星影片股份有限公司由張石川、鄭正秋、周劍雲、鄭鷓鴣、任矜蘋等發起, 建立於上海, 同時設立了明星影戲學校。見《明星影片股份有限公司組織緣起》, 《影戲雜誌》, 第1卷第3號, 1922年5月25日上海出版；程樹仁, 《中華影業年鑑》, 上海：中華影業年鑑社, 1927年, 第11頁。

55) 長城畫片公司由黎錫勳、林漢生、梅雪儔、劉兆明、程沛霖、李文光、李澤源等創辦於紐約的布魯克林, 原名長城製造畫片公原名長城製造畫片公司。1922年拍攝了介紹中國服裝與技擊的兩部短片, 1924年攜帶電影器材返國。見徐恥痕, 《滬上各製片公司之創立史及經過情形》, 載《中國影戲大觀》第一集, 上海：上海合作出版社, 1927年, 第7頁；程樹仁, 《中華影業年鑑》, 上海：中華影業年鑑社, 1927年, 第1部分。

56) 神州影片公司由歸國留法學生汪煦昌、徐琥等人於1924年10月創辦於上海。見程季華主編, 《中國電影發展史》（第一卷）, 北京：中國電影出版社, 1980, 第76-77頁；程樹仁, 《中華影業年鑑》, 上海：中華影業年鑑社, 1927年, 第1部分。

57) 大中華影片公司於1924年 1月由馮鎮歐投資成立, 主要創作人員大都是受過西方資產階級教育的知識分子, 曾拍過兩部影片, 有模仿西方電影的創作傾向。百合由吳性栽投資創立, 曾拍攝四部由鴛鴦蝴蝶派小說改編的影片。兩公司合並為大中華百合公司後, 形成了上述兩種創作傾向的混合, 創作了《透明的上海》、《馬介甫》、《呆中福》等影片。1928年起以拍攝神怪武俠片為主, 1929年底停止製片。1930年8月, 並入聯華影業公司。見程季華主編, 《中國電影發展史》（第一卷）, 北京：中國電影出版社, 1980年, 第76-77頁；程樹仁, 《中華影業年鑑》, 上海：中華影業年鑑社, 1927年, 第1部分。

58) 天一影片公司是由邵氏兄弟四人邵醉翁、邵邨人、邵仁枚、邵逸夫於1925年6月在上海虹口橫濱橋成立, 專門從事影片的攝製與發行。邵醉翁任總經理兼導演, 二弟邵邨人負責製片兼編劇。見程季華主編, 《中國電影發展史》（第一卷）, 北京：中國電影出版社, 1980年, 第84頁；程樹仁, 《中華影業年鑑》, 上海：中華年鑑社, 1927年, 第1部分。

59) 前身是1921年由黎民偉、黎海山、黎北海籌組的民新製造影畫片有限公司, 1923年在香港正式成立民新影片公司, 由黎海山任經理, 黎民偉任副經理, 以拍攝新聞片為主。見程季華主編, 《中國電影發展史》（第一卷）, 北京：中國電影出版社, 1980, 第99-102頁。

영화사는 우후죽순 나타났고 한동안 아주 성행하였으며 영화 사업의 새로운 열풍을 일으켰고 전국에 범람하고 있다. 수만 명의 애국지사는 더욱 분발하여 새로운 사업을 위해 노력하였다"고 하였다. 이 연감의 통계에 따르면 당시 여러 영화 회사는 전국의 각 대도시에 분포되었고 그중에 상해에는 130여 개가 있었고 북경, 천진, 광주 등 도시에도 적지 않은 영화사가 있었다.[60] 제작 수량으로부터 보면 1922년의 중국 영화 생산량은 10여 편에 불과하였으나 1926년에는 120여 편으로 빠르게 증가하였으며 그 후에도 연간 생산량은 거의 100편 정도를 유지하였다. 10년도 안된 시간 내에 총 600여 편의 영화가 만들어진 것이다.[61]

1930년대 시장의 선택과 경쟁 도태를 통해 중국 영화도 점차 건전하고 규모가 있는 산업기반을 갖추기 시작하였고 연화(聯華)·명성(名星)·천일(天一)·예화(藝華) 등 4대 회사가 만든 무성영화가 시장의 절반 이상을 차지하였다. 그리고 중국 영화제작사의 현대적인 기업 특성도 뚜렷하게 나타나기 시작하였다. 연화영업공사를 예로 들면 영국 국적을 가진 하동(何東, 이사장), 사법·재정·외교 부장 등 요직을 담당한 적이 있는 사업가 나문간(羅文幹, 이사), 동북군 총사령관 장학량(張學良)의 부인 우봉지(于鳳至, 이사), 국무총리 웅희령(熊希嶺, 이사), 중국은행 총재 풍경광(馮耿光, 이사) 등이 구성원으로 포함되어 있었다. 연화영업공사는 나명우(羅明佑) 사장이 온 힘을 다해 이끌었고 중국 영화 기업에 대한 투자를 대폭 늘려 영화관을 홍콩, 상해, 광주 등 거의 모든 개방된 무역

---

60) 程樹仁, 《中華影業年鑒》, 上海 : 中華影業年鑒社, 1927年, 第1部分.

61) 酈蘇元, 《中國現代電影理論史》, 北京 : 文化藝術出版社, 2005年, 第7頁。

항과 대도시 및 싱가포르로 확장하였고 회사에 전문적인 편역(編譯) 부문을 설치하였다.[62] 편역 부문의 설치는 영화 번역이 이미 영화 생산의 중요한 구성 부분의 하나로 자리 잡았음을 의미하고 영화사를 위해 해외 관객과 해외 시장을 유치하는 데 중요한 역할을 할 수 있었다.

구미 영화가 중국 시장에서 열풍을 일으키고 많은 상업적 이익을 얻음으로써 중국 영화산업의 시작과 발전이 이루어졌다. 상업적 이익은 초기 중국 영화인으로 하여금 국산 영화를 촬영하도록 자극하였고 거기에다 국산 영화에 대해 번역을 진행하여 해외 관객과 해외 시장을 유치해서 상업적 수익을 확보하도록 하였다.

---

62) 作者不詳, 《聯華之宗旨及工作》, 《聯華年鑑》, 民國廿三-廿四年 (1934年－1935年), 第2頁。

2

민족주의의 영향
: 중국 문화 선전의 통로

중국 민영 영화인들은 영화를 촬영하고 번역을 하면서 대외 수출의 중
요성을 깨달았다. 상업적 이익의 자극 외에도 중화민족의 긍정적인 이미
지를 심고 중국에 대한 부정적인 이미지를 바꾸려는 목적도 있었다. 무
성영화 시대의 외국 영화에서 보이는 동양에 대한 태도에는 아주 강한
엽기적인 시각이 있었고 늘 동서양 문화의 차이성을 과장되게 보여주었
으며 중국인에 대해 오해할 만한 묘사가 있었다. 초기의 해외 영화에서
부각시킨 중국인의 이미지는 중국인과 중국을 정형화되기 쉽게 만들었
고 동양의 신비함과 혼란, 뒤쳐지고 야만적인 상상에 맞추어 표현하였으
며 동양의 기이한 현상을 조작하였다. 초기 구미 영화에서 중국인의 이
미지는 지극히 만화적 성향을 갖고 있었다. 중국인이 변발을 하고 청나

라 복장을 입고 긴 손톱을 드러낸 이미지는 중화민국 시대에 들어선 이후 변발을 자르고 복장을 바꾼 관객들을 수치스럽게 만들었다. 그리고 중국인의 행위도 괴상하고 추하게 표현했다. 이를테면 "꿈틀거리면서 걷고, 허리와 등은 구부정하며, 손을 소매에 넣고 멍하게 바라보는 이미지 등"으로 나타냈다. 악당 캐릭터도 "오직 몰래 흉계를 꾸미는 방법을 통해 상대방을 모함하며, 설령 싸워도 주먹이나 발을 들기도 전에 쓰러지는 등의 모습"으로 나타났다.63) 초기의 미국 영화에서 중국인의 신분은 흔히 요리사, 세탁공, 절도범이었다. 생활풍속 습관 면에서도 여자는 전족을 하고 남자는 아편을 피우며 성매매, 도박 등을 하는 등 여러 가지 악습이 있는 것으로 보였다. 이러한 영화 속의 중국인의 이미지는 〈신보〉의 영화평론에서 지적한 바에 따르면 "구미 영화가 촬영한 우리 중국인은 악한 짓을 하는 사람들이고 자주 미풍양속을 해치는 일을 행하는 것으로 나와 있다. 그러나 영화의 감화력이 매우 크고 은연중에 개인의 관념을 변화시킬 수 있으므로 구미 사람들로 하여금 중국인에 대한 거부감을 줄 수 있고 심지어 중국의 국체를 잃게 할 수 있다"고 하였다.64)

1894년에, 미국 에디슨 회사(Edison Kinetoscope)는 근 반 시간가량 되는 무성영화 〈화인의 세탁소(華人洗衣鋪, Chinese Laundry)〉를 촬영한 적이 있는데, 코미디 형식으로 한 중국인 남성이 어떤 아일랜드 경찰의 추적을 어떻게 따돌리는지를 보여주었다. 영화 속의 중국인 남성은 다양한 몸짓으로 진기한 모습을 연출하였다. 1898년, 미국 에디슨 영

---

63) 愷之, 《電影雜談》, 《申報》, 1923年5月16日、19日。

64) 作者不詳, 《觀映〈誠篤之華工〉後之感想》, 《申報》, 1923年8月9日。

화사가 제작한 단편 〈두 개의 춤추는 중국 나무인형(兩個跳舞的中國木偶, Dancing Chinesemen — Marionettes)〉에서는 서양의 중국인의 신체적 이미지에 대한 기발한 생각을 보여주었다. 초기의 미국 영화, 이를테면 〈중국인의 고무목(中國人的橡皮脖子, Chinese Rubbernecks, 1903)〉, 〈거짓 슬럼가의 파티(虛假的花街柳巷的派對, The Deceived Slumming Party, 1908)〉, 〈이교도 중국인과 주일학교 교사들(異教徒中國人和周日學校教師, The Heathen Chinese and the Sunday School Teachers, 1904)〉, 〈황화(黃禍, The Yellow Peril, 1908)〉 등 단편 영화에서는 모두 신비스럽고 매력이 있지만 초조불안한 당인가(唐人街, China Town), 중국인의 기이한 신체와 중국인의 신비로운 정체를 보여주었다.[65]

20세기 초기에 미국에서 촬영된 시리즈 장편이나 스토리가 중심인 영화 속에서도 중국인이 자주 등장하였다. 당시 중국 대륙을 휩쓸었던 보연(寶蓮)영화 시리즈에서 중국 마약 밀매업자의 두목 오방(吳方)이 등장하였다. 심지어 〈동즉서(東即西, East is West, 1922)〉, 〈화교의 마음(華僑之恥, Dinty, 1922)〉, 〈잔화루(殘花淚, Broken Blossoms or The Yellow Man and the Girl, 1919)〉, 〈그림자들(忠信篤敬之華工, Shadows, 1922)〉 등 일부 영화에서도 중국인이 주요 인물로 등장하였다. 그러나 이러한 영화들이 중국에서 상영될 때, 흔히 우매하고 후진적인 면을 보여주었다. 예를 들어, 영화 〈동즉서〉에서는 중국에서 부녀

---

65) Haenni, Sabine. "Filming 'Chinatown': Fake Visions, Bodily Transformations." Screening Asian Americans. Ed. Peter X. Feng. New Brunswick: Rutgers University Press, 2002. 21-52.

를 공개적으로 경매하는 장면을 연출했다. 1921년 봄에 뉴욕에서 상영한 〈홍등기(紅燈記, 홍등조(紅燈照)라고도 번역함, The Red Lantern, 1919)〉와 〈출생(出生, The First Born, 1921)〉 등 두 편의 영화에서는 여자들이 전족(纏足)을 하고 아편을 피우며 길거리에서 도박을 하는 등 추악한 장면들로 가득 차서 유학생과 화교들의 분노를 일으켰다. 그들은 중국 남방 정부가 주미 대표 마소향(馬素香)과 뉴욕 시청과 교섭해서 두 영화의 상영을 취소할 것을 요구하였으나 요구는 무시되었다. 이 일에 대해 〈신보〉는 "해외에 있는 미국의 유학생회는 최근 그 지역의 정치인에게 영화 속에서 나타난 중국인의 생활 상황에 대한 묘사가 완전히 진실성이 없고 이런 비현실적인 영화를 본 미국인들은 쉽게 중국인에 대해 나쁜 감정을 가질 수 있으며 중국 문화를 모르고 양국의 관계를 저해하므로 이러한 작품을 제작하는 것을 중단해야 한다는 것을 명백하게 밝힐 것을 정식으로 요청하였다."[66]라고 게재하였다. 이 일은 미국에 있는 유학생 여석훈(黎錫勳), 임한생(林漢生), 매설주(梅雪儔), 유조명(劉兆明) 등으로 하여금 영화를 공부하고 중국 문화의 정수를 알리는 영화를 제작하게 되었다. 그들은 1921년에 미국 뉴욕에서 장성제조화편공사(長城製造畵片公司)[67]를 설립하였다.

중국 내의 관객들도 미국 영화 속의 중국인 이미지에 불만을 갖고 있

---

66) 伯長, 《留美學生抗議劣電影》, 《申報》, 1923年6月21日。倭海倭省今譯為俄亥俄州。

67) 鄭君裏, 《現代中國電影史略》在紐約的市政登記處檔案記錄中, 長城畵片公司的英文原名為 : The Great Wall Film Co.長城公司的原始登記記錄存於NYC King's County Cleric Office, Certificate File, filing date : 4/16/1921。轉引自陳墨、蕭知偉, 《跨海的長城從建立到坍塌——長城畵片公司歷史初探》, 《當代電影》, 2004, 第3期, 第36頁。

었다. 1922년에 〈신보〉에서 미국 영화 속의 중국인 이미지에 대한 평론을 볼 수 있다. 주검운(周劍雲)은 「영희잡담(影戲雜談)」이란 글에서 외국 영화에서 중국인을 희화화하는 데에 대한 극도의 분노를 나타냈다.

중화인을 표현할 때는 굳이 '악랄, 저열, 야만, 거칠음' 등으로 표현해서 마침 이 세상에서 중화인보다 악랄한 것이 없는 것처럼 보여주었다. 우리 중화인은 정말 구미 영화 속에서 보여준 것과 같을까. 무릇 혈기가 있는 사람이 이것을 본다면 분노하지 않는 자가 없을 것이다. 영화 속에서의 중화인의 옷차림은 일부 20, 30년 전의 광동인과 같다. 이에 다소간 맞는 경우도 있으나 나머지 나타난 중화인의 이미지는 오직 서양인의 혐오일 뿐, 중화인이 의아할 정도로 절대로 존재하지 않는다. 이러한 중화인의 인격을 모욕함으로써 악감정을 불러일으키기에 충분하며 양국의 친선을 도모하는 데 방해될 것이다. 그래서 국민은 이러한 불량영화에 대해 배척하고 함께 거부할 것을 바라며 영화관의 주인도 신중하게 영화를 선정하며 서양인이 중화인에 대한 잘못된 시선을 바로잡도록 노력해야 한다.[68]

1923년 9월 11일, 카드영희원(卡德影戲院)에 재상영한 〈홍등기〉는 다시 극장 내 관객의 강렬한 반응을 불러일으켰다. 〈신보〉는 연속으로 "영화 〈홍동기〉를 관람 후의 감상(觀〈紅燈記〉影片後之感想)" 및 "〈홍동조〉의 후기를 본 후의 느낌(觀〈紅燈照〉評論後之感想)" 등을 게재하였는데 평론은 분노의 감정으로 가득 찼다. 아편전쟁 이후 중국인의 민족적 자

---

68) 劍雲, 《影戲雜談》 (三), 《申報》, 1922年3月15日.

긍심은 치명적인 타격을 받았다. 미국 영화가 중국인의 이미지를 왜곡하고 희화화한 것은 중국인으로 하여금 자신의 이미지에 대한 우려를 더욱 심화시켰다.

　우리나라의 해외 교포들은 서양인들의 많은 비아냥거림을 받았다. 〈홍등조〉 및 기타 여러 우리나라 사람을 모욕한 영화의 취지는 우리나라 사람의 추태와 여러 가지 괴상한 모습을 표현하였다. 예를 들어 허리를 굽신거리고 원숭이처럼 걸으며 일상생활은 아편을 피우고 도박을 하며 성매매를 하는 등 추악한 형상을 세계에 폭로하여 외국인으로 하여금 우리나라 사람을 멸시하는 마음을 갖게 하기에 충분하였다. 서양인이 연출한 영화를 볼 때마다 거의 우리나라의 국체를 모욕하였기에 반드시 정부에 항의를 해야 하며 상영 금지할 것을 요구해야 하고 목적을 달성할 때까지 그만두지 말아야 한다. 또한 영화는 비록 오락에서 사소한 것이지만 실제로 엄청 큰 감화력을 갖고 있다. 사회를 개혁하고 인심을 좌지우지할 수 있다. 우리나라의 영화제작회사는 노력해서 바싹 따라잡아야 하고 우리나라의 문화, 국민의 미덕, 촬영하고 제작한 영화를 해외로 수출하여 국위를 선양하고 구미인의 호감을 얻을 수 있으며 예전의 각종 저열한 영화들은 어느새 스스로 줄어들게 될 수 있으므로 우리 국민들이 많이 주의하기를 바란다.[69]

1925년, 더글러스 페어뱅스 주니어(Douglas Fairbanks Jr.)가 출연한

---

69) 雪儔, 《觀〈紅燈照〉評論後之感想》, 《申報》, 1923年9月19日。

〈월궁보합(月宮寶盒, The Thief of Baghdad)〉도 역시 관객들의 비판을 받았다.

그것은 영화 엔딩에 몽골 왕자와 간신의 땋은 머리를 하나로 연결하고 대들보에 묶고 매섭게 때리는 장면이 있다. 이러한 연출은 우리 중화 사람을 조롱하고 모욕하는 것이라고 생각한다. 이러한 영화는 우리나라의 국체와 크게 연관되어 있기에 극장 관계자들은 이런 우리나라 사람을 심각하게 무고(誣告)한 영화를 재구입해서 국내에서 홍보하고 타인을 불쾌하게 만들지 않기를 간절히 바란다.[70]

이 영화는 〈아라비안나이트(天方夜譚)〉 속의 이야기를 각색해서 제작한 것으로서 거의 신성(神性)에 가까웠다. 하지만 몽골 공주로 중국인의 저열한 이미지로 고정 관념을 표현하였다. 또 몽골인의 옷차림은 청(清)과 판이하게 달랐는데 영화 속의 몽골 공주의 옷차림은 청(清)의 옷차림과 비슷한 듯한데 청(清)의 옷차림이 아니었다. 참으로 이것도 저것도 아닌 것이었다. 다만 중국인의 추태를 표현하려고 애를 썼을 뿐이었다. 이 외에 몽골 왕자를 더욱 음흉하고 거칠게 연출하여 외국인의 마음속에 중국인에 대한 나쁜 인식을 한층 더 심화시켰다. 이렇게 우리나라 사람을 모욕하였는데 우리나라 관객들이 도리어 좋아한다면 나는 참으로 그 마음을 모르겠다.[71]

---

70) 張潛鷗, 《觀〈月宮寶盒〉後之意見》, 《申報》, 1925年2月22。

71) 吳良斌, 《觀〈月宮寶盒〉後之各種論調》, 《申報》, 1925年3月5日。吳良斌也為長城畫片公司創始人之一。

1930년 2월 21일, 상해 대광명희원(大光明戲院)과 광륙희원(光陸戲院)이 미국의 파라마운트회사에서 제작하고 해럴드 로이드(Harold Lloyd)가 출연한 영화 〈웰컴 데인져(Welcome Danger, 1929)〉를 방영하기 시작하였다. 이 영화는 미국인을 고용하여 샌프란시스코의 차이나타운에서 납치, 마약 판매 집단을 조사하는 이야기이다. 극 중에서 나타나는 여러 중국인들은 대체로 외모가 옹졸하였다. 여성은 전족을 하였으며 남성은 변발을 하고 마약 매매, 절도, 강도, 납치 등 무도한 짓거리를 일삼는 낙후한 모습으로 중국인을 묘사하는 장면도 적지 않아서 결국은 큰 파문을 일으켰다. 1930년, 유명한 작가, 영화감독 홍심(洪深)은 할리우드 영화 〈웰컴 데인져〉는 중국을 모욕하는 영화라고 하면서 상해 대광명희원(大光明戲院)에서 한바탕 소란이 일어났다. 홍심은 로이드가 주연을 맡은 영화 〈웰컴 데인져〉를 볼 때, 영화에 등장한 중국인의 이미지는 "비천하고 우롱한 것으로 정말 치욕스럽다"고 생각하면서 많은 불만을 가졌다. 홍심은 영화가 끝나기도 전에 일찍 귀가하였고 그래도 화가 가라앉지 않아서 다시 대광명극장에 돌아와 무대에 올라가서 이 영화는 중국인의 이미지를 모욕한 것이라고 설명함으로써 결국 모든 관객들이 환불 요청을 하게 만들었다. 홍심 본인은 소란을 불러일으킨 것으로 조계(租界) 경찰에게 체포되었고 곧바로 풀려났지만 이 사건은 상해에서 상대적으로 강력한 영향을 미쳤다. 상해신문에서 이 일을 연속 며칠 동안 보도하였고 중국 영화계에 많은 저명인사들이 참여하였으며 분분히 홍심을 지지하는 선언을 발표하였다. 이 영화는 중국인의 "이미지를 추악하게 만들고 알렸으며 미혹되어 마비시키고 시비를 헷갈리게 하고 혼란스럽게 만들었고 사실을 혼란시켰다"[72]고 호되게 질책하였다. 홍심이 비판하고 보이콧한 〈웰컴 데인져〉는 최종적으로 상해에서 상영 금지됐고 제작사인 파라마운트회사에서 이 영화를 회수하였을 뿐만 아니라 중국의 영화 관객들에게 사과하였다.

중국인은 초기 구미 영화에서 보여준 중국인의 이미지와 국가 이미지에 불만을 품고 있었다. 이러한 왜곡된 이미지는 중국인들이 자신의 민족 영화산업을 발전시키고 중화민족의 긍정적인 이미지를 보여주는 영화를 촬영하도록 하였다. 대외로 수출한 자작 영화를 통해 해외 영화에서 중국과 중국인의 악랄한 행위와 형상을 바로잡고 바꾸며 중국 영화업의 발전과 대외 수출, 영화 상영을 자극하는 또 다른 동기가 되었다. 당시 영화평론가가 〈고정중파기(古井重波記)〉를 평론할 때 말한 것처럼 "오늘 내가 이렇게 훌륭한 영화를 만들고 이후에 해외로 수출하면 우리나라를 위해 치욕을 씻을 수 있기에 이 회사가 더욱 잘하기 위해 노력해서 존경을 받는 지위에 오를 수 있기를 바란다. 우리나라가 영화계에서 선두주자로 우뚝 서고 전 세계에 영예를 떨칠 수 있게 하는 것이 내가 진실로 보고 싶은 것이다."[73]라고 하였다.

정부 차원에서 보면 중국 정부는 줄곧 외국 영화 속의 중국 국가 이미지와 민족 이미지를 주목하였고 각종 조치를 취해 중국의 부정적 이미지를 줄이거나 제거하였다. 북양정부 교육부(北洋政府敎育部)는 영화심사규정을 제정한 적이 있는데 유해(有害) 영화를 두 가지로 분류하였다.

---

72) 洪深, 《「不怕死!——大光明戲院喚西捕拘我入捕房之經過》, 《民國日報》, 1930年2月24日.

73) K女士, 《觀〈古井重波記〉後之意見》, 《申報》, 1923年5月3日.

하나는 "치안을 방해하고 사회 질서를 문란하게 하며 민심과 풍속에 영향을 주고 중국을 모욕하며 국교를 맺는 데 장애가 되는 내용이 있는 영화는 제작을 금지하거나 파기한다." 다른 하나는 "사리에 맞지 않고, 거부감을 쉽게 일으키며 문제가 되는 내용이 포함된 영화는 상영을 연기시키거나 내용을 수정한다.'74) 이러한 영화심사규정은 중국을 모욕하는 영화를 상영 금지하거나 제거하는 것을 목표로 삼았고 이것으로 북양정부가 국가와 국민 이미지를 주목하고 있었다는 것을 알 수 있다. 그러나 당시 중국은 군벌 할거 국면에 처해 있었기 때문에 북양정부의 통치 권력은 각지로 확장되기 어려웠고 이 심사규정도 제대로 실행하지 못하였다. 1927년에 국민정부 정권이 확립됐고 점차 영화규제기구를 설립하였으며 영화검사제도를 확립하고 시행하였다. 1930년 11월 3일, 〈영화검사법(電影檢查法)〉이 입법원(立法院)을 거쳐 확립된 후 국민정부(역자 주 : 남경정부를 말함)가 공식적으로 반포하고 시행하였다. 이어서 이듬해 2월 3일에 행정원(行政院)에서 〈영화검사법시행규칙(電影檢查法施行規則)〉과 〈영화검사위원회조직규정(電影檢查委員會組織規程)〉을 반포하였고 2월에 영화검사위원회를 조직하였다. 〈영화검사법〉의 규정에 따르면 "무릇 영화가 자국 영화사 제작이든 외국 영화사 제작이든 본 법규의 규정에 따라서 검사하고 심사를 거쳐서 승인을 받지 못하면 상영할 수 없다"75)고 되어 있다. 〈영화검사법〉은 금지 영화를 네 가지로 분류하였

---

74) 戴蒙, 《電影檢查論》, 上海 : 商務印書館, 1937年, 第70頁。

75) 教育部內政部電影檢查委員會全體委員, 《電影檢查法《教育部內政部電影檢查工作總報告》, 1934 年, 第108頁。

다. 즉, 첫째는 중화민족의 존엄성을 훼손시키는 영화이다.[76] 중국을 모욕하는 내용이 있는지는 영화검사위원회에서 외국 수입영화를 심사하는 핵심이다. 만일 발견되면 경미한 경우는 삭제해서 편집하는 것이고 심각한 경우는 상영 금지를 하게 된다. 삭제하고 편집한 경우는 아주 세밀해야 한다. 심지어 작은 모자를 쓰고 변발을 한 중국인 웨이터 장면, 화교가 목공장에서 집단 도박하는 장면 등도 포함된다.[77] 영화검사위원회는 아직 중국 시장에 들어가지 않는 외국 영화 속의 중국 소재에 대한 표현도 주목을 해야 하였다. 중국을 모욕하는 장면, 이를테면 미국의 〈상해익스프레스(上海快車, Shanghai Express)〉, 〈옌 장군의 쓰디쓴 차(顔將軍的苦茶, The Bitter Tea of General Yen)〉 등 영화에 대해 영화검사위원회는 제작회사에서 수정할 것을 요구하였다. 그렇지 않을 경우 즉시 이 회사에서 수입한 영화들에 대한 모든 심사를 중단한다고 하였다. 중국에 와서 영화를 촬영하는 외국 영화에 대해 영화검사위원회는 역시 먼저 사전허가를 신청해야 하고 촬영한 영화는 중화민족의 체면을 손상시키면 안 된다고 규정되어 있다.[78]

1936년 11월 24일, 국민당 외교부는 전문적으로 국민당중앙선전부(國民黨中央宣傳部), 내정부(內政部), 교육부, 중앙전영검사위원회(中央電影檢査委員會) 등 관련 부서들을 소집해서 전문적으로 "외국 영화사가 중국을 모욕하는 영화를 촬영·제작하는 것을 거부하는 문제"를 토

---

76) 同上。

77) 《電影片修剪部分一覽表》, 《電影檢査委員會公報》, 1933年, 第1卷第13期。

78) 教育部內政部電影檢査委員會全體委員, 《教育部內政部電影檢査工作總報告》, 1934年, 第59頁。

론하였다. 최종적으로 검사를 거친 외국 영화에서 중국을 모욕하는 것으로 판단된 내용은 즉시 삭제하고 편집하며 심각한 경우 개봉하고 상영할 것을 금지하며 허가증을 발급하지 않는다는 일치된 결의를 하였다. 만일 외국 회사가 계속 중국을 모욕하는 영화를 촬영하고 제작한다면 중국 정부는 세계 각국에서 상영하지 말 것을 요구할 수 있으며 그래도 거부한다면 해관에서 이 회사의 모든 영화를 수입할 것을 금지한다고 통보하였다.[79)]

이 외에 국민정부는 또 정부가 제작한 교육 영화와 국방 영화를 번역하고 수출함으로써 정부의 지도하에 있는 중국의 모습과 항일전쟁을 보여줌으로써 중화민족의 긍정적인 이미지를 확립하려 하였다.

특히 중국인민과 정부의 대외 영화에서 중국 이미지에 대한 주목은 할리우드로 하여금 중국인의 영화에 대한 인식을 중시하게 하였고 중국 시장에 적응하도록 하였다. 할리우드의 MGM 제작사(Metro-Goldwyn-Mayer, Inc. .MGM)는 1933년부터 영화 〈대지(大地, The Good Earth)〉를 기획하고 촬영하였다. 이 영화는 1937년 8월에 이르러서야 미국에서 상영하였지만 영화의 준비와 촬영 과정은 할리우드의 중국에 대한 영화 수출 정책의 조정과 변화를 집중적으로 구현하였다. 영화의 이야기 구성에서 보면 〈대지〉의 이야기는 미국 작가 펄 벅(Pearl Buck)의 동명 소설에서 취재한 것으로 엄숙하고 당시 중국 사회생활을 반영한 작품이다. MGM회사가 각색하고 촬영하는 허락을 받은 후 중국 정부와 영

---

79) 中國第二歷史檔案館檔案 : 《討論取締電影問題會議記錄》, 檔案全宗號 : 二 ; 案卷號 : 2258。

화 제작과 관련된 협약을 체결하였는데 이는 할리우드 영화기업 역사상 처음이었다. 당시 정부는 또 전문적인 관리를 파견하였고 미국에 가서 〈대지〉의 촬영을 감시하도록 하였다.[80] 뿐만 아니라 1933년 말에 MGM 회사는 전문적인 촬영팀을 구성해서 중국에 파견하여 소재를 수집하고 도구를 장만하였으며 중국인 고문을 초빙하여 양국에서 각각 배우 캐스팅 작업을 진행하였다. 마지막에 남녀 주인공인 왕용(王龍)과 아난(阿蘭) 역은 미국인 배우가 맡았지만 〈대지〉는 당시 중국 배우가 가장 많이 참여하고 촬영을 진행한 할리우드 영화였다. 창작자의 태도에서 볼 때 〈대지〉는 할리우드의 영화인이 중국 사회와 밑바닥 계층에 살고 있는 중국인의 생활을 진지하고 신중하게 다룬 영화였다. 이는 중국 영화 시장의 지위가 높아지고 중국인과 정부가 구미 영화에서의 중국인 이미지에 대한 관심이 많아져서 할리우드는 부득불 영화에서 중국과 중국인을 어떻게 표현해야 하는지를 다시 고려해야 한다는 것을 보여주었다.

영화 수출은 문화 수출의 가장 직접적이고 가장 효과적인 수단 중의 하나이다. 영화는 문화 이미지를 전파하는 매개이고 민족 이미지를 확립하는 중요한 사명을 맡고 있다. 이는 초기 중국 관객, 영화사와 정부의 공통의 인식이고 중국 영화사와 정부기관이 영화 번역을 진행하는 정신적 동기이다. 그들은 영화 번역은 중국인의 이미지와 중국 문화를 해외로 선전하는 필요한 경로라는 것을 인식하게 되었다. 오직 중국에서 촬영하고 제작한 영화에 대해 번역을 진행하고 해외 관객들이 이해하고 받

---

80) 最早前往監製影片拍攝的是國民黨宣傳部排遣的杜庭修, 此後又有國民政府駐舊金山總領事黃朝琴參與其中. 參見, 《〈大地〉剪修竣工行將公映》, 《影與戲》, 1937年1月, 第8期, 第114頁.

아들일 수 있게 하면 외국 영화가 중국의 낙후한 풍속과 문화를 촬영해서 초래한 바람직하지 않은 영향을 감소하거나 제거할 수 있으며 긍정적이고 객관적인 중국인의 이미지를 확립할 수 있고 중국 문명과 현대 상황을 알릴 수 있다.

3

중국 영화를 세계로, 세계로!

중국 초기의 국내 영화사의 국제적 시야는 상업적 이익을 확보하고 중
국 이미지를 확립하는 이중적인 동기 아래에 형성된 것이다. 여기서 중
국 영화사가 대규모적이고 자발적으로 영화를 번역하고 수출하는 현상
이 나타나는 이유를 어렵지 않게 이해할 수 있다. 1919년에 상무인서관
에서 활동영희부를 설립할 때부터 촬영한 영화를 "각 성급(省級) 도시 및
외국과의 통상도시로 배급하고 도시를 선정해서 개봉할 수 있도록 한다.
이로써 미풍양속을 해치는 외래 영화를 저지하고 대중을 교육하는 데에
도움을 주기를 바랐다. 한편으로 외국으로 수출하여 우리나라 문화를 알
리며 외국인이 가진 중국에 대한 거부감을 줄이고 동시에 내적인 감정을

불러일으키고자 한다"[81]는 것을 명시하였다. 그래서 처음부터 중국 영화계의 의식 있는 인사들은 자작 영화를 수출하는 것을 중국 문화를 알리는 한 가지 방식으로 간주하였다는 것이다.

이는 1920년대 중국 영화사들이 잇달아 설립될 때 외부에 발표하는 설립 공고와 설립 선언문에서 확인될 수 있다.

1. 대중화영편공사(大中華影片公司)는 설립 공고에서 "영화인, 사회교육의 도선(導線), 인류 진화의 기록, 예술문명의 결정체, 동서양의 사상을 소통할 수 있고 민족 간의 장벽을 허물 수 있다. 국가의 명예를 선양할 수 있으며 콘텐츠를 확충한다. … 우리 회사의 창설은 대외적으로는 조국의 예술문명을 세계에서 칭송받게 하고 대내적으로는 실업을 진흥시켜 국민의 지혜를 깨닫게 한다."[82]라고 밝혔다.

2. 명성영업공사(明星影業公司)도 회사 설립 목적에 대하여 "회사 주주만 이익을 얻는 것이 아니라 국가에도 유리하고, 중국 영화로 외국 영화를 대체하며 구미와 동남아시아까지 수출하고 손실이 새는 것을 막으며 반드시 취할 점이 있어야 한다"고 하였다. 또한 명성영업공사의 특별한 장점도 "크고 작은 각 도시에 특별계약한 대행기관이 있고 추후에 이익이 결코 적지 않을 것"이라고 하였다.[83]

3. 민신영편공사(民新影片公司)는 설립 선언문에서 "사업은 순수함을

81) 《商務印書館為自製活動影片請準免稅呈文》, 1919年5月 《商務印書館通訊錄》, 轉引自程季華主編, 《中國電影發展史》, 北京 : 中國電影出版社, 1981年, 第39頁。

82) 《大中華影片公司成立通告》, 《申報》, 1924年2月9日。

83) 《明星影片股份有限公司組織緣起》, 《影戲雜誌》, 1922年, 第1卷第3號。

추구하고 제작도 아름다움을 추구하며 여러 동업자들과 일시적인 우열을 따지지 말고 인간사회를 위해 힘써 위로하는 사명을 짊어지고 있으며 더 나아가서, 중국 고유의 뛰어난 사상, 순결한 도덕, 너그러운 풍속으로 그 수천 년의 역사상의 영예를 완성하고 구미에 소개할 수 있으면 세계는 필연코 중국을 다시 보게 될 것이다. 그리고 세계의 새로운 사조도 전파에 종사할 수 있고 사람들의 의사에 순응하며 도시에만 있는 것이 아니라 산간벽지에 있는 일은 예상한 능력이 박약하더라도 가지고 있으며 국민들의 기대는 여전히 늘 의견을 제시하고 자신의 부족한 점을 보완하도록 하는 것이다."[84]라고 지적한 바가 있었다.

4. 중화전영유한고빈공사(中華電影有限股份公司)도 주식공모 광고에서 "영화와 연극이 발명된 이래 세계 각 나라들은 있는 힘을 다해 권장하였다. 미국, 프랑스, 영국, 독일을 논할 것도 없고 일본, 스페인이 1년 이래 역시 모두 의욕적으로 경영해왔다. 참으로 훌륭한 영화로 충분히 교육을 보완하고 사회를 개선하는데, 대외적으로는 민족 지향을 발표하여 국내 명예를 선전할 수 있고, 대내적으로는 민심을 선동하여 애국심을 불러일으킬 수 있다. 그렇기에 영화는 다만 순수한 놀이 수단일 뿐만 아니라 충분히 눈과 마음을 즐겁게 할 수 있다"[85]고 밝혔다.

5. 연화영편공사(聯華影片公司)도 자신의 취지를 명시하였는데 그 중의 하나가 바로 "해외 시장으로 확장하려면 먼저 남양군도(南洋群島)의 화교 식민지에서 시작한 다음 구미 각국으로 확장해 나가는 것"이었다.

---

84) 予倩, 《民新影片公司》宣言, 民新公司特刊第1期《玉潔冰淸》號, 1926年。

85) 《中華電影股份有限公司籌備處招股通告》, 《申報》, 1923年3月17日。

또한, 연화영편공사 상해지사에서는 영화에 대해 번역을 진행하기 위해 편역 부문을 특별 설치하였다.[86]

7. 중국영편제작고빈유한공사(中國影片製造股份有限公司)는 영화 시나리오 공모를 할 때 "영화는 문명을 전파하는 유리한 무기이다. 심오한 과학이나, 굴곡진 일이든 과거의 역사이든 모두 상세하게 밝힐 수 없다. 이 세상에서 책을 못 읽는 사람이 있더라도 영화를 볼 줄 모르는 사람은 없다. 구미는 우리와 멀리 떨어져 있고 언어와 문자는 역시 다르다. 화인(華人) 중에는 서양의 문자에 통달하는 자가 적고, 서양인 중에 우리의 문자에 통달하는 자는 더욱 적다. 나라 풍속은 아직 서로 이해할 수 없기에 일단 교섭이 있을 때마다 서로 양해할 수 없어 국교에 영향을 주는 것이 절대 다수이다. 그러나 중국의 책을 읽지 못하는 서양인이 있더라도 중국의 영화를 볼 수 없는 서양인은 절대 없다. 전자를 놓고 말하면 영화는 교육을 보급하여 국민 소양을 높일 수 있다. 후자를 놓고 말하면 영화는 국풍을 보여줄 수 있고 국제간의 감정을 잘 통하게 할 수 있다. 본사는 이 점을 감안해서 지금 우리 세대가 책임져야 할 사업이라면 중국 영화를 제작하고 연출하는 것보다 더 중요하는 것이 거의 없다고 여긴다"[87]고 말하였다.

앞의 자료들은 중국 영화계의 초기 개척자가 중국 영화는 중국 서적보다 보다 더 쉽게 외국 관객에게 다가갈 수 있고 국풍을 과시하고 국제간의 감정을 꽤 통하게 할 수 있는 유리한 도구라는 점을 인식하였다는 것

---

86) 聯華來稿, 《聯華影片公司四年經歷史》, 《中國電影年鑑》, 上海 : 中國教育電影協會出版, 1934年, 第78頁。

87) 洪深, 《中國影片製造股份有限公司懸金征求影戲劇本》, 《申報》, 1922年7月9日。

을 명시하고 있다. 이를 미루어 보면 초기 영화사의 개척자들이 영화를 통해 민족 지향을 알리고 국가의 영예를 알리며 국제 사회가 중국에 대한 이해를 심화시키는 것에 대해 모두 깊은 인식을 갖고 있다는 것을 알 수 있다.

1927년에 〈은광(銀光)〉에 게재한 「영화의 가치 및 사명(電影的價値及其使命)」[88]이란 글에서는 영화의 가치를 보다 더 상세하게 분석하였고 영화의 가치에는 여러 가지가 있다고 주장한 바가 있다. 즉, 영화의 가치는 정신을 즐겁게 하는 유리한 무기이고 교육을 보조하는 도구이며 견문을 늘리는 진품(珍品)이고 사회를 보완하는 양방(良方)이다. 이러한 정신적·견문적·사회적·교육적 등 측면에서 생성한 가치 외에 이 글은 영화의 사명에 대해서도 분석을 진행하였는데 두 가지로 세분해서 설명하였다. 즉, 대내적인 사명(使命)에는 본국 국민 찬양, 본국 문화 선전, 본국 풍속 소개 등 세 가지가 포함되어 있고 대외적인 사명(使命)에는 민족정신을 보여주고 국제적 친선관계를 맺으며 국제 교류 등의 세 가지가 포함되어 있는데 상세하고 전면적이라 하지 않을 수 없다.

초기의 중국 민영 영화사와 영화인들은 민족영화를 발전시키려는 인식과 국제적 시야를 가지고 있었다. 그들은 중국 영화를 세계에 알리려는 지향이 있었고 상업적 이익을 획득하며 국풍을 알리길 원하였으며 실천에 옮겨서 영화를 번역하고 해외에서 판매 경로를 개설하는 등의 방식을 통해 중국 영화를 국제 사회에 알리기 위해 노력하였다.

중국 정부가 최초로 영화산업에 대해 제정한 규제법규는 청나라 선통

---

88) 煜文, 《電影的價値及其使命》, 《銀光》, 1927年, 第5期.

(宣統) 3년인 1911년에 발표한 〈취체영희장조례(取締影戲場條例)〉[89]로 거슬러 올라간다. 북양정부 시기에 주로 1915년에 성립한 북경교육부 전영심열회(電影審閱會)를 통해 실시되었고 〈북경교육부전영심열회장정(北京教育部電影審閱會章程)〉[90]을 반포하였다. 그러나 당시 군벌이 할거해 있고 북양정부가 재력, 인력에서 결핍되어 있어 영화에 대한 규제, 특히 영화 번역에 대한 관리를 간과하였다. 북양정부 시기에도 어떤 지방정부는 영화 사업에 대해 규제를 진행하였다. 이를테면 1923년에 성립한 강소성교육회전영심열위원회(江蘇省教育會電影審閱委員會)는 영화에 대해 우등 · 중등 · 열등 등 세 가지 평가를 적용하였다.[91] 그러나 그동안 지방성(地方性)을 지닌 영화에 대한 관리가 세밀하고 구체적이지 못해서 현재까지 아직 지방정부가 영화 수출, 영화 자막과 자막 번역에 대해 엄격한 관리조항을 제정한 것을 발견하지는 못하였다.

1927년에 국민당은 북벌전쟁(北伐戰爭)을 통해 남경에 정부를 수립하였고 그 뒤로 1~2년에 걸쳐 점차 군정(軍政)을 마무리하고 당으로 나라를 다스리는 훈정(訓政)으로 전환하고 이를 실시하였다. 1920년대 말부터 1930년대 초까지, 몇 년 동안 중화민국정부는 〈훈정강령(訓政綱領)〉 등 일련의 강령의 성격을 띤 문건을 통해서 점차 중국 사회의 새로운 정치체계와 국가체계를 확립하였고 힘써 삼민주의(三民主義)를 시정원칙으로 했다. 중국 사회가 직면한 내부와 외부의 갈등을 처리하며 사회 질

---

89) 程季華, 《中國電影發展史》第一卷, 北京 : 中國電影出版社, 1980年, 第11頁。

90) 程樹仁, 《影戲審查會》, 《中華影業年鑑》, 上海 : 中華影業年鑑出版社, 1927年, 第42部分。

91) 同上。

서를 유지하고 정부 통치하의 현대화 과정을 추진하였다. 중국의 전반적인 통일된 영화 관리도 정부의 훈정관리(訓政管理)에 포함되어 있었다. 1920년대 말부터 1930년대 초까지 당시 국가정부의 남경내정부(南京內政部)와 교육부는 잇달아 〈검사전영편규칙(檢查電影片規則)〉을 반포하였다.[92] 1930년에는 최초의 전국적인 영화검사기구, 즉 내정부와 교육부가 연합해서 조직한 영화검사위원회를 설립하였고 〈전영검사법(電影檢查法)〉과 〈전영검사법시행규칙(電影檢查法施行規則)〉을 공포하고 시행하였다.[93] 1938년에 정부는 또 비상 시기의 영화검사소를 설립하고 항전기간(抗戰期間)의 영화검열행정을 담당하였다.

이 단계에서 중국 민족영화에 대한 관리는 그동안의 지역과 부문에 따른 느슨한 관리 구조를 마무리하고 중앙정부의 기본 직능으로 전환되었다. 중앙정부의 영화 관리는 배급 상영에 국한하지 않았고 정부는 자체의 영화제작기구를 설립하였다. 1932년 5월, 중앙선전위원회문예과 산하에 영화 대본과 영화를 심사하고 영화사를 실태조사하고 뉴스 촬영을 담당하는 영화주식회사를 설립하였다. 그 후에 잇달아 설립된 정부의 공식 영화기구로는 중앙전영섭제장(中央電影攝製場), 국민당군위 남창행영 정훈처(國民黨軍委南昌行營政訓處) 산하의 영화주식회사, 그리고 남경에 설립된 동방영편공사(東方影片公司) 등이 있었다.

정부 부서인 영화관리조사기구(電影管理檢查機構) 및 관영 영화제작

---

92) 1928 年, 國民政府內政部首先公布了十三條 《檢查電影片規則》, 繼而會同教育部將該 規則增加至十六條, 規定於1929 年7 月1 日正式施行.

93) 教育部內政部電影檢查委員會全體委員, 《教育部內政部電影檢查工作總報告》, 1934 年, 第107頁.

사 설립 외에 1932년 9월에 중앙조직부(中央組織部) 부장 진입부(陳立夫)와 교육부 영화조사위원회 주임 곽유수(郭有守) 등이 중국교육전영협회(中國敎育電影協會)를 조직하였다. 채원배(蔡元培)가 대표를 맡았고 곽유수(郭有守), 서비홍(徐悲鴻), 팽백천(彭百川), 구양여천(歐陽予倩), 홍심(洪深), 저민의(褚民誼), 단석봉(段錫朋), 오연영(吳研英), 나가윤(羅家倫), 진입부(陳立夫), 사수강(謝壽康), 전한(田漢), 고몽조(高萌祖), 진반조(陳泮藻), 증중명(曾仲鳴), 양군려(楊君勵), 장도번(張道藩), 전창조(錢昌照), 양전(楊銓), 이창희(李昌熙), 방치(方治) 등이 집행위원을 맡았으며 종백화(宗白華), 고수심(顧樹森), 종영수(鐘靈秀), 정정추(鄭正秋), 손유(孫瑜), 진석진(陳石珍), 나명우(羅明佑) 등이 후보위원을 맡았고 채원배, 오치휘(吳稚暉), 주가화(朱家驊), 왕정위(汪精衛), 이석증(李石曾), 장몽린(蔣夢麟), 진과부(陳果夫), 진벽군(陳璧君), 섭초창(葉楚傖), 호적(胡適) 등이 감찰위원을 맡았다.[94] 교육부는 중국교육전영협회를 '교육 영화'의 중국 대표기구로 지정하였다. 국제교육전영협회 위원기구에 의해 관리되며 영화의 미학·경제·기술 등의 분야와 연관된 구체적인 과제를 토론하고 동시에 국제 교류를 하는 업무를 맡았다.[95] 중국교육전영협회는 정부가 발족·조직하고 자금을 지원하며 구성원들이 국민당·정부 부문 출신이며 정부의 영화 이데올로기를 위해 봉사하는 조직이었다.

중국교육전영협회는 설립 초기부터 국제 교류를 중시하였다. 「중국교

---

94) 作者不詳, 《中國敎育電影協會成立》, 《中央日報》, 1932年7月9日。

95) 30年代初, 國聯（即國際聯合會）下屬的文化機構國際文化合作委員會在意大利羅馬設立了國際敎育電影協會, 當時國民政府積極響應, 迅速組織自己的敎育電影協會參與其中。

육전영협회성립사(中國敎育電影協會成立史)」란 글에서 중국교육전영협회의 준비와 관련해서 다음과 같이 설명하였다. 즉,

영화사업이 발달한 이래 구미 각국은 영화를 하나의 교육수단으로 삼아서 문화를 알리는 도구로 활용하지 않은 나라가 없었다. 국제연합회는 교육전영협회를 특별히 설립하여 민족 간의 장벽을 허물고 인인류평화를 이끄는 것을 사명으로 삼았다. 각 회원국은 즉시 일어나서 각자 협회 지부를 설립하여 협력을 할 수 있도록 해야 한다.[96]

중국교육전영협회는 서양어 명칭까지 번역하였다. 이를테면 영어 명칭은 'National Educational Cinematographic Society of China'이고 프랑스어 명칭은 'Société Nationale de la Cinématopraphie Educative de Chine'이며 독일어 명칭으로는 'Sinoeducine'이고 또한 회칙을 영어로 번역해서 국제교육전영협회에 전달하였다. 중국교육전영협회는 그동안 줄곧 영화계와 다른 나라 간의 교류를 중시해 왔으며, 각 연도의 『중국교육전영협회 회무보고(中國敎育電影協會會務報告)』에서 중국교육전영협회가 해마다 국제적 교류를 할 때 진행한 작업을 볼 수 있는데 주로 ① 국제교육영화회의에 참석하고 국제교육전영협회의 요구에 응하여 중국 영화검사법규 및 표준, 영화감독기구의 조직개황, 영화의 매출 등을 포함한 중국 영화 업무 상황을 영어로 번역하여 협회에 전

---

96) 郭有守, 《中國敎育電影協會成立史》, 中國電影教育協會編寫, 北京市市屬市管高校電影學研究創新團隊整理, 《中國電影年鑒1934》 (影印本), 北京 : 中國廣播電視出版社, 2007年, 第1013-1014頁。

달하였으며 ② 다른 나라의 영화협회와 교류를 하면서 영화를 교환하고 ③ 영화를 선정해서 파견하거나 촬영 제작하여 국제영화전시에 참여하는 등의 세 가지로 구분할 수 있다.[97] 1934년 4월, 로마에서 열린 국제교육회의에 중국교육전영협회 회원인 주영(朱英)이 중국 대표로 참석하였고 부회장으로 추대되기까지 했다.[98] 이는 중국 교육 영화가 이미 본격적으로 국제 영화산업과 심층적인 협력을 하기 시작하였다는 것을 의미한다.

국민당 중선부(國民黨中宣部)는 영화의 대외 전파 면에서도 적극적인 역할을 하였다. 1936년 5월 27일, 중선부는 해외당부계획위원회(海外黨部計劃委員會)로부터 전달한 멕시코 제1직속문부(第一直屬文部)의 서신을 받고 일본 정부가 멕시코 정부에게 영화 홍보 영상을 여러 차례 기증하였다는 사실을 지적하면서 중앙정부도 영화를 기증해 널리 알려질 것을 기대하였다. 아울러 스위스 교육영화연합회(敎育影片聯合會)에서도 중선부가 중국의 국민 관습과 풍속, 시사와 관련된 영상을 수집하는 것을 도와달라는 서신을 보내왔다. 중선부는 자국의 홍보 영화를 촬영하고 제작하는 것이 매우 중요하다고 생각하였다. 그러나 중앙영화촬영장의 경비는 한정되어 있어 단독으로 처리하는 것이 어려워 외교부가 참여할 것을 요청하자, 후자는 "천천히 신중하게 협의해서 공동으로 계획해 나가겠다"는 답신을 보냈다. 마침내 중선부는 내정교육부(內政敎育部)도 협조에 동참해줄 것을 요청하였다. 중선부는 1936년 6월 1일에 회의

---

97) 中國教育電影協會總務組編印, 《中國教育電影協會會務報告》, 中華民國二一（1932年）、二二（1933年）、二三（1934年）、二五至二六年（1936~1937年）。

98) 中國教育電影協會, 《中國教育電影協會第五屆年會專刊》, 1937年編。

를 열어 협상을 진행하였고 관련 조직들이 참여하여 국제영화 홍보영화 사항 등을 처리하도록 하였다.[99] 6월 9일에 제2차 회의를 열어 대외전영 사업지도위원회(對外電影事業指導委員會)를 구성하기로 결정하였으며 홍보와 국제 홍보 영화 사항 등을 제정하였다.[100] 1937년 국민당중선부 대외영화 사업지도위원회는 제3차 회의에서 중앙은 새로운 뉴스 영상을 촬영하고 제작해야 하고 1년에 영화는 최소 4번 수출해야 하고 각 회차 당 4편으로 제한하며 길이는 4,000자(尺) 이상이어야 하며 해외에 홍보하고 상영할 것을 주문하였다.[101] 이는 해외 홍보가 이미 중화민국정부의 대외 홍보의 일부분으로 자리 잡았고, 해마다 안정적인 경비 지원과 물자 공급이 이뤄지고 있다는 것을 의미한다.

이로부터 당시의 관영 영화관리기구는 국제 영화기구와의 교류에 대한 인식과 구체적인 행동을 매우 중요시하는 것을 볼 수 있다. 중국의 영화산업의 발전 및 국제 교류는 이미 일정한 규모와 영향력을 갖추고 있었다. 이때 중국 영화에 대한 번역 제작 작업도 이미 통일된 중앙정부가 위로부터 아래까지 실행하고 국가 경제·문화적 인프라 구축과 밀접한 관련이 있는 교육 영화 구축 과정 속에 올려놓았다. 이 단계에서 중국 영화에 대한 번역과 해외 전파가 국가기관의 지도하에 이루어질 수 있었고, 번역하고 제작한 영화의 전파 범위와 깊이는 기존의 영화 번역 활동이 따라올 수 없는 정도였다.

---

99) 《對外電影事業指導委員會組織章程與編製國際宣傳影片辦法及監督外人來華攝影辦法》, 存於中國第二歷史檔案館, 檔案全宗號 : 十二（2）, 案卷號 : 2252。

100) 同上。

101) 同上。

4

당시 중국 영화업계의 목표
: 관객과 시장

1920년대 이후의 상해는 당시 중국에서 가장 발달한 공업, 금융업, 부동산업 등 경제 시스템을 갖고 있었다. 동시에 상해는 중국 역사상 가장 오래되고 면적이 가장 넓으며 교민이 가장 많고 경제가 가장 발달하였으며 정치적 지위가 가장 중요한 외국인 조계지가 있어서 가장 대표적인 조계문화 분위기의 반식민지 반봉건식 도시문명 경관을 형성하였다. "1920년대, 무릇 서양의 대도시에서 유행하였던 근대적 시정(市政) 건설은 상해조계에 의해 모방되고 실행됐다"[102]고 한다.

상해 조계지의 방대한 외국인 주민단체는 중국 민족영화사가 고려할 수밖에 없는 잠재적 관객층이었다. 그래서 초기의 중국 영화는 당시의

---

102) 費成康, 《中國租界史》, 上海 : 上海社會科學院出版社, 1991年, 第271頁。

기술적인 지원하에 영어 자막을 넣어 조계지의 외국인 관객의 수요에 맞추어 제작되었다. 당시 상해의 영화 관객들은 중국 관객 외에도 적지 않는 외국인 관객들이 있었다. 〈상해 조계지(上海租界志)〉의 기록에 따르면 당시 상해의 외국인 인구에 대한 통계[103]는 다음과 같다.

1865—1942년 공공조계인구통계포(公共租界人口統計表)

연도	외국인 인구수	연도	외국인 인구수
1865	2297	1925	13526
1879	1666	1928	18519
1890	1673	1930	23307
1995	2197	1931	29947
1900	3673	1932	36471
1905	3821	1933	38915
1910	4684	1934	39142
1915	6774	1936	39750
1920	11497	1942	57351

1865—1942년 프랑스 조계지 인구 통계표

연도	외국인 인구수	연도	외국인 인구수
1865	460	1925	7811
1879	307	1928	10377
1890	444	1930	12922
1995	430	1931	15146
1900	622	1932	16210

---

103) 史梅定, 《上海租界誌》, 上海 : 上海社會科學院出版社, 2001年, 第143頁。

1905	831	1933	17781
1910	1476	1934	18899
1915	2405	1936	23398
1920	3562	1942	29038

이에 대해 이도신(李道新)은 "중국 초기 영화인들은 세계에 마주하는 자세가 있었다. 모든 영화 자막은 중국어와 영어가 동시에 제작됐고 각 영화마다 전통문화, 현재 문화, 대중문화 등 세 가지 내용이 포함되어 있다"[104]고 정확히 평가하였다. 이 밖에 본 연구는 이 시기의 중국 영화 자막이 중국어와 영어를 동시에 제작하는 주요 목적은 조계지 내의 외국인 관객과 해외 시장의 관객의 수요를 충족시키기 위한 것이라고 주장한다. 상해 조계지에 잠재적인 외국인 관객 수는 1920년대만 해도 3만 명 정도에 이르렀다. 중국 영화인들은 영화를 만들 때 이중 언어 자막을 삽입해 외국 관객이 중국 영화를 보다 쉽게 감상하고 소비할 수 있도록 하였다.

민족영화사는 조계지 내의 외국인 관객을 중시하였을 뿐만 아니라 영화를 상영하였을 때의 상업적 이익을 고려해서 해외 시장, 특히 동남아 시장을 일찌감치 중시하였는데 영화 속에 영어 자막을 넣는 것도 동남아 관객의 영화 관람에 도움이 되었다. 『중화영업연감』의 기록에 따르면 당시 중국 영화의 해외 상영권을 사들인 회사는 상해, 홍콩, 싱가포르, 일본, 태국, 필리핀, 미국, 자메이카 등 지역에 있는 30여 개에 달하였

---

104) 李道新, 《中國早期電影的平民姿態》, 文化發展論壇網站, 〈http : //www. ccmedu.com/bbs/dispbbs_33_5188.html〉 (2010年3月20日查閱)

다.[105]

당시 중국 영화사의 동남아 시장에 대한 중시는 심지어 영화의 제작에
도 영향을 미쳤다. 주검운(周劍雲)은 명성영업공사의 세 창립자 중의 한
명으로 1929년에 쓴 글을 통해 다음과 같이 지적한 바가 있다.

중국의 영화제작사는 늘 동남아 화교시장의 성장 추세를 주목하였고 영
화를 촬영하고 취재하는 기준으로 삼았다. (생략) 시대극 겸 사극인 〈백사
전(白蛇傳)〉이 동남아 시장에서 돈을 벌자 탄사소설(彈詞小說)도 점차 스
크린에 등장하게 되었고 〈진주탑(珍珠塔)〉, 〈삼소(三笑)〉 등 영화들이 지
속적으로 나타났다. 〈반사동(盤絲洞)〉이 높은 가격으로 팔린 후 고대 귀
신 장르의 영화도 한때 성행하였다. (생략) 동남아의 영화사들은 이런 것
이 아니면 구매하지 않았고 일반 화교들도 이런 영화가 아니면 보지 않았
다.[106]

이로부터 중국 영화업계는 초기에 이미 해외 시장을 개척하는 것을 중
요시하였고 해외 시장의 취향에 따라서 시장 수요에 적합한 영화를 제작
하였다. 『중화영화연감』에 게재한 '국산영화소로보고(國産電影銷路報
告)'에서 중국의 영화사가 동남아에서 많은 사랑을 받고 시장성이 있는
것을 알 수 있었다. 이를테면 필리핀의 시장을 보면,

105) 程樹仁, 《中華影業年鑒》, 上海 : 中華影業年鑒社, 1934年, 第38部分.
106) 周劍雲, 《中國影片之前途》 (四) , 《電影月報》, 第9期, 1929年2月.

최근 상무인서관에서 제작한 영화, 예를 들어 〈연화락(蓮花落)〉, 〈황산득금(荒山得金)〉 등의 여러 대본을 보면 한 영국인이 구입해서 필리핀에서 연속 7일 동안 밤에 상영하였는데 좌석은 가득 찼고 교포들은 관람하기 위해 다투었다. 한편 이야기 줄거리가 중국 교민의 취향에 적합하였고 비교적 흥미를 일으키기 쉬웠다. 약 만여 금의 수익을 얻었다고 한다. 이는 상영자가 처음에 기대한 것보다 매우 높았다. 중국 상인을 놓고 보면, 익화회사(益華公司), 한원회사(漢源公司) 등은 이번 새 영화를 고려해서 구매하고 판단하여 필리핀에 수입하였고 제작에 더욱 정성을 기울이면 동남아의 각 도시에서 손쉽게 팔 수 있을 것이다. 단 주의할 점은 대본을 유의해서 선택해야 한다는 것이다. 예를 들어 사회의 각종 부패를 모두 표현해서 외국인의 거부감을 불러일으킬 필요가 없다.107)

요컨대, 중국 국산 영화는 필리핀 시장에서 꽤 인기가 많았지만 당시 영화인들은 국가 이미지를 확립하는 것에 주목하였고 국산 영화사가 대본을 신중하게 선택할 것을 기대하고 있었으며 사회 여러 방면의 각종 부패 사실을 직접적으로 표현해서 해외 관객이 중국에 대한 거부감을 불러일으키게 할 필요가 없다는 생각을 하였다는 것을 알 수 있다.

샴(태국)에서도 중국 영화는 점점 많은 관객의 사랑을 받았고 화교 관객들이 특히 좋아하였을 뿐만 아니라 서양인 관객들도 꽤 즐겼던 것을 알 수 있다. 중국 영화가 상영될 때 서양인 관객이 관객의 대부분을 차지

---

107) 《菲律賓通信》, 《國産影片銷路之報告》 (Reports of Chinese Pictures from Foreign Markets), 參見程樹仁, 《中華影業年鑑》, 上海：中華影業年鑑出版社, 1927年, 第35部分。

할 때도 있었다.

샴 사람은 구미 영화를 목숨처럼 좋아하였다. 스크린이 열리면 박수 소리와 휘파람 소리가 울렸다. 태국 정부에서는 기근의 우려가 있으니 백성들이 영화를 관람하지 못하도록 하였고 낭비를 줄이자고 하였다. 그들은 배가 고플지언정 영화를 못보는 것은 원하지 않았다. 다만 중국 영화가 개봉할 때는 사람의 발길이 아주 뜸하였고 오히려 서양인이 관객의 다수를 차지하였다. 요즘은 이런 상황이 예전과 크게 달라졌다. 매번 중국 영화가 개봉할 때마다 저녁 7시가 되지 않았는데도 이미 빈자리가 없고 서 있는 사람들로 북적거렸다. 평생 영화를 관람하는데 이렇게 흥행하는 것을 본 적이 없었다.[108]

자바(인도네시아) 시장에는 국산 영화의 발전과 수출에 따라서 중국 영화도 화교 관객의 환영을 받았다.

남양군도의 영화사업은 특별히 발전하였다. 여기서 거류 중인 화교들은 시간을 보낼 수 있는 곳은 영화관이 거의 유일하였다. 그런 까닭에 상영화되는 영화는 구미 영화가 많았다. 상해의 각 영화사가 발전하면서 화교들이 너나없이 달려들었다. 국외에 거류하고 있는 교민들은 유독 애국정신을 특별히 드러냈다. 그래서 국산영화가 개봉할 때마다 관람자가 평소보

---

108) 《暹羅通信》, 《國産影片銷路之報告》 (Reports of Chinese Pictures from Foreign Markets), 參見程樹仁, 《中華影業年鑒》, 上海 : 中華影業年鑒出版社, 1927 年, 第35部分。

다 배로 많았다.[109]

중국 영화는 동남아 시장에서 비교적 많은 인기를 끌었고 폭넓은 관객층을 확보하고 있다. 천일회사가 동남아 시장을 개척함에 있어서 그것이 유달리 두드러졌다. 천일영화사는 소취옹(邵醉翁) 등 형제 4명이 1925년 6월에 상해에서 설립한 것이다. 설립 때부터 천일영화사는 "전통 도덕, 전통 윤리를 중시하고 중화문명을 발전시키며 서구화를 힘써 피하자"[110]는 창작 이념을 공개적으로 밝혔다. 그리고 야사를 다루는 영화로 구미 영화 장르의 울타리를 넘어서 장르 영화의 소재 선택, 서사 구조, 가치 취향 등 면에서 중국 관객의 감상 취향에 맞출 수 있도록 노력하였으며 국산 영화의 생존 공간을 넓혔고 국산 영화의 동남아 시장을 개척하였다. 1926년부터 소인매(邵仁枚), 소일부(邵逸夫) 형제는 동남아로 건너가서 싱가포르 등 도시에서 천일영화사가 제작한 영화를 방영하는 것뿐만 아니라 동남아의 농촌을 순회하며 상영하였다. 동남아에 사는 많은 화교들은 대부분 소상공인, 노동자, 그리고 고농(雇農)으로서 그들은 여전히 조상들의 생활 습관과 완고한 향토 관념을 유지하고 있었다. 천일회사가 만든 사극은 그들이 해외에서 전통을 지키는 도덕사상을 만족시켰을 뿐만 아니라 그들의 공허한 여가생활과 먼 고향에 대한 그리움을

---

109) 《爪哇通信》, 《國產影片銷路之報告》 (Reports of Chinese Pictures from Foreign Markets), 參見程樹仁, 《中華影業年鑒》, 上海：中華影業年鑒社, 1927年, 第35部分。

110) 天一影片公司特刊《立地成佛》, 1925年10月。

채워주었기 때문에 동남아 각지에서 한때 성행하였다.[111] 1927년에는 천일회사는 추가 촬영 외에 동남아의 영화상인 진필림(陳筆霖)의 청년영화사와 합병하여 천일청년영화사(天一靑年影片公司)를 설립하여 동남아에서 배급할 수 있는 길을 개척하였다.[112] 당시 영화계에서는 "소 씨 감독의 여러 영화들은 … 유독 영업 수단은 누구보다도 뛰어나기 때문에 흔히 필름이 촬영하기 전에 이미 동남아 영화 상인들이 상영권을 먼저 구입해 갔고, 가격도 계산할 수 없을 정도로 비쌌다"[113]고 평가하였다. 그리고 천일회사 외에도 신주회사(神州公司)도 동남아 시장을 아주 중요시하였고 동남아 시장을 위해 영화를 개편하기까지 하였다. 신주회사가 1926년에 제작한 영화 〈여동생을 괴롭히는 자(難爲妹妹, He Who Distressed His Sister)〉는 환경에 내몰려 강도로 전락한 청년 하대호(何大虎)가 잘못을 뉘우쳤지만 여러 차례 좌절하면서 결국 사회에 용납되지 못하고 자신의 강도 신분 때문에 여동생의 사랑과 삶까지도 힘들어진 이야기를 서술하고 있다. 영화의 엔딩 부분에서 여동생이 방황하고 있을 때 형장으로 끌려간 오빠를 우연히 만나게 되어 머리를 풀어헤치고 고함을 지르며 쫓아가다가 총성이 울리고 여동생이 쓰러진다. 이러한 함축적인 결말은 당시 영화 평론계의 칭찬을 많이 받았지만 일반 관객들의 인정을 받지는 못하였다. 〈여동생을 괴롭히는 자〉는 동남아에서 개봉하였을 때 현지 관객들의 취향에 맞추기 위해서 영화에서는 남매가 상봉하

---

111) 周劍雲, 《五卅慘劇後中國影戲界》, 明星特刊第3期《上海一婦人》號, 1925年。

112) 李道新, 《中國電影文化史》, 北京：北京大學出版社, 2005年, 第68頁。

113) 徐恥痕, 《滬上各製片公司之創立史及經過情形》, 《中國影戲大觀》第一集, 上海：上海合作出版社, 1927年, 第7頁。

는 내용으로 바꾸었다.[114] 이는 신주회사가 해외 시장을 중시하고 관객의 취향을 고려해서 영화 평론계의 찬사를 받았던 영화의 결말까지 바꿔가며 시장 관객에 맞췄다는 것을 설명한다. 이 외에도 상해영희회사가 1927년에 내놓은 〈반사동〉, 월명회사가 내놓은 〈관동대협(關東大俠)〉 등 무협영화도 동남아 각지에서 먼저 구매해서 복사해갔다.[115] 초기 영화사의 동남아 시장 개척 시도는 훗날 번역을 통해서 중국 영화가 국제 사회에 진입할 수 있는 기초를 마련하였고, 이에 대한 인식을 높였다.

1930년대 초기, 유성영화가 흥기한 후부터 명성영업공사와 천일회사는 중국 최초의 유성영화를 촬영하였다. 1931년, 명성영업공사는 납녹음(wax record) 더빙의 방식으로 중국 최초의 완전한 노래 더빙영화 〈가녀홍목단(歌女紅牧丹)〉을 완성하였다. 영화는 홍심이 작가를 맡았고 장석천(張石川) 감독이 연출하였으며 호접(胡蝶)이 주연을 맡았다. 영화에서 경극 〈목가채(穆柯寨)〉, 〈옥당춘(玉堂香)〉, 〈사랑탐모(四郎探母)〉, 〈나고등(拿高登)〉 등 네 개 노래 단락이 삽입되었다. 영화가 1931년 6월에 개봉한 후 많은 인기를 얻었고 높은 가격으로 동남아의 영화사에 판매되었다.[116] 천일영화사는 지속적으로 싱가포르, 말레이시아, 태국 등 곳에서 직접 혹은 간접적으로 경영한 139개 영화관에서 유성영화 방영 장비를 설치하였고 유성영화 기재설비를 구매하였으며 유성영화 촬영과 제작을 시작하였다. 1934년 가을에 소 씨 형제는 홍콩에서 천일영화사 지

---

114) 李少白, 《中國電影史》, 北京 : 高等教育出版社, 2006年, 第34頁。

115) 李道新, 《中國電影文化史》, 北京 : 北京大學出版社, 2005年, 第69-70頁。

116) 李少白, 《中國電影史》, 北京 : 高等教育出版社, 2006年, 第52頁。

사를 설립하였고 광동어로 된 이야기를 촬영하고 제작하였으며 동남아 시장에 공급하였다. 천일회사 이외에 이러한 민영 영화사의 영화가 동남아에서 전파하게 된 것은 주로 상업적 이익을 얻기 위해서였다. 동남아 시장의 광범위한 사회는 중국 영화의 전파를 위해 시장 토대를 마련해주었다. 유성영화가 등장한 후 동남아 지역은 여전히 영화사가 주로 고려하는 시장이었고 천일회사는 심지어 전문적인 광동어 영화를 촬영 제작하여 동남아 시장에 공급하였다.

1933년 이전 영화의 영어 자막 번역은 조계지에 사는 외국인 관객과 동남아 시장의 해외 관객을 목표 관객으로 하여 제작되었다. 해외 시장을 개척하는 목표는 동남아의 화교들이었고, 이중 언어 자막도 동남아 관객의 영화에 대한 이해에 도움이 되었다. 중화민국정부의 영화 관리기구가 설립되면서 영화 사업에 대한 관리가 강화됐다. 그 후부터 중국 영화사들이 만든 영화는 제작할 때 영어 자막을 넣지 않고 소수의 국제영화제에 참가하거나 외국 영화사가 구매하거나, 국제 홍보용 영화에만 영어 번역을 진행하였고 기타 영화는 번역을 하지 않았다.[117]

1905년부터 1949년까지 중국에서 촬영된 많은 영화들은 모두 번역을 거쳐서 영어 자막을 추가하였고, 그중 대부분은 중국 영화사나 정부 영화기구가 자발적으로 번역한 것이었다. 다시 말하면 중국 영화사나 정부 기관이 지원하거나 후원한 중국 출신 번역자나 외국인이 중국 영화를 외국어로 번역하는 과정에서 그 번역 작품은 주로 중국이 해외로 수출하거

---

117) 教育部內政部電影檢查委員會全體委員, 《教育部內政部電影檢查工作總結報告》, 1934年, 第34頁。

나 국가기관에 의해 수출되었다.

중국 문학계는 전부터 본국의 문학작품을 번역하는 전통을 가지고 있다. 르페브르(Lefevere)는 이러한 현상에 대해 역사 속의 중국학자들은 굴함 없이 자국 작품을 영어로, 혹은 다른 언어로 번역하였다고 평가한 바가 있다. 세계적으로 작품을 다른 언어로 번역하는 사람은 비교적 적다. 이러한 부분에서 중국인이 유달리 돋보인다.[118] 중국의 산발적인 대외 번역 현상은 남북조 시대에 이미 나타났다. 당나라 현장(玄奘)은 일찍이 『도덕경(道德經)』 등의 저서를 산스크리트어로 번역한 적이 있었다. 청나라 말기와 중화민국 초기에도 고홍명(辜鴻銘), 소만수(蘇曼殊) 등 외국어로 중국어 저서를 번역한 명인들이 있었다. 중화민국 시기에 이르러 대외문학의 번역은 한 걸음 더 나아가서 『삼국연의(三國演義)』, 『서유기(西遊記)』, 『요재지이(聊齋志异)』, 『노잔유기(老殘遊記)』, 『경화연(鏡花緣)』 등 경전 저작들을 번역하였다.[119] 그러나 초기의 문학작품에 대한 대외 번역은 드물었고 조직성이 강하지 않았던 반면, 중국 초기 무성영화에는 대규모의 번역이 진행되었고 영화사가 조직적으로 번역을 책임졌다. 1930년대 이후에는 정부기관이 주도하는 조직적이고 대규모적인 수출 행위가 이루어지면서 20세기 중국 사회에서 상당한 규모의 문화예술 수출 활동이 이루어졌다. 중국 초기 영화의 번역을 당시의 역사문화 언어 환경에서 고찰하면 이러한 번역 활동은 상업적 이익을 확보하고 국

---

118) Lefevere, André. "Translation as the Creation of Images or 'Excuse me, is this the Same Poem?'"Translating Literature. Ed. Susan Bassnett. Suffolk: St Edmundsbury Press Ltd, 1997. 70.

119) 馬祖毅、任榮珍, 《漢籍外譯史》, 武漢 : 湖北教育出版社, 1997年。

제적으로 국가 이미지를 구축하기 위한 이중적인 목적을 가지고 있음을 알 수 있다.

20세기 전반기에는 구미 영화가 중국 대륙을 휩쓸었고, 구미 영화와 국산 영화는 기술, 영화 예술, 산업 규모 등 여러 면에서 불균형이 존재하였다. 영어권 국가와 중국은 정치 · 경제 · 문화 등 여러 면에서의 지위도 불평등하였다. 중국 영화인과 정부기관은 영어권 국가들이 대량의 중국 영화를 번역하고 수입해 줄 것을 기대할 수가 없다. 자국 영화 작품을 번역하고 수출하는 것은 중국 문화와 중국 영화를 소개하기 위한 중국 영화계와 국가기관의 능동성을 보여주었다. 자발적으로 번역을 하는 방식은 문화 수출의 한 수단으로써 주로 이문화 환경에서 중국 문화의 이미지를 형상화하고 외국인의 중국에 대한 이해를 증가시키기 위해서이며 번역 작업을 통해 외국인들의 중국에 대한 인식에 영향을 미치려 한다. 초기 영화 번역은 중국 영화업계와 국가기관의 기대를 담았고 번역을 통해 목적 언어 사회에 자신이 기대한 변화가 발생할 것을 원하였다. 자국 영화 작품에 대한 대외 번역에는 서구와 평등한 현대 민족국가를 구축하고자 하는 꿈이 깊숙이 숨어 있다.

이러한 대외적으로 자발적인 영화 번역은 구미 영화가 중국에서 대량으로 판매되고 수입되는 것에 대한 일종의 능동적인 조화와 대응하는 행위로 간주할 수 있고 이로써 기존 경제적 · 문화적 차이를 해소하고 나아가서 문화 교류를 진행할 때 상대적인 균형 상태에 도달하였거나 근접하고자 하였다. 이것을 중국 영화업계와 정부기관의 문화책임감과 문화 반성인식의 표현으로 볼 수도 있으며 목적 언어 사회가 원언어(原語) 사회에 대한 인식을 바꾸고 이문화 환경에서 생성된 번역 작품이 부각시킨 비현실적이거나 원언어 사회의 주류 이데올로기의 요구에 적합하지 않은 자국 문화 이미지를 바꾸며 문화에 대한 틀린 인식을 제거하거나 감소하고자 하는 것을 목적으로 두었다.

영화에 대한 자발적인 번역은 많은 장점을 가지고 있다. 번역 후원자는 영화 텍스트를 선택할 때 더 큰 여지를 가질 수 있다. 번역 주체는 본문화(本文化)의 가치관에 착안해서 텍스트를 선택하고 처리할 수 있으며, 원언어 문화의 이미지를 훼손하는 내용이 유출되지 않도록 최선을 다해야 한다. 대외 번역 과정도 흔히 본문화에 대해 자기 포장과 자기 수식을 하는 과정이다. 이런 번역은 타문화에서 기존의 번역 행동과 번역 텍스트에 대한 교정으로서 목적어의 언어 사회에서 이미 형성된 본문화의 이미지를 바로잡기 위한 것이다. 대외 번역은 대체로 전형적인 원언어 문화를 시점으로 하는 번역이며, 본문화의 의견을 번역물을 통해 다른 문화로 전달하는 것이며 자국 사회의 정부와 주류 이데올로기의 의사를 더욱 충분히 구현할 수 있다. 역자는 원작 저자와 같은 문화 환경 속에 있으면 원작을 비교적 충분히 파악할 수 있고 이해상의 오차를 피하거나 줄일 수 있어 정보 전달의 신뢰성을 확보할 수 있다.

영화의 자발적 번역에도 어려움이 많이 존재한다. 한편, 역자의 비모국어에 대한 장악과 응용 능력에는 항상 일정한 차이가 있기 때문에 텍스트를 번역하는 언어는 목적 언어의 표현 습관에 맞지 않는 현상을 피할 수 없게 된다. 통상적으로 사람들이 외국어에 대한 습득과 응용 능력이 모국어보다 떨어지기에 나타난 효과도 역자가 설정한 목표와 크게 어굿나는 경우가 많다. 다른 한편으로, 역자는 항상 목적 언어 사회에 대한 충분한 이해가 부족하고, 번역 행위는 뚜렷한 목적성이 부족하기에 번역물을 수용하는 것에 영향을 준다. 대외 번역은 흔히 목적 언어 문화의 수요와 동떨어져 있고, 역자는 늘 타문화 독자들의 심미 취향과 독서 습관에 대한 충분한 고려가 부족하며, 원언어 문화의 의도와 목적 언어 문화의 요구 사이에는 종종 조화를 이루기 어렵고 대외 번역 방식을 통해 이문화에 진입한 작품들은 상대적으로 목적 언어 사회에서 공감을 얻기 어렵다. 이 책의 4장, 5장과 6장은 구체적인 사례에 대한 분석을 통해 중국 초기 영화에 대한 번역 현상과 번역 전략을 분석하고자 한다.

The History of Chinese cinema

3장

중국 초기 영화 번역의 흐름
: 1905년부터 1949년까지

1

민영 영화사의 비즈니스 번역

1905년부터 1949년까지 중국의 영화 번역은 주로 중국 민영 영화사의 비즈니스 번역, 중국 민영 영화사와 중화민국정부(中華民國政府) 간의 공동 번역, 중화민국정부가 주도의 영화 번역, 그리고 외국 정부기관 혹은 외국 영화사가 시도한 중국 영화 번역 등 네 가지 유형으로 분류할 수 있다. 이 장에서는 구체적인 사례를 통해 서로 다른 형식의 영화 수출 과정을 분석하고 정치문화적 차원에서 분석을 해보고자 한다.

1905년부터 1933년까지 제작된 중국 영화는 대부분 영어 자막을 번역해서 넣었는데 이런 영화들에 대한 번역은 모두 중국 영화사에서 자발적으로 시도한 번역이었다. 이런 비즈니스 번역 행위는 주로 이익에 따라서 이루어졌지만 이 중에는 민영 영화사가 긍정적인 국가 이미지와 국민 이미지를 확립하려는 의지도 적지 않게 포함되어 있다. 제1장에서 언급한 것처럼 초기 영화사들의 국내외 관객들에 대한 배려, 해외 시장 특히 남양 시장으로의 수출, 중국의 국제적 이미지의 확립 등의 요소들을 고려해서 영화를 제작할 때 번역가를 초빙해서 영화의 중국어 자막을 영어로 번역하여 국내에서 상영할 때는 이중 언어 자막 형식으로 나타났다.

민영 영화사는 주로 영어에 능통한 중국인 번역자를 선정하였고 소수 영화사는 외국인을 번역자로 채용하기도 하였다. 『중화영화연감(中華電影年鑒)』에는 일부 영화의 영어 자막의 번역자와 작품에 대한 기록이 있는데, 그중에서 영어 자막의 번역자로는 사역풍(史易風), 주석연(朱錫年), 홍심(洪深), 주유기(朱維基), 유노은(劉盧隱) 등이 있다.[120] 이들 중에 해외에서 돌아온 유학생들이 상당수를 차지하였고 흔히 영화계에서 특별한 직책을 갖기도 하였다. 예를 들어 홍심은 미국 하버드대학교에서 유학하였고 귀국 후에 1922년부터 영화계에 종사해서 38편의 영화 대본을 집필하였고 9편 영화의 연출을 맡았으며 영화이론 면에서도 적지 않은 실적을 쌓았다. 그는 『영화희극표연술(電影戲劇表演術)』, 『영화희극의 시나리오 쓰는 방법(電影戲劇的編劇方法)』, 『시나리오의 28개 질문(編劇二十八問)』 등 저서들을 출판하였고 자막에 대한 편찬과 번역에 대해서 모두 언급한 바[121]가 있다. 홍심을 비롯한 영화에 대해 잘 알고 영화 제작에 깊이 관여한 인사들이 영화를 번역하면 틀림없이 영화 번역의

---

120) 程樹仁, 《中華影業年鑒》, 上海 : 中華影業年鑒社, 1927, 第11部分。

121) 程季華, 《洪深與中國電影》, 《當代電影》, 1995年, 第2期, 第83-90頁。

질을 보장할 수 있었다.

외국어에 능통한 중국인이 중국 영화의 번역을 맡을 뿐만 아니라 소수 영화사는 중국어를 잘 아는 외국인을 고용해서 중국 영화의 자막 번역을 맡게 하였다. 정보고(程步高)는 명성영업공사의 영어 자막의 번역자에 대해서 다음과 같이 말한 바가 있다. 즉,

사파(장석천張石川의 아세아亞細亞영화사의 합작자)는 황모(黃毛)이다. 서양인은 털이 모두 노란색이여서 그 이름을 모르는 사람은 모두 황모로 부른다. 그는 상해에서 30년간 장사를 한 본토박이 상해인이라 할 수 있다. 아세아와 장석천이 합작한 후, 친구가 되었다. 이후 명성영업공사를 설립해서 영화의 영어 스토리 및 자막은 모두 그에게 번역을 부탁하였다. 심지어 조계(租界)에서 양무와 관련된 업무가 있으면 모두 그가 대신해서 처리하라고 부탁하였다. 장 선생은 가끔 "회사가 조계에서 외국인과 교섭해야 할 때 외국인 원숭이를 데려와 상대하면 일이 잘 풀린다."라는 농담을 한다. 내가 명성영업공사에 가입한 후 그와도 알게 되었는데 이미 몇 마디 상해 말을 할 줄 알고 있었다. 그 사람은 구식 외국인이라 할 수 있으며 총명하고 다정하다.[122]

이것으로 중국 초기 영화사들은 영화 자막의 번역에 상당히 신경을 썼었고 자막 번역자도 매우 까다롭게 선정하였음을 알 수 있다. 훌륭한 번

---

122) 程步高, 《中國開始拍影戲》, 《影壇憶舊》, 北京：中國電影出版社, 1983年, 第22頁。

역자는 당시 중국 영화 자막의 번역을 상당히 높은 수준으로 이끌었고 이로써 외국 관객들이 중국 영화를 이해할 있도록 보장하였다.

현존한 중국의 초기 영화 중에서 중영 자막이 있는 영화, 예를 들어 〈노동자의 사랑(勞工之愛情)〉, 〈일전매(一剪梅)〉, 〈한 꿰미 진주(一串珍珠)〉, 〈설중고추(雪中孤雛)〉, 〈정해중문(情海重吻)〉, 〈도화읍혈기(桃花泣血記)〉, 〈은한쌍성(銀漢雙星)〉, 〈아들영웅(兒子英雄)〉 등은 모두 각자 영화제작사에서 상업적 이익과 국민 이미지를 알리는 목적을 바탕으로 번역하고 제작한 것이다. 후원자는 각자의 영화사였고 목적 관객(目標觀衆)은 주로 앞장에서 분석한 조계지의 외국인 관객과 동남아시아 시장의 해외 관객들이었다. 이러한 자막에 대한 번역은 대개 중국의 영화사에서 자발적으로 조직한 비즈니스 행위이고 해외 관객의 이목을 끌어당기고 상업적 이익을 획득하며 국산 영화를 통하여 중국의 국가와 국민의 긍정적인 이미지를 확립하는 것이 목적이었다. 중국 영화사의 비즈니스 번역은 주로 문화 수출의 행위였다. 비록 중국 영화사에서 텍스트를 번역하는 것에 대한 절대적인 선택권을 갖고 있었으나 기존 자료에 따르면 중국 영화사가 영화를 번역할 때는 대체로 텍스트를 구별하지 않았다. 영화사가 영화를 번역하는 능력만 있으면 거의 선별하지도 않고 전체 영화의 번역을 추진하였다. 이러한 행위는 아마도 상업적 이익의 자극을 받았기 때문이다. 중국 영화사의 번역 행위는 중국 초기 영화사의 국제적 시야를 구현하였다. 비록 그것의 규모와 형성된 해외 시장과 관객층은 아직 한계가 있었지만 중국 영화가 해외 시장으로 진출하는 시작 단계를 상징하므로 중요한 의미를 갖고 있다.

2

정부와 기업의 합작 번역

    1930년대, 중화민국정부의 영화검사기구가 만들어진 이후 중국 영화의 수출과 번역에 대해 지도와 관리가 가해졌다. 중화민국정부는 외국어를 남용하는 것을 반대하고 중국어를 적극적으로 보급하고자 하였다. 30년대 중화민국정부의 영화검사기구도 영화 속의 문자에 대해 여러 요구를 제기하기 시작하였다. 그중의 하나는 국산 영화사들이 중국 국내에서 상영한 영화 속의 외국어 자막을 제작하고 추가하는 것을 금지하는 것이었다. 1931년 교육부는 행정원(行政院) 명령에 따라 모든 정부기관 및 개인이 국체(國體)를 중요시하고 외국어를 남용하는 것을 금지한다는 제927호 훈령(訓令)을 반포하였다. 또한, 1931년 9월 28일, 내교2부(內敎二部) 영화검사위원회 20회 정기 회의에서 10월 10일부터 국산 영화는 심사를 받지 않으면 중국 국내에서 상영할 수 없다는 결의를 하였다. 1933년, 내교2부 영화검사위원회는 1931년의 행정원 및 교육부령을 재차 천명하면서 모든 정부기관 및 국민은 외국어 남용을 금지하고 국체를 중요시할 것을 요구하였고 이를 각 영화사에 통지하였다. 그러나 그 이후에 각 회사에서 재검열을 받기 위해 보내온 옛 영화에는 중국어 자막 외에 외국어 자막이 추가된 상황이 나타났는데 중화민국정부의 요구와 달랐다. 그래서 영화검사위원회에서 "외국어 자막이 있는 옛 영화는 먼저 수정한 후 재검열을 받아야 한다. 새 영화는 절대로 외국어 자막을 추가해서는 안 되며 절대로 접수하지도 않을 것이다. 국체와 관련된 일이니 반포한 법령에 꼭 따르고 형식적인 규정으로 생각하여 스스로 망치는 일이 없기를 바란다."라는 글을 발표하였다.[123] 중국 영화 내교2부 영화검사위원회는 공보(公報)에서 "모든 영화는 본 위원회의 수출 허가증을 받지 않으면 사적으로 수출하는 것을 일률로 금지한다"고 발표하였다.[124]

1931년 후, 중화민국정부도 영화의 자막에 대한 심사와 관리를 강화하였다. 1931년 이후, 특히 1933년 후에 제작된 중국 영화 중에서 중국을 대표하여 국제 영화전시회에 참가하거나 항일선전을 진행한 영화, 그리고 고도시기(孤島時期, 1937-1941)에 해외로 수출한 몇 편의 영화를 보면 거의 모든 중국 영화가 국내에서 상영할 때 영어 자막을 달지 않은 것을 알 수 있다.

---

123) 教育部內政部電影檢查委員會全體委員, 《教育部內政部電影檢查工作總結報告》, 1934年, 第34頁。

124) 同上, 第26頁。

중국 영화사가 제작한 영화가 국제영화제에 참여하려면 중화민국정부의 영화관리기구의 심사를 거쳐서 선정을 받아야 하였다. 1932년, 중국은 최초로 국제 영화경연대회에 영화를 출품하였다. 먼저 교육부 내정부 영화검사위원회가 중국 국내의 각 영화사에게 영화를 선택해서 추천하라고 요청을 한 후 영화검사위원회의 심사를 거쳐서 〈세 모던 여성(三個摩登女性)〉(감독 : 복만창葡萬蒼, 연화영업공사聯華影業公司, 1932년), 〈도시의 아침(都會的早晨)〉(감독 : 채초생蔡楚生, 연화영업공사, 1933년), 〈도시의 밤(城市之夜)〉(감독 : 비목費穆, 연화영업공사, 1933년), 〈들장미(野玫瑰)〉(감독 : 손유孫瑜, 연화영업공사,1932년), 〈북평대관(北平大觀)〉(감독 모름, 연화영업공사, 연도 모름), 〈자유의 꽃(自由之花)〉(감독 : 정정추鄭正秋, 명성영업공사, 1932년) 등 영화 6편을 선정하였다. 그 다음 6편을 번역된 해설과 함께 이탈리아 유조선을 통해서 로마로 보냈고 주이탈리아 중국대사관이 밀라노 국제영화제에 전달해서 경연에 참가하였다. 그러나 유조선의 지연으로 중국 영화가 밀라노에 도착할 때쯤 밀라노국제영화제는 이미 폐막을 하였다. 중국 영화는 영화제에 참가하지 못하였지만 이탈리아의 여러 도시에서 상영하였고 9월에 각 영화를 돌려받았다.[125]

1935년에 중국을 대표해서 모스크바 국제영화제에 참가하고 수상한 〈어광곡(漁光曲)〉은 중화민국정부가 민영 회사의 영화 번역을 지도하고 참여를 독려한 대표적 사례이다. 1935년 초, 구소련은 모스크바에서 제1

125) 教育部內政部電影檢查委員會全體委員, 《教育部內政部電影檢查工作總結報告》, 1934年, 第43頁。

회 국제영화제(Moscow International Film Festival)를 열었다. 모스크바 국제영화제는 소련영화공작자클럽(蘇聯電影工作者俱樂部)에서 구소련 영화의 국유화 15주년을 기념하기 위해 진행한 국제성이 있는 영화전시 활동이었다. 그리고 그 특성은 오늘날의 국제 영화제와 유사하였으며 총 17개 국가의 대표와 영화가 참가하였고 전시에 출품된 영화는 백여 편에 달하였다. 그 중에서 8개 나라의 20여 편 영화가 심사를 받게 되었다. 에이젠슈타인(Sergei Mikhailovich Eisenstein), 푸도푸킨(Vsevolod Illarionovich Pudovkin), 도브첸코(Alexander Dovzhenko) 등 세계적으로 저명한 영화예술가들이 평가위원으로 임명되었다.

중국 영화가 모스크바 국제영화제에 참여하게 된 것은 정부기관의 관리하에 진행된 것이었다. 중국 영화의 참여에 대해 『영희연감(影戲年鑒)』의 기록에 따르면 "마지막 소식은 구소련 영화제에 참여한 것은 모두 중앙정부에서 주관한 것이다. … 소련은 국제 영화제를 진행할 때 먼저 과공진(戈公振, 소련 주재 유명한 기자)에게 명성영업공사, 연화영업공사를 요청하고 대표로 참여할 것을 부탁하였다. 지금 이 일은 이미 중앙에서 책임지게 되었기에 중국 대표가 되는 문제에 대해 영화사는 아마 스스로 결정하기 힘들어 하였다"고 하였다.[126]

이로부터 중국 영화가 국제 영화전시회에 참여하는 것은 이미 외교적 수준의 일이었고 중국 민영 영화사는 자주적으로 모스크바 국제 영화전시회에 선택해서 참여할 권한이 없었다. 중화민국정부의 영화관리기구 및 중앙영화검사위원회는 최종적으로 영화를 선택하고 대회에 보냈다.

---

126) 上海電聲周刊社編, 《影戲年鑒》, 上海 : 上海電聲周刊社, 1935年, 第163頁。

1935년 2월, 〈중앙영화검사위원회공보(中央電影檢查委員會公報)〉의 '제37차 위원회 회의기록'에서도 "우리나라가 구소련 국제영화전시회에 참여한 영화로는 이미 조사한 바와 같이 명성영업공사의 〈공곡란(空谷蘭)〉, 〈봄누에(春蠶)〉, 연화영업공사의 〈대로(大路)〉, 〈어광곡〉, 예화(藝華)회사의 〈여인(女人)〉, 전통(電通)회사의 〈도리겁(桃李劫)〉 등 7편 영화를 선정하였고 본 위원회에서 각각 출국허가증을 발급하였다"는 기록이 있다. 127)

연화영업공사는 그 회사에서 편집하고 출판한 〈연화화보(聯華畵報)〉 1935년판의 제5권 제4기에서도 "이번 러시아 국제 영화전시회의 성격은 예전의 각 전시회와 조금 달랐다. 원래는 국가나 지방정부가 진행한 것이 아니라 이번에는 러시아 영화공회에서 주최한 것이다. 그러나 이 공회는 중국 영화계의 내용을 잘 모르기에 신속하게 전달하기 위해 우리나라의 주러시아 대사관에 부탁해서 우리나라 영화계가 참가할 것을 전보로 초청하였다. 대사관은 남경외교부에 전보를 보내서 중국 영화사에 해달라고 요청하였다."라고 소개하였다. 128)

당시 명성영업공사가 편집하고 출판한 〈명성반월간(明星半月刊)〉도 이에 대해 소개를 하였는데 그중에서 같이 회의에 참여한 영화의 번역자에 대해 특별히 언급한 바가 있다.

---

127) 作者不詳, 《第三十七次委員會議記錄》, 《中央電影檢查委員會公報》, 1935年2月, 第2卷第2期, 第71頁.
128) 作者不詳, 《聯華參加蘇俄電影展覽會》, 《聯華畵報》, 聯華畵報社, 1935年, 第5卷4期。

1935년, 구소련은 영화사업의 창립 15주년을 축하하기 위해 모스크바에서 국제영화전시회를 주최하였다. 우리나라는 초청을 받고 명성과 연화 두 회사에서 대표를 파견하였으며 그들은 회사의 대표 작품을 가지고 참가하였다. 명성영업공사의 주검운(周劍雲), 호접(胡蝶)은 〈공곡란〉, 〈자매화(姐妹花)〉, 〈봄누에〉, 〈중혼(重婚)〉 등 4편을 가지고 블라디보스토크를 경유해서 모스크바의 국제영화제에 참여하였다. 연화영업공사는 사장 도백손(陶伯遜), 작가 여일청(餘一淸), 번역가 손계적(孫桂籍) 등 세 사람이 〈어광곡〉 및 〈대로〉 등 2편을 가지고 만주리(滿洲里)를 경유해서 모스크바로 갔다.

중국 영화계가 참가한 이번 모스크바 국제영화제는 국가정부 관리기관이 민영 영화사가 국제 교류 활동에 참여하는 것을 규제하고 국민적 이미지를 확립하는 데에 관심을 가지고 관리를 하고 있었다는 것을 보여주고 있다. 우선, 모스크바 영화제의 주최 측은 주소련 중국 대사관을 통해서 중국 영화가 참가할 것을 초청하였고 교육부 내정부 영화검사위원회와 국민당 중앙선전부가 대회에 참가할 것을 결정하였다. 번역 인원의 신분으로 소련에 간 손계적은 국민당중앙선전부 소속 중앙영화촬영장의 배우(演員) 부서의 관리주임이라는 다른 신분을 가지고 있었다.[129] 손계적(1911-1976)은 흑룡강 하얼빈(黑龍江 哈爾濱) 출신으로서 북평대학(北平大學) 러시아학과를 졸업하였으며 국민당중앙선전부, 군위회외사

---

129) 朱天緯, 《〈漁光曲〉：中國第一部獲國際獎的影片──駁〈中國第一部國際獲獎的電影〈農人之春〉〉》, 《電影藝術》, 2004年, 第3期, 第102-108頁。

국(軍委會外事局), 외교부 등 곳에서 근무한 적이 있었다. 1945년에 항일전쟁에서 승리한 후 하얼빈시 사회국국장, 장춘시(長春市) 시장, 입법원 입법위원 등을 역임하였다. 1949년, 그는 대만에 간 후 국민당 후보 중앙위원, 국민당중앙당부문화공작위원회(國民黨中央黨部文化工作委員會) 위원 등을 역임하였다. 1976년 7월, 그는 대만에서 지병으로 사망하였다.[130] 손계적이 번역자들을 관리하는 것은 중화민국정부가 민영 영화사가 국제 교류활동에 참여하는 것을 직접적으로 간섭하였다는 것을 보여준다. 손계적 본인의 러시아어 수준과 정부의 입장은 영화의 번역 활동이 중화민국정부의 이데올로기를 벗어나지 않도록 보장할 수 있었을 것이다.

중화민국정부의 공식 관리기구가 모스크바 영화제에 참가한 목적은 중국의 훌륭한 영화 작품을 해외에 선보이고 해외 영화계와 교류하고 학습하기 위해서였다. 선정한 영화를 보면 중국의 대회 참가 영화는 확실히 당시 사회 현실을 반영한 훌륭한 작품이라 할 수 있다. 〈어광곡〉은 사회 중하층 서민들의 생활상, 그리고 사회적 경쟁 속에서 세상의 야박한 변화를 집중적으로 보여주었고 동정심으로 가득 찬 필치로 어민 서복(徐福) 일가 두 세대 사람들의 처참한 생활을 서술하였다. 채초생(蔡楚生)은 "사회의 진실한 상황을 과장과 속임 없이 폭로하였고", "관객들의 흥미를 유발시키는" 것[131]을 창작 취지로 삼고 영화로 하여금 1930년대의 중국 사회문화 현실의 독특한 매력을 완전히 선보였고 계급 갈등, 민족

---

130) 陳賢慶、陳賢傑, 《民國軍政人物尋蹤》, 上海：上海人民出版社, 2005年, 第246頁.

131) 蔡楚生, 《八十四日之後一給〈漁光曲〉的觀眾們》, 《影迷周報》, 第一卷第一期, 1934年9月.

위기, 도시와 농촌의 충돌 등을 표현하였다.

〈어광곡〉이 수상한 소식은 중앙사(中央社)가 중국 국내에 먼저 보도하였고 이 영화가 수상한 원인에 대해서도 분석하였다. 즉 "중앙사는 모스크바 시간 2일에 보낸 전보에 따르면 국제 영화전시회는 오늘 밤에 소비에트 궁전(Palace of Soviets)에서 폐막식을 개최하였다. 중국 영화 〈어광곡〉은 대담하게 현실을 묘사하여 고상한 정서를 갖고 있기에 소미드스키(苏密德斯基) 주석이 영예상을 수여하였다"고 한다.[132] 그 뒤로 주소련 중국대사관은 당시의 중화민국정부 행정원에게 다음과 같은 소식을 보고하였다.

> 영화전시회는 2일 밤에 폐막하였다. 천여 명이 참석하였고 현장에서는 수상작들이 발표되었다. 1등 상은 소련, 2등상은 프랑스, 3등상은 미국, 4등상 이후 상품은 없고 증서만 발급하였는데 중국의 〈어광곡〉은 9등을 받았고 영국·이탈리아·일본·폴란드 앞에 있었다. 우리나라의 도백손군이 증서를 받을 때 회장에 있는 사람들이 박수와 환호를 보냈으며 매우 열정적이었다. 이번 전시회에 총 21개 나라가 참가하였고 회의에 참석한 대표는 80여 명이었으며 근 백 편의 영화를 가지고 왔지만 단지 20여 편만 상영될 수 있었다. 우리나라 영화가 이 영예를 받을 수 있는 것은 의외라 할 수 있었다. 신문의 평가도 칭찬일색이었다.[133]

---

132) 作者不詳, 《漁光曲》廣告, 《中央日報》1935年3月5日第3張第1版.
133) 作者不詳, 《蘇聯國際電影展閉幕》, 《中央日報》1935年3月7日, 第1張第3版.

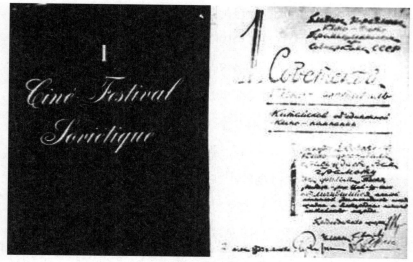
〈어광곡〉 수상장

〈어광곡〉에게 수여한 상장에는 평가위원회의 이 영화에 대한 평가가
적혀 있다.

소련의 첫 영화제는 영화 〈어광곡〉을 위해 당신들에게 다음과 같은 평
가를 내린다. 즉, 연화영업공사의 채초생은 탁월하고 용감하게 중국 인민
의 생활과 훌륭한 품성에 대해 현실주의 묘사를 시도하였다.[134]

이러한 평가 아래에 에이젠슈타인, 푸도푸킨, 도브첸크 등 세계 일류
의 영화 대가 등을 포함한 전체 평가위원회 위원들의 사인이 있었다.
1935년 제5권 5기의 〈연화화보〉에 게재한 「러시아의 영화전시회에 보

---

134) 此為當年譯文, 載於《聯華畫報》, 1935年, 第5卷第10期, 第3頁。

낸 참가자들(送赴俄參加影展的人們)」이란 글에서는 이번 국제영화제에 참여한 목적과 의미에 대해서 "이번 영화전시회는 개최국 자체에 대해서는 한편으로 자국의 영화 상황을 외국에 소개하였고 다른 한편으로 외래 영화를 감상하는 기회를 가지게 되었다는 의미가 있다. 이번에 러시아에 가서 영화전시회에 참여한 사람들은 중국 영화를 국제적으로 선보일 사명을 짊어졌을 뿐만 아니라 더욱 중요한 것은 반드시 다른 나라 영화의 장점을 배워서 미래 국내 영화산업에 보탬이 되게 하는 것이다."라고 요약하였다.135) 〈연화화보〉는 중국 영화가 국제영화제에 참가하는 이중적 의의를 인정하였다. 즉, 한편으로 중국 영화계가 중국의 영화 사업의 발전 상황을 외국 관객들에게 보여주는 것이고 다른 한편으로, 중국 영화계도 국제 영화계와 교류할 수 있고 해외 영화의 발전을 파악할 수 있게 되었다.

〈어광곡〉을 대표로 한 일련의 중국 민영 영화사가 제작하고 국가 영화 관리기구가 심사해서 선정한 후 국제 영화제에 보낸 영화들은 중국 초기 영화가 대외로 전파하는 하나의 새로운 방식을 대표한다. 이는 중국 민영영화사가 영화를 전파하는 과정에서 만나는 깊이가 모두 1931년 전에 이르지 못한 수준임을 의미하였다.

그 뒤로 중화민국정부가 영화사에서 제작한 영화를 선정해서 해외 영화제의 활동에 참가시키는 행위는 지속되었다. 1949년, 주프랑스 중화민국대사관은 외교부에게 보낸 서신에서 프랑스 칸 국제영화제는 그해 9월에 진행하기에 중국이 참여할 것을 초청한다고 하였다. 행정원 영화처

---

135) 作者不詳, 《送赴俄參加影展的人們》, 《聯華畫報》, 1935年, 第5卷第5期。

는 7월과 8월에 관련 부문과 인사들을 소집해서 전후로 3차례 회의를 열었다. 예선에 참가한 영화로는 선편반(選片班)이 지정한 〈국혼(國魂)〉, 〈일강춘수향동류(一江春水向東流)〉, 〈가봉허황(假鳳虛凰)〉 외에 제작사가 예선에 참여할 것을 신청한 〈산하루(山河淚)〉, 〈화장(火葬)〉 등 6편이 있다. 〈국혼〉은 81장의 다수표를 받고 당선되어 주프랑스 대사관으로 보내졌고 주프랑스 대사관을 통해 칸 국제영화제에 참여하게 되었다.[136) 『남경문화지(南京文化志)』의 기록이 있지만 본 문의 저자는 칸 영화제의 공식웹사이트에서 1949년에 영화제에 참가한 영화 기록에서 이 영화와 관련된 기록을 찾지 못하였다.[137)

국산 영화를 선정하여 국제 영화전시회에 참여시키는 것 외에 중화민국정부의 영화관리검사기구는 민영 영화사의 영화 수출에 대해서도 엄격한 관리를 시행하였으며 중국 영화 속에서 중국 이미지의 확립을 매우 중요시하였다. 1931년 4월 7일, 영화검사위원회는 중국 국내의 영화사가 많아져 제작된 작품들 중에 좋고 나쁜 것이 섞여 있었다고 말했다. "불량영화가 국내에서 상영하지 못해서 몰래 해외로 운송되어 상영될까 봐 심히 걱정된다. 철저히 조사하고 금지시키지 않으면 악영향을 끼칠 수 있으며 사회 풍속에 유해할 뿐만 아니라 국체를 손상시킬 수도 있다"고 하였다. 그래서 각 해관에 명령을 내려서 "국내 제작한 영화가 검사와 심사를 거치지 않고 수출허가증을 발급받지 않았으면 일체 수출할 수 없다. 협조해서 조사하고 금지시키며 법령을 바탕으로 해야 한다"고 하였

---

136) 徐耀新主編, 《南京文化誌·電影卷》, 北京 : 中國書籍出版社, 2003年, 第136頁.

137) 〈http : //www.festival-cannes.com/en/archives/1949/allSelections.html〉 (2010年1月10日查詢)

다.[138] 영화검사위원회는 수출된 영화는 중국의 이미지를 대표하므로 엄격한 심사를 거치지 않으면 대중들에게 선보일 수 없다고 주장하였다. 예를 들어 1932년에 연화영업공사에서 제작한 영화 〈인도(人道)〉(복만창 감독)는 중국 국내에서 "세상의 인심과 관련된 걸작에 속하고", "보는 이로 하여금 나라를 구하고 재난을 다스리는 생각을 불러일으키게 한다"는 칭찬들을 받았고 사회 인사와 영화평론계는 모두 "인도주의 정신으로 가득 찼고 제작이 치밀하여 국산 영화의 최고 작품이라고 하기에 손색없다"고 주장하였다.[139] 〈인도〉는 중국 교육전영협회가 1933년에 주최한 제1회 중국 영화전시회에서 우승상을 받았다.[140] 연화영업공사는 밀라노 영화전시회에 이 작품을 추천하려고 하였지만 영화검사위원회는 〈인도〉를 해외로 수출하면 "쉽게 외국인의 오해를 살 수 있고 국가적 수치심을 불러올 수 있다"고 주장하였다.[141] 이로부터 중화민국정부의 영화관리기구가 국민의 이미지를 확립하는 것을 매우 중시하였다는 것을 볼 수 있다. 심지어 중국 국내에서 많은 호평을 받은 〈인도〉는 내용 중에 굶어 죽은 시체가 곳곳에 널려 있는 중국의 재난 상황을 보여주었기에 해외 전시에 참가하지 못하게 된 것이었다.

중화민국정부의 영화관리기구가 성립된 후 해외로 번역 수출한 중국

---

138) 敎育部內政部電影檢査委員會全體委員, 《內政部敎育部電影檢査工作總報告》, 1934年, 第79頁.

139) 《人道影評》, 《電影》, 1932年, 第13期, 第37頁.

140) 郭有守, 《二十二之國産電影》, 《中國電影年鑒 1934》, 上海 : 中國敎育電影協會 出版, 1934年, 第1-8頁.

141) 《敎育部內政部電影檢査會公報》, 1934年, 第1卷第6期, 第3頁.

영화는 상업적 수출이든 국제 영화전시회에 참가하든 모두 중앙영화검사위원회의 지도 아래 진행됐음을 알 수 있다. 이러한 번역 행위의 후원자는 중화민국정부와 각 영화사가 포함되며 정부 지도 아래에 합작을 진행하는 것이다. 번역자는 주로 중화민국정부의 영화검사기구의 관리들에 의해 선정되었는데 국가 이미지를 알리고 국제 교류를 추진하는 것을 위주로 하는 선택이었다. 실제적인 효과를 보면 이런 유형의 영화 번역이 접촉한 관객과 대외 번역의 능력도 1933년 이전의 민영 영화사가 독자적으로 운영하였을 때 도달할 수 없었던 깊이와 높이에 이르렀다.

중국 정부 주도의 번역

　국민당은 1924년의 국민당 제1차 전국대표대회로부터 영화에 대해 관심을 갖기 시작하였다. 당시 중국 영화산업의 선구자이면서 국민당원이었던 여민위(黎民偉), 황영(黃英) 등은 이번 대회의 실제 상황과 관련된 선전 영화를 만들었다. 후에 국민당은 이 영화를 "국내 및 동남아시아의 각 도시에 보내서 상영시켰는데 이를 통해 국민당이 영화를 이용하여 적극적으로 홍보한 사실을 알 수 있다." 그러나 당시의 국민당은 "한쪽은 어려운 환경에 대응해야 하고, 다른 한쪽은 적극적으로 북벌을 계획해야 하는 입장이어서 영화 사업에 대해 전반적으로 기획할 여유가 없었다."**142)** 일본 정부는 1920년대부터 영화를 통하여 선전을 진행하

---

142) 方治,《中央電影事業槪況》,《電影年鑑》, 電影年鑑編纂委員會編印, 1932 年 7 月 8 日。

였다. 이를테면 일본의 풍습, 명승고적 등을 영화 14여 편으로 제작해서 15,000자나 되는 필름을 무료로 각국 정부에 증여하였다.[143] 이런 행위는 일본의 국가 이미지를 확립하는 데에 매우 긍정적인 역할을 하였다. 독일, 이탈리아 등 나라 정부도 영화로 국가 홍보를 시도하였다. 1934년에 발간한 『중국영화연감』의 기록에 따르면 당시 국민당 중앙조직부 부장 등 요직을 맡았고 중국교육전영협회를 조직하였던 진입부(陳立夫)가 서언에서 "영화는 대량의 자금과 인력이 필요하다. 소련, 이탈리아, 독일 등은 모두 국가의 힘으로 영화를 제작하고 있다. 중국도 신흥 혁명국가이지만 아직까지 영화에 집중할 여력이 없어서 큰 아쉬움이 아닐 수 없다."라고 한탄한 바가 있다.[144] 중화민국정부도 소련, 이탈리아와 독일의 방식을 모방하기 위해 전국적으로 통일적이고 기획·관리하는 관영 영화 사업을 구축하였고 위로부터 아래로 국가의 정치 홍보, 경제 발전, 문화 건설 등과 결합하여 행정기관을 설치하고 영화제작 기지를 건설하려고 시도하였다. 이를 통해 영화를 자신의 관리·통제하에 둬서 국민당의 현실 정치를 위해 봉사하게 하고 중화민국정부와 같이 국가 건설을 진행하고자 하였다. 중화민국정부가 영화를 제작하고 해외로 수출하는 형식은 두 가지로 분류할 수 있다. 첫째, 항일전쟁 이전에 중화민국정부가 국제 영화전시회에 참여하거나 국제영화협회 간의 교류 활동에 참여하기 위해 번역한 교육 영화와 뉴스 영상이다. 둘째, 항일전쟁 이후 중화민국정부가 일본에 저항할 것을 알리고 국제 여론의 지지를 얻기 위해 번역

---

143) 《外務省（外交部）的輸出影片》, 《影戲雜誌》, 1922年1月, 第1卷第2號.

144) 陳立夫, 《中國電影事業的展望—在中央召集全國電影界談話會演講稿》, 《中國電影年鑑1934》, 上海 : 中國教育電影協會出版, 1934年, 第138頁.

수출한 항일 선전 영화이다.

중화민국정부의 선전 영화의 취재 범위(소재)는 기초과학, 사회과학, 윤리규범, 당의교육(黨義敎育)과 응용과학 등 아주 광범위하였다. 교육 영화는 주로 과학지식과 기술을 보급하고 교학 혹은 국민을 훈육하는 데에 활용되어 대중들에게 교육을 실시하고 정부의 이데올로기가 사회 구성원에 대한 호명(Interpellation) 기능을 시키고자 하였다. 중화민국 시기에 교육 영화의 생산, 제작 및 배급은 이윤을 목적으로 하는 것이 아니라 국가가 경비를 지원해서 육성한 것으로서 일련의 정책적 혜택을 누렸다. 교육부 및 중앙은 각종 교육 영화 혹은 시청각 교육시설이 교육 영화의 총본산이 되기를 기획하였고 각 성(省)의 교육청, 민중교육관, 시청각 교육시설의 교육시행팀은 상영 작업을 담당하고 교육 영화가 사회 저변으로 깊이 들어갈 수 있도록 지원하였다. 이것으로 (중화)민국 시기의 교육 영화는 완전한 의미의 국가산업이라 할 수 있었다. 그리고 교육 영화의 수출은 중화민국정부가 대외적으로 알리고 양호한 국제 이미지를 확립하고 중국의 품격을 고양시키는 주요 수단 중의 하나였다. 중화민국정부는 주로 영화를 직접 촬영해서 국제 영화경연대회에 참여하고 해외 영화협회와 영화 교류를 진행함으로써 교육 영화를 수출하였다.

1935년 봄, 중앙영화촬영장에서 촬영하고 제작한 〈농민의 봄(農人之春)〉은 바로 이러한 영화의 대표 사례였다. 중화민국 23년에 중국 교육 전영협회의 〈회무보고(會務報告)〉에 기재된 내용에 따르면,

국제교육전영협회는 벨기에의 농촌생활개진위원회(農村生活改進委員

會)의 요구를 받아들이고 농촌생활개진국제위원회의 후원과 가정교육, 농촌협회 등 조직의 합작을 통해서 1935년에 북경국제박람회에서 농촌영화경연대회를 주최하였다. 세 가지 주제에 적합한 영화를 선정하고 장려하였다. 즉, (갑) 가장 농촌개조를 불러일으킬 수 있는 영화, 농촌건설 및 건축에 농촌풍경을 포함. (을) 가장 농촌가정경영의 합리화를 추진할 수 있는 영화. (병) 농촌교육의 발전을 추진할 수 있는 영화, 특히 아동의 품성에 주의.145)

1934년 국제교육전영협회는 1935년에 국제농촌을 주제로 한 영화경연대회를 주최한 후 중국교육전영협회를 비롯한 모든 회원국들에게 영화를 출품할 것을 요청하였다. 중국교육전영협회의 제3회 연회(年會)에서 영화작품이 선정됐고, 이사회는 1935년 2월 29일 제2차 이사회의에서 결의를 했다. 1935년 2월 19일에 제2차 이사회를 열어서 결정을 내렸다. 이를 위해 "농촌영화 2편을 촬영·제작하여 국제영화협회가 주최한 농촌영화경연대회 및 전시회에 참여"하도록 하였다.146) 이는 중국 영화사상 국제영화경연대회에 참가하기 위해 대회에 참가할 영화를 촬영·제작한 첫 번째 시도였다. 중국 영화교육협회주석 채원배(蔡元培)는 협회의 교학팀 주임을 담당하였고 협회 이사, 금릉대학(金陵大學) 이학원(理學院) 원장인 위학인(魏學仁)이 진행을 맡았다. 위학인은 이 영화의

---

145) 中國教育電影協會總務組編印, 《中國教育電影協會會務報告》, 民國二十三年（1934年）。

146) 作者不詳, 《攝製農村影片二部, 參加國際電協主持之農村電影競賽及展覽會》, 《中央日報》, 1935年3月7日, 第1張第3版。

이야기 창작을 금릉대학 교육영화부 부주임 손명경(孫明經)에게 맡겼고 금릉대학교의 농학원, 이학원의 학자들을 조직해서 중앙영화촬영제장과 합작하여 한 편의 농촌 소재인 영화를 촬영 · 제작해서 경연대회에 출품 시켰다.

〈농민의 봄〉은 중앙영화촬영장이 1935년 봄에 촬영하고 제작한 영화였다. 이 영화는 주로 1920년대의 강남수향에 살고 있는 농촌 청년 이대랑(李大郎) 일가의 봄철의 일상적인 일과를 보여주었다. 이대랑의 형제가 새로운 방법을 활용하여 농사를 개량하였고 농촌 지도원 오 선생은 특별히 인근 마을의 농민을 데리고 와서 참관을 시켰다. 노을이 서쪽 하늘에서 떨어지고 목동이 짧은 피리를 불며 농부가 괭이를 메고 집으로 돌아가는 풍경. 노인이 이야기를 하고 있고 부부는 일상 얘기를 하고 있으며 삼랑(三郎)과 그의 약혼녀는 강가에서 사랑의 노래를 부르고 있다.[147] 〈농민의 봄〉은 농업경영, 농민교육, 농촌의 경치와 농가생활을 구체적이고 생동하며 시적 정취가 있는 화면으로 구성하였다. 1937년 제1기의 〈양우화보(良友畫報)〉에서도 두 개의 지면, 총 10장의 그림으로 〈농민의 봄〉에 대해 보도하였다.[148]

영화 〈농민의 봄〉이 벨기에의 국제 농업영화경연대회에 참가하는 것에 대해 〈중앙일보(中央日報)〉는 여러 차례 상세한 보도를 하였다.

---

147) 孫明經, 《農人之春·本事》, 《中國教育電影協會會刊》, 1936年3月, 第19頁。
148) 作者不詳, 《良友畫報》, 1937年, 第1期。

중국교육전영협회는 국제농촌영화경연대회에 참여하기 전에 국제삼림 회의(國際森林會議)에 중국 대표로 참여한 피작경(皮作瓊) 씨가 시간을 내 인근에 있는 벨기에로 가서 경연대회 관련 업무를 진행할 것을 요청하 였다. 피작경의 보고를 요약해서 말하면 경연대회는 본인은 중국 부문의 평가원으로 임명되었고 7월25일 중국영화가 개봉 전 2분 동안에 본인은 프랑스어로 영화의 내용을 해설하였다. 그리고 이 영화 정신은 모두 사실 이고 추호의 홍보성이 없다. 기타 여러 나라의 영화 역시 주제의식이 뛰어 나고 영화음악 역시 훌륭하였으며 홍보성을 가지고 있었다고 진술하였는 데 회의장의 모든 사람들의 주의를 끌었다. 영화가 상영될 때 본인이 옆에 서 영화의 중국어와 프랑스어 자막에 대해 상세하게 해설을 하여 모든 평 가위원들은 만족을 표시하였다. 오후 6시에 평가위원들이 회의를 열었고 최종적으로 우리나라 영화가 3등을 받았다.[149]

대회에 참여한 영화의 상황에 대해서 〈중앙일보〉에서는 또 "경연이 시 작될 때까지 지원하고 참가한 나라는 19개국이 있었지만 영화를 출품한 나라는 13개국밖에 없었다. (생략) 중국 영화는 폐막 직전에 아슬아슬하 게 참가하여 상영을 할 수 있었다. 이어진 시상에서 헝가리가 1등, 이탈 리아가 2등, 중국이 3등을 차지하였다."라고 보고하였다.[150]

〈농민의 봄〉은 중국 관영 영화기구가 국제 영화경연대회에 참가하기

---

149) 作者不詳, 《中央日報》, 1935年8月19日。

150) 同上。

위해 전문적으로 촬영하고 제작한 영화였다. 비록 피작경은 영화의 정신은 모두 사실이고 홍보성은 조금도 없다고 밝혔지만 영화의 내용을 보면 중국 농촌의 아름다운 경관, 화목한 농가생활, 그리고 선진적인 농업기술을 선보였다. 중국의 이미지에 대한 긍정적인 표현과 선전이라 할수 있다. 〈농민의 봄〉이 벨기에의 영화제경연대회에 참가할 때 영화에는 중국어와 프랑스어 자막이 모두 들어가 있었다. 피작경은 영화가 상영할 때의 해설과 영화 속의 중국어와 프랑스어 자막이 해외 평가위원들이 〈농민의 봄〉을 이해하는 데 도움을 주었다고 하였다. 번역자 피작경은 초기에는 프랑스에서 유학하였고 프랑스에서 농업지식을 공부하였으며 프랑스어에 능통하고 프랑스의 역사와 문화에 익숙하며 프랑스 농업부의 토목공정사(土木工程司) 학위를 받았다. 1925년에 귀국한 후 그는 국립북경농업대학교 삼림학부 주임으로 초빙되었고 당시 전국 대학교에서 가장 젊은 학부주임이었다. 그 뒤로 그는 호남대학교(湖南大學) 농과(農科)준비처 주임직을 맡았다. 1931년 3월에는 국립 북평대학교(北平大學) 농학원 원장으로 임명되었다. 얼마 지나지 않아서 그는 정계에 들어섰는데 선후로 중화민국정부 농광부(農礦部)임정사(林政司)와 농정사(農政司) 과장, 중앙모범삼림지구관리국 국장, 농림부(農林部) 기술감독처의 기술감독 등 직무를 역임하였으며 당시 전국 농림계 기술자들의 지도자가 되었고 농림부 부장으로 임명된 심홍렬(沈鴻烈)의 높은 평가를 받았다. 1935년 7월, 그는 중국 대표로서 벨기에로 파견되어 국제삼림회의에 출석하였다.[151] 피작경의 프랑스에서 유학하였던 배경, 그리고 당시

---

151) 中國農業大學校友介紹。〈http : //xyh.cau.edu.cn/see_personality.

농업부에서 임직하였던 신분으로 인해 그는 이 영화를 번역하고 해설하는 역할을 맡았다. 그가 현장에서 했던 영화에 대한 해설은 〈농민의 봄〉이 영화전시회에 참가하고 특별한 영예를 얻는 데 중요한 역할을 발휘하였으며 번역이 중국 영화가 국제 영화제에 진출하는 데에 일으킨 중요한 역할을 뚜렷하게 보여주었다.

중국교육전영협회의 집행위원 곽유수(郭有守)가 〈중국교육전영협회회무보고〉에 발표한 '중국교육영화사(中國敎育電影史)'에서 영화 〈농민의 봄〉이 해외에서 전파하는 상황을 언급한 바가 있다. 즉,

〈농민의 봄〉에 대해 여러 나라가 다투어 교환 상영을 요청하였다. 이번 경연대회의 비서 낭필리(郞必利) 하씨(河氏)가 서신으로 본 대회에서 의논의를 전달하였다. 이를테면, 이탈리아의 국립영화관은 〈이탈리아과일재배(意大利水果種植)〉로 상영을 하려 하고 프랑스농산품수출협회는 잠시 임대할 것을 요청하였으며 상영 후 돌려줄 것을 약속하였다. 네덜란드는 영화를 공공장소에서 상영할 수 있게 16cm로 줄여 대여해 줄 것을 요청하였다. 스위스낙농업협회는 그 영화의 내용과 길이를 서신으로 쉽게 교환할 수 있다고 생각하였다. 본 대회는 이를 통해 우리나라의 농업 상황을 홍보하였을 뿐만 아니라 다른 나라의 영화와 교환을 하여 각국의 농업건설을 볼 수 있었지만 복사 경비를 마련할 수 없어서 제4회 제2차 이사회결의를 통하여 북경시의 부가영화 비용항목에서 1천 위안을 지원받아 복

jsp?loginid=310〉 (2009年10月12日查閱)

사하는 데 사용하였다. 아울러 이탈리아의 국립교육영화관은 여러 차례 서신을 보내와 영화를 교환할 것을 재촉하였고 협의를 거쳐서 중앙촬영장에서 한밤중에 한 부를 복사하여 유문도(劉文島) 대사에게 요청해서 3월 하순 이탈리아의 임지(任地)로 가는 길에 이탈리아 국립교육영화관과 수상 영화 〈과일재배〉와 교환하였다.[152]

중국교육전영협회는 국제 영화전시회에 참가할 영화를 직접 촬영하였을 뿐만 아니라 미국뉴욕중미협진사(美國紐約中美協進社)와 영화를 교환하였는데 그중에서 특별히 이미 영어 자막이 있는 영화 〈잠사(蠶絲)〉를 포함한 세 가지 영화를 언급하였다.

미국과 각 유형의 교육 영화를 교환하고, 중미경관(中美庚款)에서 규정한 중화교육문화기금이사회(中華敎育文化基金董事會)의 주미국뉴욕 중미협진사를 관리한다. 중미협진사는 중미 양국문화의 교류를 협조하는 기관으로서 양국의 영화교육사업을 유달리 중요시하였다. 이 협진사의 주임 맹치(孟治)가 미국에서 중국으로 돌아와서 우리나라 각 지역의 영화교육사업을 조사하였고 북경을 경유할 때 본 이사회가 영화를 교환하는 업무를 처리할 것을 요구하였다. 본 이사회는 이를 통해 양국 영화교육사업을 교류하는 토대로 삼았고 이에 수도의 풍경, 서호(西湖)의 풍경, 그리고 영어 자막이 있는 〈잠사〉 등 세 가지가 있는 네 편의 영화를 직접 촬영하였고 제작하였다. 그리고 별도로 본 이사회가 대신해서 교육부에 서신을 보

---

152) 陳智, 《〈農人之春〉逸史》, 北京 : 中國國際文化出版社, 2009年, 第19頁。

내고 자체 제작한 〈헌기축수(獻機祝壽)〉라는 영화를 맹치가 미국에 가서 교환 상영할 것을 급히 부탁하였다. 맹치가 미국에서 여러 유형의 교육 영화를 가져왔고 본 이사회에 전달해서 참조하도록 하였다. 미래를 예측하는 것이 일이므로 상당한 발전이 있을 것이다.[153]

이를 보아 관영 영화사들은 해외로 중국의 교육 영화를 전파하고 영어 자막을 제작해서 외국 관객의 요구를 충족시키는 것을 중요시하였으며 나아가서 중국의 교육 영화를 더욱 잘 선전하고자 한 것을 알 수 있다.

중화민국정부의 교육 영화에 대한 번역과 수출은 일종의 정치 행위로서 주로 중화민국정부가 제창한 정책을 선전하고 과학을 알리며 중국의 면모를 전시할 때 활용하였는데 상업 이익을 고려한 적은 거의 없었다. 번역자의 선정에서 볼 때도 모두 중화민국정부에서 재직 중인 공무원들이었다. 이러한 번역의 수용자는 국제영화제에 참여할 때는 주로 영화제의 평가위원과 관객들이었고 국제 영화제에서 교류를 진행할 때의 수용자는 일반 대중들이었다. 중국 정부에서 제작한 영화가 국제 영화제에서 수상하는 것을 봐도 국제 영화계가 중화민국정부의 영화에 대해 기술로부터 콘텐츠까지 모두 인정하였음을 알 수 있고 동시에 영화의 번역과도 나누어 생각할 수 없었다.

교육 영화 외에 항일전쟁 시기의 중화민국정부의 관영 영화기구가 촬영하고 제작하며 번역하고 수출한 항일영화는 강한 정치를 알리는 국방

---

153) 總務組編印, 《中國敎育電影協會會務報告》, 中國民國二十五年四月至二十六年三月, 1936年至1937年, 第2頁。

적 의미를 갖고 있었다. 1937년 11월, 상해, 태원(太原)이 잇달아 함락되었다. 11월 21일, 남경국민당정부는 중경으로 수도를 옮길 것을 선포하였다. 중경으로 천도하는 과정에서 중화민국정부는 무한(武漢)에 발을 들여놓기도 하였다. 1937년 12월 13일, 남경이 함락되었다. 무한은 전국의 항전 정치, 군사, 문화의 중심이 되었다. 1938년 2월 초, 국민당군사위원회의 정훈처(政訓處)는 정치부로 변경하였다. 정치부는 아래에 네 개 청으로 분설하였다. 정치부의 3청제2과가 이끄는 중국 영화제작소는 한구(漢口)촬영장을 개편하고 확장해서 이루어진 것이다. 한구촬영장은 1935년에 만들어졌고 초기에는 규모가 아주 작았다. 항전이 본격적으로 시작된 이후 무한의 전략적 지위는 나날이 중요해졌고 상해와 전국 각지에서 모인 영화 종사자들은 갈수록 늘어가서 한구촬영장을 새로 건축해야만 하였고 나중에는 중국 영화제작소로 개명하였다.[154] 국통구(國統區) 내에서 중국 영화제작소를 대표로 한 관영 영화사가 주도한 영화 제작은 이전까지의 중국 영화사(史)에서 존재하지 않는 것이었다. 무한도 중국 항전 영화를 촬영하고 제작하는 가장 중요한 기지가 되었다.

중국 영화제작소가 항전 기간 중에 촬영한 대량의 항일전쟁을 기록한 뉴스 다큐멘터리 영화 는 중국 국내에서 상영되었을 뿐만 아니라 싱가포르, 베트남, 미얀마, 필리핀 등의 지역에 보내서 상영되었으며 중국의 항일전쟁을 알리기 위해 힘썼다. 동시에 이런 영화들은 중러문화협회를 통해 소련에 보내서 상영되었고 뉴욕 은성(銀星)회사의 배급을 빌어서 미

---

154) 方方, 《中國紀錄片發展史》, 北京 : 中國戲劇出版社, 2003年, 第86頁.

국에 상영되기도 하였다.155) 당시 중앙선전부 국제선전처, 중러문화협
회, 중영문화협회와 중미문화협회의 대외선전 기구와 문화단체는 영화
를 해외로 수출하는 구체적인 조직 업무를 지도하는 일을 맡았다. 다큐
멘터리 영화 〈중국반공(中國反攻)〉은 영국 런던에서 연속으로 400여
회 상영되었고 영국 6천여 개의 영화관에 상영되었다. 〈항전특집(抗戰
特輯)〉 제1화에서 노구교사변(蘆溝橋事變) 이후의 항전 상황을 소개하
였고 제네바 세계마약금지회의에서 방영되었다. 중국이 한구일본조계지
를 받아들인 후 일본 침략자의 마약제조기구를 적발하고 체포하는 뉴스
장면을 보여주었으며 사람들의 일본 침략자에 대한 강렬한 분노를 불러
일으켰다. 일본 대표는 여기에 반대 의견을 제시하며 논쟁을 일으켰으나
일제가 중국에서 마약을 제조하는 사실은 숨길 수가 없었다.156)

또한 이 영화는 중러문협을 통해 소련에 보내져서 상영되었고 미국에
서는 은성회사를 통해 상영되었다. 그 중에서 광주대폭발(廣州大轟炸,
1938년), 베를린호 비행기 조난(柏林號飛機遇難) 등 사건은 미국 각 영
화사의 뉴스집에 선택되고 사용되었다. 〈항전특집〉이 싱가포르, 미얀
마, 베트남, 필리핀 등에서 상영될 때 해외 화교들이 앞다퉈 관람하였고
성황을 이뤘다. 많은 애국 화교들이 영화 속의 항일 애국정신에 감동받
아 아낌없이 돈을 기부하여 항전을 지지하였다. 〈항전특집〉 제2화는 영
국 리버풀에서 상영되었고 영국 관객들은 자발적으로 200파운드 이상을

---

155) 同上, 第93頁。

156) 見《軍事委員會政治部中國電影製片廠擴充電影宣傳工作計劃書》, 原件存於南京史
料整理處, 轉引自方方, 《中國紀錄片發展史》, 北京：中國戲劇出版社, 2003年, 第93
頁。

기부해 항일을 지원하였다.157) 〈항전특집〉이 세계적으로 상영되자 중국 영화제작소의 영향력은 최고에 이르렀다. 영화 〈팔백장사(八百壯士)〉는 사진원(謝晉元) 단장이 상해 사행창고(四行倉庫)에서 군사들을 이끌고 일본 침략군에 저항하는 실존 인물의 이야기를 촬영하였다. 프랑스와 스위스의 국제 반침략대회에서 상영하여 호평을 받았고 필리핀, 미얀마 등 여러 곳에서도 센세이션을 불러일으켰다.158) 〈항일표어만화(抗日標語卡通)〉는 제작할 때 영어 자막을 추가하였는데 이것으로 중국 영화제작소가 해외 관객들에게 항일을 알리려는 결심과 행동력을 미루어 짐작할 수 있다. 1939년 중국 영화제작소가 제작한 〈열혈충혼(熱血忠魂)〉은 뉴욕의 루스벨트극장에서 상영되었다. 1939년 5월에 〈신화화보(薪華畫報)〉는 "이 영화의 영어로 번역된 이름은 〈끝까지 항전하다〉를 의미한다. 대화는 비록 중국어이지만 영어 자막이 있기에 중국과 해외 관객들이 모두 알아볼 수 있다. 이 영화는 중국의 급속하게 발전한 영화기술을 보여주었다. 그리고 그보다 더 큰 의미가 있는데 그것은 바로 중국 군민의 항전에 대한 열성적이고 충성스러우며 용감한 모습을 드러낸 것이다. 이는 중국을 동정하는 우방인사가 영화를 본 다음에 한층 더 깊은 인식을 갖게 하였다"고 보도하였다. 이 영화가 개봉한 후 여러 신문에서 모두 칭찬 일색이었고 미국의 권위 있는 잡지인 〈종합오락(綜合娛樂)〉도 다음과 같이 주장하였다.

---

157) 鄭用之, 《三年來的中國電影製片廠》, 《中國電影》, 1941年, 第1卷第1期。
158) 方方, 《中國紀錄片發展史》, 北京 : 中國戲劇出版社, 2003年, 第88頁。

…… 이 영화는 중국 민중을 동정하는 외국인들이 좋아하는 영화이고 현대 이야기를 소재로 한 중국 영화를 전혀 본 적이 없는 많은 관객들이 이 영화로 인해 중국을 가까이 느끼게 하였다. …… 이야기는 중국이 일제히 침략자에 저항하는 것을 설명하고 중국의 군인이 국가를 위해 모든 충성을 바친 위대한 정신을 충분히 드러냈으며…… 어쨌든 연출 면에서 관객들의 동정심을 유발할 수 있다.159)

1939년부터 1941년까지 3년 동안에만 중국 영화제작소는 이미 해외에 183개 영화 복제본을 만들었고 18편의 영화가 전 세계 92개 도시에서 상영되었다.160) 1944년 중국 영화제작소는 미국 국방부와 합작해서 장편 다큐멘터리 영화 〈중국의 항전(中國之抗戰, The Battle of China)〉을 제작하였다. 이 다큐멘터리 영화는 할리우드의 유명한 감독 프랭크 카프라(Frank Capra)161)와 중국 감독 나정(羅靜)이 공동 연출을 맡았고 중국어와 영어 복제본으로 나누고 세계 각국에서 상영되었다.162) 다큐멘터리 영화는 '9.18'사변부터 시작하여 '1.28'사건, '7.7'사변, '8.13'상해전(滬戰) 등 과정을 돌이켜보았고 남경대학살의 장면, 항전의 주요 전역에 대한 소개 등이 있었으며 중국 항일전쟁에 대한 전반적인 회고였다.

---

159) 李道新, 《中國的好萊塢夢想——中國早期電影接受史裏的好萊塢》, 《上海大學學報》, 2006年, 第5期, 第39頁。

160) 鄭用之, 《三年來的中國電影製片廠》, 《中國電影》, 1941年, 第1卷第1期。

161) 該導演曾六次獲得奧斯卡最佳導演獎提名, 獲獎三次。1936-1939年間, 任美國電影藝術與科學學院主席；1958年任柏林國際電影節評委會主席；在1960-1961年間任美國導演工會主席。1982年, 獲美國電影學會頒發終身成就獎。

162) 孫瑜, 《銀海泛舟——回憶我的一生》, 上海：上海文藝出版社, 1987年, 第153-154頁。

중국 영화제작소가 제작한 뉴스 다큐멘터리 영화는 정부에 직속된 관영 영화제작소가 촬영하고 제작한 것으로 해외에서 상영한 것은 정부선전기관—중앙선전부 국제선전처, 그리고 중러문화협회, 중영문화협회와 중미문화협회 등 문화조직과 해외의 정부기관, 영화사와 합작하여 해외에서 개봉시킨 것이다. 수출과 상영 목적도 아주 명확하였다. 항일전쟁을 알리고 국제적 지원을 얻기 위해서였으며 민족주의와 애국주의의 구현이었다.

항전 영화는 국제적으로 광범위한 홍보의 목적을 이뤘고 관영 영화는 구미 각 대도시의 영화관에서 증여 방식을 통해서 각종 국제적인 성격을 가진 사회 조직이나 주해외 중국영사관에 보내졌고 각국의 대도시에서 상영되었다. 이 영화가 상영할 때 대체로 무료였고 전문적 홍보 목적으로 사용되었다.[163] 이는 후에 국민당 당국이 세계에서 여론의 지지와 물질적 원조를 얻기 위한 비교적 좋은 토대가 되었다.

중화민국정부의 관영 영화의 번역 수출에는 교육 영화와 국방 영화의 수출이 포함되어 있었는데 전체 번역 과정은 흔히 정치권력기구의 직접적인 지도와 통제하에서 진행한 것이며 일종의 고도로 규범화되고 조직화된 획일적인 정치였다. 작품의 내용을 번역하는 것에 대해 작품을 엄격하게 선정하는 것은 당시의 정치 수요에서 출발한 것이고 중화민국정부의 긍정적인 이미지나 항일을 알리는 데에 도움이 되었다. 그리고 출판과 배급의 각도에서 보면 배급 경로는 주로 국제 영화전시회에 참여하

---

163) 羅剛, 《國難時期電影內教育電影所負的特殊使命》, 《中國教育電影協會第五屆年會特刊》, 1937年, 第7-9頁。

거나 국민당 중선부 혹은 중러문화협회 등 기구를 통해 무상 혹은 상징적으로 비용을 받은 방식의 해외 수출이었다. 이런 유형의 영화에 대한 수출은 주로 외부 세계를 향하여 중화민국정부의 긍정적인 이미지와 항일전쟁을 알리는 것이었고 상업적 이익을 얻으려는 것이 아닌 비교적 순수한 정치 행위였다. 중화민국정부가 촬영하고 수출한 영화에는 초기의 과학교육 영화 및 후기의 항전 선전을 위주로 한 선전 영화가 포함된다. 중화민국정부는 자신이 제창한 전형적인 영화를 촬영하여 수출하였고 수출한 영화도 중국의 이미지를 상세하게 해설하는 작업을 덧붙였다. 이러한 영화를 번역해서 해외에서 상영함으로써 어느 정도 중국 민족의 영화 품격을 선보였고 중화민국정부의 이미지를 알렸으며 중화민족이 해외 영화 속에서 왜곡된 이미지를 전환하는 데 일정한 효과를 거두었다.

4

해외의 중국 영화 번역

중국 초기의 영화는 대부분 중국의 영화사 혹은 중화민국정부가 자발적으로 수출한 것이지만 해외의 정부기관 혹은 상업 조직이 자발적으로 중국 영화를 구매하고 번역하는 경우도 있었다.

1935년, 미국 파라마운트 픽처스사의 책임자 더글러스 매클레인(Douglas Maclean)이 중국에서 여행할 때 영화 〈천륜(天倫)〉을 본 후 미국 시장으로 수입할 의향이 생겼다. 매클레인은 연화영업공사에 그 회사가 〈천륜〉이 미국에서의 상영권을 배급할 것을 대리하기를 기대한다는 전보를 보냈고 후에 연화영업공사의 라이선스 허가를 받았다. 그래서 〈천륜〉의 원본 필름과 더빙, 자막 등에 대해 적당한 편집과 기술 처리를 거쳐서 미국 관객의 감상 취향에 맞추었다. 〈천륜〉이 파라마운트회사의 수정을 거친 후 영어 이름 〈Song of China(중국의 노래)〉로 1936년 11월 9일에 뉴욕의 가장 화려한 리틀 카네기(Little Carnegie)대극장에서 정식으로 개봉하였다.[164] 개봉 전날에, 〈뉴욕 타임스〉는 특별히 눈에 띄는 지면에서 미국에서 유명한 중국 작가, 철학가 임어당(林語堂) 박사를 초청해서 편찬한 중국 영화를 소개한 글인 '중국과 영화 사업(中國與電影事業)'을 게재하여 〈천륜〉을 홍보하였다. 현존하고 있는 복제본은 할리우드가 새로 수정한 〈천륜〉이고 비목(費穆)의 원래 버전인 〈천륜〉이 아니었다. 우리는 고찰을 통해서 미국 사회의 주된 이데올로기와 심미적 요구에 맞추기 위해 미국의 영화사가 수입한 〈천륜〉은 이미 자막과 영화 텍스트 면에서 과감한 개편을 하였음을 발견할 수 있다.

1937년 상해가 함락된 후 일본인은 그들이 동북, 화북 지역에서 괴뢰 영화기구와 인원을 양성하는 경험을 답습해서 소위 중일 친선을 도모하는 문화식민정책을 시행하였다. 그래서 상해에서 전문적인 영화심사기구와 영화사인 중화영화주식유한회사(中華電影股份有限公司)를 설립하였고 상해의 영화업계를 끌어들이고 매수하려는 (음모) 활동을 벌였으며 나아가서 문화식민을 진행하고 영화국책을 실시하려고 하였다. 1939년 5월 5일 위화중유신정부(僞華中維新政府) 선전국장 공헌갱(孔憲鏗)이 양굉지(梁宏志)에게 서명한 문건 〈재화영화정책실시계획(在華電影政策實施計劃)〉에서 "중국, 일본, 만주가 일체인 사상 기초를 확립하고 강화하여 장개석(蔣介石) 정권이 십여 년간 양성한 일본에 반항하고 모

---

164) 張偉, 《談影小集——中國現代影壇的塵封一隅》, 臺灣 : 秀威信息科技股份有限公司, 2009年, 第149-150頁。

욕한 사상을 국민의 머리에서 없애기 위해 영화 선전을 이용하면 큰 효과를 얻을 수 있을 것이고 중대한 의미가 있다"고 제기하였다.[165] 항일전쟁과 일본의 괴뢰 통치가 중국 영화제작자와 부역자들에게 시대적 낙인을 찍어주었고 그들에게 보다 많은 민족주의와 정치적 색채를 부여하였다.

1938년 11월, 상해의 여러 영화사를 유혹하기 위해 일본 도호(東宝)회사는 상해 광명(光明)영화사가 촬영한 영화 〈다화녀(茶花女)〉[166]를 일본에 수출해서 상영하였다. 영화 〈다화녀〉의 제작사인 상해 광명영화사는 설립할 때부터 일본 자금의 지원을 받았다. 1938년에 유눌구(劉吶鷗)는 일본 도호영화주식회사와 합작을 진행하였는데 도호사가 자금 6만 위안을 지원하고 심천맹(沈天萌)의 명의로 광명영화사를 설립하였다. 1940년 여름에 되어, 예화(藝華)회사의 촬영장에서 〈다화녀〉, 〈왕씨사협(王氏四俠)〉, 〈대지의 딸(大地的女兒)〉, 〈박명화(薄命花)〉 등 4편의 영화를 촬영하였다.[167] 〈다화녀〉는 1938년 9월 중순에 상해에서 개봉한 지 얼마 안 되서 일본에 수출해서 상영되었고 일본의 〈영화순보(映畫旬報)〉, 〈국제영화신문(國際映畫新聞)〉 등 잡지에 광고를 게재하면서 이 영화는 '우방인 중국 영화계에서 촬영'한 것이라고 대서특필하여 폭로하는 자가 있

---

165) 中央檔案館、中國第二歷史檔案館、吉林省社會科學院合編, 《日本帝國主義侵華檔案資料選編·汪偽政權》, 北京:中華書局, 2004年, 第543頁。

166) 《茶花女》, 李萍倩編導, 袁美雲、劉瑜、王次龍等主演, 上海光明影業公司1938年拍攝, 同年上映。

167) 許秦蓁, 《摩登 上海 新感覺:劉吶鷗 1905-1940》, 臺灣:秀威資訊科技股份有限公司, 2008年, 第169頁。

었다. 이런 소식이 전해지자 여론이 비등해졌다.[168] 당시 아영(阿英)이 편집을 주관한 〈문헌(文獻)〉 총서에서는 〈다화녀〉 사건이 발생한 후 대량의 논설을 이용하여 '일본이 중국 영화를 침략하는 음모 특집(日本侵路中國電影的陰謀特輯)'을 게재하였는데 "일본인이 여러 방면으로 우리나라를 침략하였다. 이를테면 문화의 각 영역, 영화, 희극 등이다."라고 지적한 바가 있다. 아영의 글에서는 일본 도호회사가 중국 영화 〈다화녀〉를 구매하고 방영한 것은 일본이 중국 문화를 침략하는 시작임을 주장하였다. 또한 '일본이 중국 영화를 침략하는 음모 특집'에서는 왕정위(汪精衛)괴뢰임시정부의 교육부 문화국국장인 문방소(文訪蘇)가 쓴 '중일친선을 영화에서부터 논하다(中日親善先從電影談起)', 일본국제영화신문사사장 이치카와 사이(市川彩)가 쓴 '보라, 일본 영화가 대륙을 향해 발기한 자태(看吧, 日本電影向大陸發起的姿態)', 국제영화신문사가 1938년 6월 10일에 북평에서 개최한 '일본 영화의 대륙 정책 및 동향(日本電影的大陸政策及其動向)' 좌담회의 기록 등 자료들을 실었다.[169] 이러한 자료들은 일본이 영화를 통해 중국을 향해 문화침략을 진행하려는 야심을 증명할 수 있는 유력한 증거들이다. 1939년 초에 발행한 〈신화화보〉 제4권 제1기, 제2기의 보도에 따르면 〈다화녀〉가 일본으로 건너갔다는 소식이 들리자 "여론의 엄청난 비난을 받았고 일제히 광명회사 측이 사과할 것을 요구하였으며", "〈다화녀〉 사건이 터지자 상해 신광(新光) 대극장은 이미 광명영화사의 〈왕씨사협〉, 〈박명화〉와 〈대지의 딸〉 등 기

---

168) 程季華主編, 《中國電影發展史》 (第二版) 上冊, 北京 : 中國電影出版社, 1980年, 第98頁.

169) 《日本侵略中國電影的陰謀特輯》, 《文獻》 叢刊卷之四, 1939年1月出版.

타 세 편의 영화 홍보를 중단하였고 영화판권(影權)을 포기한다는 발표를 하였다"고 한다.[170] 바로 이때 일본동맹사(日本同盟社)는 일본도호영화사가 요원을 파견하여 상해 영화계를 사찰하였고 스크린을 통하여 중일문화의 협력을 실현할 준비를 하고 있다고 밝혔다. 도호영화사 대표가 상해에 있을 때 광명영화사 측과 면담을 진행한 적이 있다. 도호영화사와 광명영화사는 서로 합의한 내용 중의 하나가 바로 광명영화사가 제작한 〈다화녀〉를 일본에 수출해서 상영하는 것이었는데 영화 이름을 〈하루히메(春姫)〉로 개명(改譯)하였다.[171] 일본 도호영화사가 〈다화녀〉를 구매하고 개명(改譯)한 후 일본에 상영한 것은 일본이 중일친선을 도모하고 문화식민정책을 실시하며 중국 민영 영화사를 이익으로 유혹하고 매수하려는 것과 연관이 있었다. 이 영화가 일본에서 상영된 후 국내에서 격렬한 반응을 불러일으키게 된 것은 일본이 중국침략전쟁을 발동하는 것과 직접적인 관계가 있었으며 중국 문예계가 일본의 문화침략의 야심을 발견하였고 경계하고 있다는 것을 보여주고 있다. 그들은 신문 여론을 통해 일본 침략자의 음모를 폭로하였고 영화계 인사들에게 민족애국 입장을 견지할 것을 촉구하였다.

1941년, 상해 신화연합영업회사는 〈철선공주(鐵扇公主)〉를 촬영하고 제작하였다. 이는 1933년에 미국 디즈니사의 〈백설공주(白雪公主, Snow White)〉를 이은 세계에서 두 번째로 긴 애니메이션 영화였다. 이는 중국의 고전명작인 〈서유기(西遊記)〉의 '삼차파초선(三借芭蕉扇)'이

---

170) 作者不詳, 《新華畫報》第4卷第1期、第2期, 1939年1-2月出版.

171) 李道新, 《中國電影史》 (1937-1945), 北京 : 首都師範大學出版社, 2000年, 第55頁.

라는 이야기를 소재로 삼았고 총 80분 길이였다. 영화는 항일전쟁 기간에 제작되었기에 감독 만속명(萬籟鳴), 만고섬(萬古蟾), 만초진(萬超塵), 만척환(萬滌寰) 등 네 형제도 손오공(孫悟空)의 투쟁정신을 빌어서 중국인민의 항일투지를 고무하고 격려하고자 하였다. 영화 속에 원래 "인민대중이 일어나서 마지막 승리를 쟁취하라"는 자막이 있었는데 후에 상영할 때 상해에 있는 일본의 영화검사기구가 강제로 편집해버렸다. 영화가 대상해(大上海), 신광(新光), 호광(滬光) 등 세 영화관에서 동시에 한 달간 상영하였는데 전례 없는 대성황을 이루었다. 당시 상해에서 중국 영화에 대한 심사를 책임지고 있던 일본 국책(國策)회사——중화영화주식유한회사가 이 영화를 구매하였고 이듬해, 즉 태평양 전쟁이 발발한 이듬해(1942년)에 일본에서 상영하였다.[172] 일본학자 사토 타다오(佐藤忠男)은 『중국 영화백년(中國電影百年)』에서 "〈서유기〉라고 개명한 중국 애니메이션 영화는 일본이 최초로 상영한 장편 애니메이션(총 67분) 이다. 뿐만 아니라 일본에서 이미 높은 평가를 받은 미국의 유명한 애니메이션 단편영화와 비교하면 이 영화는 전통적이고 아시아 특성이 있는 수묵화(水墨畵) 필체를 이용하였고 아름다운 화면과 재미있는 요소의 응용과 독창성을 갖고 있다. 영화 속의 액션 동작과 음악은 우리가 경극(京劇)과 잡기(雜技)에서 흔히 볼 수 있는 고난도의 기교를 토대로 하였기에 영화가 상당히 재미있다"고 평가한 바가 있다. 영화가 일본에서 상영할 때 심사와 편집을 거친 후 약 10분간의 내용이 삭제되었다. 영화가 일본

---

172) 中國電影年鑑編委會, 《中國電影年鑑百年特刊》, 北京 : 中國電影年鑑出版社, 2006年。

에서 상영할 때는 일본어 더빙을 하였다.[173] 이러한 삭제는 일본의 군국
주의 이데올로기가 영화 내용에 대해 각색을 시도하였다는 것을 보여주
었고 영화 속에 포함되어 있는 항일 정신을 약화시켰으며 일본 측이 선
전하는 소위 중일 친선의 정책을 구현을 의미하는 것을 알 수 있다.

우리는 고도(孤島) 시기에 중국 영화에 대한 번역과 해외로 전파하는
과정을 볼 수 있다. 특히 일본에서의 전파는 일본의 중국 침략전쟁의 영
향을 받았다. 중국인, 특히 상해의 문예계 인사들은 중국 영화가 일본에
서 상영되는 것에 대해 강렬한 거부 반응을 보이고 같이 분기하여 질책
하는 것은 일본의 문화침략을 증오하는 것과 연관이 있다. 번역 수출 행
위는 이 시기의 특정한 정치적 사명을 짊어지고 있다. 민중들의 이런 번
역 수출 행위에 대한 반응은 단순히 영화 텍스트에 대한 반응일 뿐만 아
니라 정치적 상황에 대한 반응이기도 하다.

요컨대, 초기 중국 영화에 대한 번역과 대외 전파는 주로 네 가지 유형
으로 분류할 수 있다. 이 네 가지 유형의 동기, 역사적 사명, 목적 관객과
수용 효과는 각자 달랐다. 중국 초기 영화사는 후원자로서 영화를 번역
하였는데 한편으로 상업적 이익의 유혹으로 인해 해외 관객의 관심을 받
고 해외 시장에서 판매할 수 있기를 희망하였다. 다른 한편으로는, 국가
의 영예를 발양시키기 위해 중화민족의 적극적인 국제 이미지를 확립하
고 중화문화를 알리기 위해서이기도 하였다. 중화민국정부의 영화관리
기구가 설립된 후 중화민국정부가 영화 번역과 수출 과정에 대해 관리를

---

173) 佐藤忠男, 《中國電影百年》, 錢杭譯, 上海 : 上海書店出版社, 2005年, 第53頁.

하기 시작하였다. 한편으로 중화민국정부는 중국 영화사가 제작한 영화의 수출에 대해 심사하고 오직 수출허가증을 받은 영화만을 해외에서 상영할 수 있도록 규정하였다. 다른 한편으로는, 영화의 자막에 대해 엄격히 심사하고 중국어를 사용할 것을 요구하였으며 1931년과 1933년에 두 차례에 걸쳐 중국 국내에 상영한 중국 영화 속에 영어 자막 삽입을 금지하였다. 이 두 번의 금지령은 중국 초기 민영 영화사가 번역 활동에 종사하게 된 분수령으로 볼 수 있고 1933년 이후에 제작한 국산 영화는 영어 자막 추가가 극히 줄게 되었다. 중화민국정부가 선정한 국산 영화를 국제 영화제에 참여시키고 중화민국정부의 관료가 번역자로서 국산 영화를 국제 영화제에 참여시키는 것에 관여한다.

중화민국정부가 참여한 가운데 국산 영화의 번역은 전파의 범위와 관객 수준을 모두 전례 없는 수준으로 올려놓았다. 또한 중화민국정부는 관영 영화기구를 통해 자발적으로 정부의 생각을 선전하는 영화, 예를 들어 교육 영화와 항일전쟁을 촬영하였고 이런 영화들과 국제 영화전시회, 정부의 교류 활동을 통해 상당한 정도의 중국 이미지와 항일전쟁을 선전하였고 이는 중국이 국제 여론의 지지를 쟁취하는 데 긍정적인 작용을 하였다. 이 단계에서 해외의 영화사나 조직이 자발적으로 일부 영화를 구입해서 번역하기도 하였다. 여기서는 완전히 상업적인 운영을 고려해서 구입할 수도 있었고 강한 정치적 색체를 가진 구매 행위일 수도 있었다.

The History of Chinese cinema

4장

중국 무성영화 시대, 자막의 모습

1

자막의 형식과 제작

　　무성영화는 후일 묵편(黙片)으로 불렸는데, 스크린에는 사람들의 모습만이 비춰졌고 관객들은 그들이 무얼 하는지 알 수가 없었다. 스크린 속의 사람들이 대사를 말하고 대화를 진행해도 그들의 입술이 움직이는 것만 보이고 무슨 말을 하는지는 알 수 없었다. 그래서 영화가 상영될 때 관객들에게 무슨 일이 발생했고 입술을 움직여 무슨 말을 하는지에 대해 설명을 덧붙여야 했다. 물론 이 설명은 '묵편(黙片)'에서 아주 중요하였고 '자막(字幕)'이라고 불려 졌다.

　　─포천소(包天笑), 『钏影楼回忆录(釧影樓回憶錄)』(속편)**174)**

---

174) 包天笑, 《釧影樓回憶錄》 (續編) , 香港 : 大華出版社, 1973年, 第97頁。

1905년부터 1949년까지 중국 영화의 번역 활동은 주로 무성영화를 둘러싸고 진행되었는데 번역의 매개체는 바로 무성 영화의 자막이었다. 20세기 초에 무성영화의 자막과 유성영화 시기의 자막은 형식, 내용과 기능상에서 많은 차이가 존재했다. 본문에서는 이런 특수한 텍스트 형식에 대해 소개할 필요가 있다. 무성영화의 중국어 자막은 영화 속에 삽입하는 형식으로 영화에서 표현됐다. 기능별로 설명성 자막(說明性字幕)과 대사성 자막(對白性字幕)으로 분류할 수 있다. 설명성 자막은 영화 줄거리, 인물, 시간, 장소, 논의, 서정 혹은 일부 특수한 기능을 알려주며 대사성 자막은 주로 인물 사이의 대화 내용을 알려준다. 자막 속의 언어는 문언문(文言文)과 백화문(白話文) 및 영어 번역을 교대로 사용하였다. 중국 무성영화가 처한 시대는 문자와 문화가 격변을 하고 있었고 혼란기의 전형적 특징을 보여주고 있었다. 무성영화 시기에 자막은 초기 영화 평론가들이 영화의 우열을 가늠하는 중요한 척도였다.

무성영화의 자막과 유성영화의 자막은 형식적으로 확연한 차이가 존재했다. 무성영화의 자막은 영어로는 'intertitle'이고 중국어로는 '삽입자막(揷入字幕)' 혹은 '자막편(字幕片)'이다. 카메라가 문자가 있는 배경을 촬영해서 영화에 삽입하는 방식으로 스크린의 전체 면적을 차지한다.175) 관객들은 영어 자막을 읽을 때 일반 문자 텍스트처럼 읽었는데 이는 영화를 관람할 때 경험하는 일종의 특수한 텍스트 읽기 체험이다. 유성영화의 자막은 영어에서는 'subtitle'이라 하고 영화에서 음성과 같이 나타나며 일반적으로 스크린 화면을 가리지 않는 부분에 나타냈다. 흔히 스

---

175) 具體的形式可以參照本章中的字幕範例截圖。

크린 하단에 위치해 있으며 스크린의 양측에 나타나는 경우도 있다.

무성영화 시기 흔히 볼 수 있는 자막 형식(출처: 영화 〈일전매(一剪梅)〉)

현대 영화 속 흔히 볼 수 있는 자막 형식(출처: 영화 〈영웅(英雄)〉)

중국의 무성영화는 스크린 공간이 허용하는 상황이면 중국어 자막과 영어 번역문이 동시에 한 화면에 등장하는데 일반적으로 중국어는 스크린의 상단에 나타나고 영어는 스크린의 하단에 나타난다. 현재 볼 수 있는 영화 자료에 따르면 중국에서 현존하는 최초의 영화 〈노동자의 사랑(勞動之愛情)〉, 〈설중고추(雪中孤雛)〉, 〈천윤(天倫)〉에서 중국어 자막은 세로 배열하는 방식을 사용했고 스크린 상단에 배치했으며 서양식 문장 부호를 사용하였다. 그리고 영어 자막은 가로 배열 형식을 사용했고 서양식 문장 부호를 추가하였다. 기타 볼 수 있는 초기 무성영화의 영상자료에서 중국어 자막은 모두 가로 배열하는 방식을 사용했고 스크린의 상단에 배치했으며 자막 속에서도 모두 서양식 문장 부호를 적용하여 문장을 구분했고 영어 자막의 번역문은 스크린의 하단에 배치했다. 사료(史料)를 살펴보면 중국 영화 자막의 글씨체를 가로로 배치하는 방식은 사실 같은 시기에 중국에서 출판하는 신문간행물, 서적보다도 일찍 나타났다.176) 따라서 중국어를 가로 배치하고 서양식 문장 부호를 사용하는 방식은 중국 무성영화가 먼저 인도했고 중국어 텍스트의 격식과 규칙을 혁신했다고 할 수 있다.

---

176) 1949年前, 在我國大多數的書刊與雜誌都是采取豎列排版。1949年之後, 這種情況仍然延續。直到1955年10月, 教育部和中國文字改革委員會在北京召開的全國文字改革會議上做出決議：「建議中華人民共和國文化部和有關部門進一步推廣報紙、雜誌、圖書的橫排。建議國家機關、部隊、學校、人民團體推廣公文函件的橫排橫寫」。因此, 從1956年1月1日開始, 我國的《人民日報》和地方報紙一律改為橫排。此後, 除了古籍之外, 各種出版物都改成了橫排。新式標點符號於1920年經當時的北洋政府教育部頒布實施, 但很多刊物上仍然采取圓圈句讀。參見胡適, 《教育部通令采用新式標點符號文》, 《新文學評論》, 上海：新文化書社, 1924年, 第16-33頁。

先生，買
瓶，請
蜜的古
隻乾隆
我有一
不是！

swelling is a nice Chien Loong vase.

I will sell it cheap.

세로 배열한 자막(출처: 〈노동자의 사랑〉)

修理好了,請您等一
菜,我去拿来.

"It's repaired already.
Wait a minute please, I
will bring it to you."

民城畫片公司出品

가로 배열한 자막(출처: 〈한 꿰미 진주(一串珍珠)〉)

무성영화의 자막을 우선 가로로 배열하게 된 것은 첫째, 외국 영화의 자막 배열 방식의 영향을 받았다. 당시 외국의 영화 자막은 일본어 영화를 제외하고 모두 가로로 배열하는 방식을 사용했다. 둘째, 중국 무성영화에서 스크린의 공간이 허용한다면 중국어 자막과 영어 번역문은 동시에 한 자막카드에 나타날 수 있었으며 영어 번역문은 가로 배열 방식을 사용하고 중국어 자막이 세로 배치하는 방식을 사용하면 전체적으로 보기 좋지 않다. 이중 언어의 관객이라면 위에서 아래로 읽어야 하고 또 왼쪽에서 오른쪽으로 읽어야 하는데 쉽지는 않았을 것이다. 양자는 모두 왼쪽에서 오른쪽으로 배열하는 방식을 사용했기에 관객들이 읽을 때 한 곳에 초점을 맞추기 쉽고 집중할 수 있었으며 한결 편했을 것이다.

무성영화의 자막에 대한 작성, 번역, 쓰기, 촬영 등을 하려면 많은 시간과 수고를 들여야 한다. 영화의 자막에 대한 편찬, 번역과 쓰기는 모두 초기 중국 영화의 전문 분업의 범위에 속했다. 이는 정수인(程樹仁)이 편찬한『중화영업연감(中華影業年鑑)』에도 상세하게 기록되어 있다. 중국 무성영화의 자막은 모두 사람이 직접 손으로 쓰는 것이었다. 채초생(蔡楚生), 사동산(史東山), 마서유방(馬徐維邦), 만고섬(萬古蟾) 등 감독들은 영화계에 방금 발을 들이자마자 영화 자막 작업을 한 적이 있었다. 당시 이 일에 종사했던 사람을 제회자(題繪者)라고 불렀다.[177]

---

177) 程樹仁, 《中華影業年鑑》, 上海 : 中華影業年鑑出版社, 1927年, 第11、12、23部分。

서막(書幕)과 회도작가(繪圖作者)(출처: 영화 〈한 꿰미 진주〉)

초기 영화인들은 영화 자막을 제작하는 어려움을 수차례 얘기했다. 주쌍운(朱雙雲)은 영화 〈누가 어머니인가(誰是母親)〉의 자막 제작에 대해서 얘기할 때 "자막을 제작할 때는 엄청난 노력이 든다. 네다섯 명이 온 정신을 다해 사흘 밤낮으로 힘을 써야 겨우 이것을 완성할 수 있다. 흔히 한 글자의 미세한 부분에 대해 몇 시간 동안 논쟁하기도 하며 크고 작은 것 없이 모두 세심하고 신중하게 대해야 한다. 자막 제작은 대부분 하적봉(夏赤鳳)이 맡았고, 번역은 예(倪) 군이 홀로 담당했다. 저는 자막 관련에서 필기만을 하였다. 그런데도 저를 영화 속에서 설명(說明)이란 역할로 제작진에 넣어 주다니 부끄럽기 짝이 없다."[178]라고 말한 바가 있다.

여기서 말한 자막 제작, 번역 과정은 중국 무성영화 시기 자막 제작의 축소판이다. 한 편의 영화 자막을 제작할 때는 여러 사람의 힘을 합쳐야 하는데 세심하게 생각해야 하고 한 글자 한 글자씩 중국어 자막을 써야 하고 외국어에 능통한 번역자들의 손길을 거쳐야 비로소 완성될 수 있다. 포천소도 자막의 제작 과정에 대해 이야기한 적이 있다. 즉,

난 평소에 명성공사(明星公司)에 잘 가지 않지만 자막을 만들 때는 반드시 확인을 해야 한다. 내가 웃으면서 우리가 팔고문(八股文)을 만든다고 하면 사람들은 "성인의 훌륭한 말씀"이라고 농담한다. 지금 자막을 만드는 것은 여배우에게 말하듯이 주의해야 한다. 자막은 늘 밤에 만들었다. 저녁 7시에 들어가서 중간에 식사 한 끼만 먹으면서 12시 넘어서까지 한다. 참석자는 나를 제외하면 장석천(張石川), 정정추(鄭正秋) 두 사람만 있다. 그때 명성공사는 감독을 초빙하지 않았는데 후에 홍심(洪深)이 입사를 하면서부터는 반드시 참석했다.[179]

포천소가 언급한 정정추, 홍심 등 자막의 집필자들은 모두 영화계에서 여러 역할을 담당하고 있었다. 포천소 본인은 유명한 소설가이고 번역가이다. 그는 명성공사(明星公司)의 초청으로 영화 시나리오를 쓴 적이 있

---

178) 朱雙雲, 《大中國影片公司之緣起及其經過》, 大中國公司特刊第1期《誰是母親》, 1925年.

179) 包天笑, 《釧影樓回憶錄（續編）》, 香港：香港大華出版社, 1973年, 第97頁.

었다. 그가 창작한 〈공곡란(空谷蘭)〉, 〈매화락(梅花落)〉, 〈양심의 부활(良心的復活)〉 등의 작품은 모두 스크린에 옮겨졌다. 포천소를 제외하고 주수견(周瘦鵑), 주수국(朱瘦菊), 장벽오(張碧梧), 서필파(徐碧波) 등 원앙호접파(鴛鴦蝴蝶派)의 작가들은 모두 영화사의 작가와 자막 작가를 맡은 적이 있었다. 1921년부터 1931년 사이에 중국의 각 영화사는 모두 650편의 영화를 촬영했는데 대부분은 원앙호접파의 문인들이 참여해서 제작한 것이다.[180] 장진(張眞)은 원앙호접파의 작가들은 영화 자막을 쓸 때 원앙호접파의 특유한 언어적 표현을 사용했고 백화문과 문언문을 융합했으며 양경빈(洋涇浜) 지역의 일부 언어도 섞었다.[181] 포천소, 홍심이 가입하기 전에는 정정추가 자막의 주요 집필자였다. 정정추는 명성공사(明星公司)의 창립자 중의 한 명이고 영화기업가이면서 각색 · 연출가이며 영화평론가이기도 했다. 그는 영화 제작에 깊이 관여했고 작가 · 감독, 주연배우 등을 맡은 적이 있으며 설명문 제작과 자막 제작의 업무를 맡았다. 포천소가 언급한 홍심도 중국 영화계에서 활약한 문화명인이었다. 홍심은 강소 무진(江蘇武進, 지금 상주시常州市에 속함) 사람이고 1894년에 명문 관료 집안 출신으로 어렸을 때부터 문예를 좋아했다. 1912년에 북경 청화대학교에 진학하게 된 홍심은 4년 동안 연극 활동에 열정적으로 참여했다. 졸업 후에 미국 오하이오 주립대학교에서 소자공정(燒磁工程)을 배웠지만 문과 수업을 여러 과목 선택 이수하면서 계속 각본을 쓰고 연기에 정진하였다. 결국은 실업구국(實業救國) 하려는 환

---

180) 程季華主編, 《中國電影發展史》 (第一卷), 中國電影出版社, 1980年, 第56頁.

181) Zhang, Zhen. An Amorous History of the Silver Screen: Shanghai Cinema and Vernacular Modernism, 1896-1937. Chicago: University of Chicago Press, 2005. 49.

상을 포기했고 1919년에 미국 하버드대학교의 G. P. 베이커 교수가 만든 연극 훈련반에 들어가서 중국 최초의 연극을 배우는 유학생이 되었다. 1920년에 학업을 마친 홍심은 뉴욕에 가서 전문 극단 공연에 참가했다. 이듬해 3월에 장펭춘(張彭春)과 영문극 〈목란종군(木蘭從軍)〉을 썼고 중국 연극의 표현 수법을 융합했으며 미국 관객들에게 중국 전통 연극의 연출 형식을 소개해주었다. 1922년 봄에 홍심은 상해에 돌아와서 중국 영편제조곡빈유한회사(中國影片製造股份有限公司, 중국영화제작주식회사)에 초빙되었고 1925년부터 1937년까지는 명성공사(明星公司)의 각색·연출을 맡았다. 홍심이 1924년에 쓴 〈신도씨(申屠氏)〉는 중국의 첫 영화문학 시나리오였다. 이어서 또 〈풍대소야(馮大少爺)〉, 〈조생귀자(早生貴子)〉, 〈사랑과 황금(愛情與黃金)〉, 〈가녀 홍목단(歌女紅牡丹)〉, 〈구시경화(舊時京華)〉, 〈겁후도화(劫後桃花)〉, 〈신구상해(新舊上海)〉, 〈여권(女權)〉, 〈사회의 꽃(社會之花)〉, 〈야장몽다(夜長夢多)〉, 〈난세유인(亂世類人)〉, 〈풍우동주(風雨同舟)〉, 〈계명조간천(雞鳴早看天)〉(동명 연극에 의해 각색) 등 30여 편의 영화 시나리오를 창작했으며 감독을 맡으면서 이 중 대부분을 영화로 옮겼다.

또한, 1928년에 오스카 와일드(Oscar Wilde)의 〈윈더미어 부인의 부채(溫德米爾夫人的扇子)〉를 번역하고 각색한 연극 〈작은 마님의 부채(少奶奶的扇子)〉를 스크린으로 옮겼다.[182] 홍심은 영화의 중국어 자막의 편집 활동에 참여했을 뿐만 아니라 직접 번역을 담당하여 자신이 각색·연출한 영화에 영어 번역문을 추가했다. 이런 초기 무성영화에 참여

---

182) 程季華主編, 《中國電影發展史》 (第一卷), 中國電影出版社, 1980年, 第72頁。

한 자막의 중국어 작가와 영어 번역자는 대부분 아주 높은 문학적 소양을 갖고 있었을 뿐만 아니라 영화 창작 속에서 많은 역할을 담당하였는데 이는 초기 무성영화 자막의 수준을 높였다.

진대비(陳大悲)가 자막 작가와 일반 글의 작가의 차이점에 대해서 다음과 같이 이야기했다.

> "자막 작가의 심리는 글을 투고하는 사람의 심리와 정반대일 것이다. 일반 투고인의 심리는 글을 길게 쓰는 것을 요청받는데 글이 길어질수록 글자 수도 많아지며 보수도 많아지기 때문이다. 그러나 자막을 만드는 사람은 필림의 매 자(尺)의 가치와 관객의 시력을 고려해야 하므로 글을 쓸 때 여러 상황을 고려해서 고치고 또 고쳐서 집필한다. 이런 힘든 작업은 단번에 훌륭한 글을 쓸 수 있는 일반 작가들은 상상하지도 못할 것이다."[183]

자막의 작성은 일반 텍스트를 쓰는 것과 다르다. 필림의 가치뿐만 아니라 관객의 요구도 고려해야 한다. 진천(陳天)의 통계에 따르면 초기 무성영화의 중국어 자막은 글자마다 필림을 6치(寸)가량 사용해야만 했다고 한다.[184] 필림은 모두 수입에 의지해야 하므로 필림의 가격이 비싼 시기에는 자막을 간결하게 쓰는 것이 아주 중요하였다. 함부로 쓰거나 단번에 써내면 안 되고 한 글자 한 구절을 신중히 써야 하며 필요 없는 글자는 정리를 해야 했다. 〈풍대소야〉에서 홍심은 자막의 길이를 줄이려고

---

183) 陳大悲, 《咱們的話》, 《電影月報》, 1929年, 第10期。

184) 陳天, 《初級電影學》, 《電影月報》, 1928年, 第3、4、6期。

노력했다. 가장 적을 때는 단지 '부(父)', '모(母)', '자(子)' 자만 사용해서 카메라 렌즈와 화면의 서사 작용을 강조하기도 했다. 이 외에도 자막을 작성할 때 관객의 읽는 속도, 읽는 습관도 고려해야 하고 관객의 이해를 힘들게 하지 말아야 한다. 특히 대화성 자막을 작성할 때 인물의 신분에 적합하고 걸맞아야 한다. 이 외에도 초기 자막의 작성은 집단 지성의 결정체라는 것을 알 수 있다. 비록 마지막에는 한 사람의 이름만 올라가지만 수많은 사람들이 심혈을 기울여서 만들었다는 것을 명심해야 한다.

2

자막의 작용과 분류

　무성영화 시기, 영화는 자막을 빌어서 문자의 형식으로 관객들에게 이 야기 배경, 인물 관계, 이야기 줄거리를 설명해줘야 했고 주요 대화를 보 여주며 화면이 전달하지 못했지만 전달할 필요가 있는 정보를 알려줘야 했다. 때로는 자막을 통해 영화 속의 인물 혹은 내용에 대해 평가를 진행 해야 하거나 미래의 영화상의 전개에 대해 암시를 해야 하기도 했다. 자 막은 무성영화 속의 중요한 시각 정보를 담고 있었고 영화에 대해 설명 을 하거나 서사를 진행하며 심지어 극장 내의 분위기를 끌어올릴 수도 있다. 자막은 무성영화에서 매우 중요한 지위를 차지했다. 이는 소설, 영 화 작가, 자막 작성자인 포천소가 무성영화의 자막을 분석할 때 치밀하 게 지적한 바와 같다. 즉, "자막의 우열은 영화를 좌지우지하는 힘이 있다. 훌륭한 자막은 영화에 다채로움을 더해줄 수 있고 저열한 자막은 원래의 재미를 반감시킬 수 있다. 그러므로 심사숙고해서 집필해야만 하며 훌륭하다고 자만해서는 안 되며 관객들을 고려하지 않으면 안 된다"[185]는 것이다. 포천소의 평가는 핵심을 찔렀다고 할 수 있다. 그는 자막이 무성영화 시기에 중요한 작용을 설명했고 훌륭한 자막은 영화의 흥미를 더하고 다채롭게 할 수 있으며 저열한 자막은 영화의 재미를 크게 줄이고 관객들이 흥미를 잃게 만든다고 하였다. 특히 무성영화의 발전으로 말미암아 이야기 줄거리가 점점 복잡해지면서 충돌도 갈수록 치열해졌고 인물도 점점 많아졌으며 자막의 양도 점점 많아졌다. 따라서 자막은 갈수록 중요해졌다.

중국 무성영화 속의 자막은 기능적으로 볼 때 설명성과 대화성 등 두 가지로 나눌 수 있다. 초기 영화인과 영화평론가는 자막의 기능을 분류하는 명칭이 다를 경우에도 이들에 대해 명확하고 정확한 구분을 하였다. 초기 영화 작업자인 진천은 그의 저서 『초급영화학(初級電影學)』에서 "영화 속의 자막은 총설명(總說明), 분설명(分說明) 두 가지로 나눌 수 있다. 제삼자의 감탄, 극중 인물을 소개하거나 이야기 줄거리의 큰 의미를 진술하는 등은 모두 총설명이라고 정의하고 인물 사이의 대화 내용은 모두 분설명으로 통칭한다"고 말한 바가 있다.[186]

유명한 영화감독 홍심도 그의 저서 『편극이십팔문(編劇二十八問)』에서 자막의 총설명과 대화 설명의 작용에 대해 다음과 같이 서술했다.

---

185) 天笑, 《說字幕》, 明星公司特刊第5期《盲孤女》號, 1925年。
186) 陳天, 《初級電影學》, 《電影月報》, 1928年第3、4、6期。

총설명은 모두 세 개의 역할이 있다. ① 관객에게 이야기에서 시각화하지 못한 사실들을 알려주는 것이 가장 중요한 역할이다. 예를 들어 한 사람의 이름은 화면에서 어떠한 동작으로도 표현할 수 없다. 또는 일반 지명(상해, 북평, 파리, 뉴욕 등 유명하고 특징이 있는 대도시 제외), 혹은 역사상의 정확한 시간(예를 들어 1916년, '민국'23년 봄 등), 혹은 조금 먼 친척 관계(조카, 조카딸 등)은 총설명을 사용하지 않으면 호칭(대화 분설명)을 적용해야 한다. 그렇지 않으면 관객은 그것을 알 수 없다. ② 총설명은 앞 문장을 받아서 뒤의 문장을 이어가는 '과도매개물(度介物)'이다. 즉 한 시기부터 다른 한 시기, 한곳에서 다른 한곳으로, 화면을 사용하는 것이 엄청난 낭비라고 생각하면 총설명으로 대체할 수 있고 심지어 한 사실로부터 다른 한 사실까지, 한 정서로부터 다른 정서까지, 상황에 따라 총설명으로 대체해도 무방하다. ③ 총설명은 사실의 향후의 동향, 이야기에 포함되어 있는 의미와 취지, 작가의 인생에 대한 평론과 논의 등을 다소나마 사람들에게 보여준다.[187]

상술한 바와 같이 진천과 홍심이 언급한 '총설명'에 대해 이 책에서는 이것을 설명성 자막으로 구분지었고 설명성 자막은 총설명이란 명칭보다 더욱 정확하게 비대화성 자막의 함의를 표현할 수 있다. 총설명은 흔히 독자들로 하여금 무성영화의 서두에서 나타나는 영화 전체 내용을 설명하는 자막이라고 할 수 있다. 소위 '분설명'은 이 책에서 설명한 대화성

---

187) 洪深, 《編劇二十八問》, 《洪深研究專集》, 杭州 : 浙江文藝出版社, 1986年, 第219頁。

자막인데 주요 기능으로는 문자로 극중 인물 사이의 대화 내용을 보여주는 것이다. 특히 중국 초기 영화를 외국어로 번역할 때면 자막 속에 설명성 자막과 대화성 자막을 구분하지 않고 동시 사용을 했다.

설명성 자막의 기능은 다음과 같이 몇 가지가 있다. 첫째, 영화 서두에서 영화 전체의 내용에 대해 소개를 한다. 중국의 많은 무성영화의 서두에 흔히 한 장의 자막으로 이 영화의 내용에 대한 서술이 나온다. 이 한 장의 자막이 바로 총설명의 일례이다. 예를 들어 중국 현존하는 최초의 영화 〈노동자의 사랑(勞工之愛情)〉에서 서두에 두 장의 자막이 나타났고 중국어와 영어 번역문으로 중국과 해외 관객들에게 영화 내용을 소개했다.

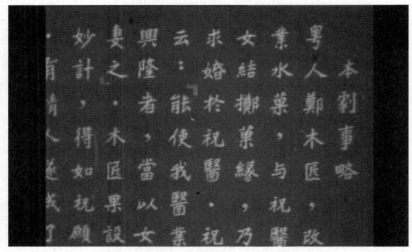

중국어 총설명 자막(자막 출처: 〈노동자의 사랑〉)

중국어 총설명 영어 역문 자막(자막 출처: 〈노동자의 사랑〉)

영어 번역문의 자막 화면에는 "A doctor in needy circumstances, whose daughter is much admired by a fruit shopper (formerly a carpenter) who sticks the tools of trade."라고 쓰여 있다.

영화 〈노동자의 사랑〉의 서두에 나타난 이 두 장의 자막은 전형적인 설명성 자막이다. 이 두 장의 설명성 자막은 영화의 서두에서 영화의 이야기에 대해 종합적인 서술을 진행하였고 영화 전체의 이야기 줄거리를 설명했다. 관객들은 관람을 할 때 미리 영화의 내용과 줄거리에 대해 쉽게 이해할 수 있었다. 그러나 영어 번역문에는 중국어처럼 이야기 전체에 대해 대략적인 소개를 하지 않았고 오직 세 주요 인물의 직업과 상호관계에 대해서만 설명했다. 여기서 중국어 자막과 영어 자막 사이에 명확한 정보 불균형이 존재한다. 이는 역자의 번역 능력과 관련될 뿐만 아니라 중국어에 문언문(文言文)이 사용되는 것과 연관이 있다. 문언문은 간결한 문자로 많은 내용을 표현할 수 있으나 영어로 비슷한 내용을 표현하려면 한 장의 자막으로서는 수용하기 힘들 수 있다.

그러나 이런 영화의 서두에 배치해서 영화 전체의 이야기 내용에 대해 설명을 하는 자막 화면은 관객들이 이야기 줄거리에 대해 이해하는 데 도움을 주지만 영화의 줄거리가 사전에 폭로되어 긴장감이 떨어지게 한다. 무성영화의 발전과 관객의 감상 수준이 높아짐에 따라 영화 서두에 나타난 이야기 줄거리 전체를 요약하는 설명성 자막도 점차 사라졌다.

둘째, 영화 속의 시간, 인물, 장소에 대해 소개를 한다. 예컨대, 영화 〈서상기(西廂記)〉는 시작할 때 인물이 등장한 후 각각의 인물을 소개하고 신분을 알려주는 자막을 삽입했다. 이를테면 '최앵앵(崔鶯鶯)', '홍낭(紅娘), 최앵앵 시녀', '최부인, 앵앵의 모친', '환낭(歡郎), 앵앵의 남동생' 등 이런 식이다. 혹은 영화 〈일전매〉에서는 영화 서두에서 인물이 등장한 후 자막으로 인물에 대해 소개와 평가를 했다. 즉 "호윤정(胡倫廷)─큰 포부를 지닌 육군학교 졸업생(一位抱負不小的陸軍學校畢業生)"인데 자막에서 영어 번역문은 "Valentine─an ambitious newly graduated cadet"라고 되어 있다. 그리고 "백악덕(白樂德)─여자 친구를 잘 사귀고 병사를 잘 다스린다(善交女友良於治兵)"라는 자막이 있는데 자막 속의 영어 번역문은 "Proteus─who knows girls better than soldiers"으로 되어 있다. 이러한 자막들은 일반적으로 인물이 등장하는 화면에 이어서 나타났고 인물의 이름, 신분에 대해 소개를 했다. 이런 영화 인물에 대한 소개는 흔히 해당 인물을 평가하려는 성향이 있고 관객이 영화 속의 인물을 이해하는 데에 영향을 미친다. 중국 영화사의 번역자는 이런 시간, 인물, 장소를 알려주는 자막에 대해 영어로 번역할 때도 흔히 대칭되게 번역한다.

인물 신분을 알려주는 자막(출처: 영화 〈일전매〉)

시간을 설명해주는 자막(출처: 영화 〈한 꿰미 진주〉)

셋째, 이야기 줄거리에 대해 평가를 하거나 제시를 한다. 예컨대 영화 〈한 꿰미 진주〉에서 옥생이 아내 수진을 연회에 참석시키기 위해 자신이 아내 대신 아이를 보겠다고 했을 때 영화 속에 "한 유모를 고생하게 만든다."라는 자막 화면이 나타나서 옥생이 아이를 보살피는 힘든 상황을 이야기했다. 영화 〈일전매〉 속에서도 "은은한 향기 흐르는 그림자 속에, 사람 없을 때 은밀히 속삭였던 말(暗香流影裏, 無人私語時)"처럼 시구로 이야기 줄거리를 제시함으로써 호윤정과 시낙화(施洛華) 두 사람 사이에 남몰래 사랑의 감정이 싹트고 있음을 암시했다. 이러한 평가성을 가진 자막은 영화의 줄거리에 대해 평가를 진행하는데 장회체(章回體) 소설에서 이야기 줄거리와 인물에 따라서 수시로 논의를 삽입하는 방식이 그 근원이다.

가끔 자막은 이야기 줄거리의 발전을 위해 복선을 깔아주고 토대를 닦아 놓기도 한다. 영화 〈한 꿰미 진주〉의 서두에서 자막 두 장이 나타난다. 중국어 자막은 "그대는 아는가? 그대는 아는가? 진주 한 꿰미로 만곡 걱정을 하는구나! 여인이 허영이 심하면 남편은 그녀의 말과 소가 되어야 하니라.(君知否? 君知否? 一串珍珠萬斛愁! 婦人若為虛榮誤, 夫婚為她作馬牛.)"이다. 영어 번역문은 "Don't you know? Don't you know? A pearl necklace equals to million strings of sorrow. If a woman drag [sic] herself down to the road of vanity, Her husband will be her victim surely."로 되어 있다. 이 두 장의 자막은 각각 중국어와 영어로 영화가 곧 전개할 이야기에 대해 제시를 한다. "한 꿰미의 진주로 만곡 걱정을 하는구나!"로 이 영화는 진주로부터 일으킨 비극일 것이라는 것을 암시하며 뒤의 두 구절인 "여인이 허영이 심하면 남편은 그녀의 말과 소가 되어야 하니라"도 영화 속의 여주인공이 허영심 때문에 남편에게 누를 끼칠 것을 미리 이야기한다.

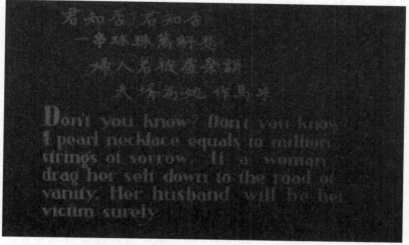
자막의 평론 및 제시 기능(자막 출처: 영화 〈한 꿰미 진주〉)

넷째, 일부 특수 효과가 있는 자막. 유눌구(劉吶鷗)는 『영화예술론(影片藝術論)』에서 자막의 특수 작용에 대해 논의한 바가 있다.

자막은 스스로 최대한 확장될 수 있도록 시도해서 스크린으로 만들기 힘든 효과를 강조한다. 예를 들어 떨리는 글씨체로 공포 심리를 나타낼 수 있고 휘어지고 교차하는 글자로 번잡한 생각을 표현할 수 있으며 혹은 작은 글자가 점점 커지는 효과로 소리의 원근을 표현하는 방법 등이 있다. 이 점에서 중국 문자는 특히 유리하다. 그것은 중국 문자는 상형(象形)의 기호이고 여기에 회화 수법을 추가하면 그림 화면과 함께 풍부한 느낌, 생각, 심리의 시각적 효과를 손쉽게 넣을 수 있기 때문이다.[188]

중국 초기 영화인은 영화 속에서 사용한 자막의 특수 작용에도 관심을 갖게 되었다. 예를 들어 영화 〈신여성(新女性)〉의 엔딩에서 "나 살고 싶어!(我要活啊)"라는 자막이 나타나는데 마치 주인공의 입에서 나오듯이 번개처럼 화면 전체를 꽉 채운다. 스크린에서 뚫고 나올 것 같은 강렬한 느낌은 마음을 뒤흔드는 효과가 있다. 이런 특수 자막의 등장은 흔히 관객들에게 상당히 강한 시각적 자극과 심리적 충격을 가져다 주었고 그들의 영화 화면에 대한 이해와 반응을 강화했다. 영화 〈대협감봉지(大俠甘鳳池)〉에서 마지막에 약속과도 같은 자막은 당시의 관객들을 크게 흥분시켰다. 문상(文湘)은 '대협감봉지'란 글에서 "나는 오늘날 강권의 압박에 처해 있으니, 이 영화는 정말 세상을 구하는 좋은 약이 될 수 있을 것이다. 다 보고 나서 나도 모르게 감봉지가 다시 왔으면 하는 기대를 갖게 되었다. 이 말은 영상속의 인물이 사람들이 위급한 어려움에 처하면 다시 도와줄 것이라고 자막으로 알려줬기 때문이다."[189]라고 썼다.

대화성 자막은 주로 인물의 대화를 보여주었다. 현존하는 중국의 무성영화의 대화성 자막은 모두 일상생활 속의 인물 사이의 대화를 위주로 하였고 통상적으로 대화는 백화문으로 되어 있다. 그러나 사극에서 흔히 문언문으로 된 대화가 나타난다. 예를 들어 〈서상기〉에서 대화성 자

188) 吶鷗, 《影片藝術論》, 《電影周報》, 1932年7月1日至10月8日, 第2、3、6、7、8、9、10、15期。

189) 文湘, 《大俠甘鳳池》, 《中國電影雜誌》, 1928年, 第13期。

막은 문언문의 형식을 갖고 있다. 이를테면, 장생(張生)이 법본(法本)스님에게 투숙할 것을 요청할 때 "소생은 여관의 번잡함을 싫어해서 한 방을 잠시 빌려서 경사를 복습하고자 합니다. 달마다 방세를 원하시는 대로 드리겠습니다."라고 말하였다. 문언문의 풍격과 전통 희극 요소가 있는 대화는 이 영화의 여러 대화성 자막에서 볼 수 있다. 오늘날에도 많은 사극에서 자주 일부 문언문으로 된 대화로 고풍스러움을 표현하고 있다. 다만 대화성 자막은 대체로 인물의 신분과 이야기 줄거리에 적합한 일상 대화로 구성되었다.

무성영화 시기, 자막은 영화에서 특수한 형식과 중요한 기능을 갖고 있었고 무성영화는 독특한 영상문화로서 관객들에게 특별한 체험 기회를 주었다. 기능적인 면에서 보면 자막은 무성영화 시대에 크게 설명성 자막과 대화성 자막으로 나눌 수 있고 이야기를 서술하고 줄거리를 설명하며 인물 간의 대화 등을 나타나는 표의(表意) 기능을 갖고 있다. 무성영화의 중국어 자막의 제작자 및 영문 번역자는 흔히 영화계에서 여러 가지 신분을 갖고 있었고 영화에 대해 이해가 깊었으므로 무성영화 시기의 자막 및 번역문은 비교적 높은 수준을 유지할 수 있었다.

3

자막 언어의 특징

　중국 무성영화의 자막은 기능 면에서 설명성 자막과 대화성 자막으로
분류할 수 있다. 전체적인 언어 특성 면에서 보면 무성영화 시기의 자막
은 문언문과 백화문이 번갈아 섞여 사용되었다. 이러한 현상에 대해 가
령(柯靈)은 『5.4'와 영화를 위해 한 윤곽을 그리는 시도를 한다―영화회
고록(試為「五四」與電影畫一輪廓―電影回顧錄)』에서 "모든 자매예술(姊
妹藝術: 밀접한 관련이 있는 예술 형태) 속에서 영화는 5.4운동의 세례
를 가장 늦게 받았다. 10여 년 이상의 시간 동안 영화 영역은 신문화운동
(新文化運動)과 절연 상태에 처해 있었고", "문언(文言)의 시대는 이미
지나갔으나 영화 영역에서 아직까지도 마지막 구역을 배회하고 있다. 영
화 속의 설명성 자막은 여전히 문언문을 사용했고 당시는 아직 무성영화

시대이기에 대화 자막은 문언문과 백화문이 섞여 있는 어록체(語錄體)를 사용했다"고 주장하였다.[190] 여기서 가령 선생이 영화와 5.4운동 사이의 관계와 관련된 주장에 대해 고증을 진행하지는 않을 것이다. 물론 현존하는 문자 자료와 영상 자료에서 보면 가령 선생의 무성영화의 자막에 대한 주장은 논의할 가치가 있다. 구체적으로 말하면 초기 영화의 자막에서는 문언문과 백화문이 교차식으로 사용되었다. 초기 영화에 쓰인 설명성 자막은 대부분 문언문을 사용했는데, 수천 년의 문언문 작품의 영향도 무시할 수 없을 뿐더러 문언문의 간결한 특성도 간과할 수 없는 장점이다. 문언은 비교적 세련한 필치로 더욱 풍부한 내용을 표현할 수 있다. 무성영화에서 자막은 판지에 쓰고 나서 하나하나를 자막 화면으로 촬영하였다. 진천의 통계에 따르면 글자마다 필름 6치(寸)가 필요하다고 했다.[191] 필름은 모두 수입에 의지하였으므로 가격이 고가였다. 그러한 이유로 자막을 간결하게 쓰는 것이 매우 중요했다. 그래서 많은 영화사에서 설명성 자막에서 문언문을 많이 사용하였는데 자막 공간과 영화 필름을 절약하는 데에 실제적인 의미를 갖고 있다. 다만 후에 많은 감독들이 의도적으로 백화문을 사용하기 시작했다. 손유(孫瑜) 감독은 『〈야초한화〉와 완령옥(〈野草閑花〉與阮玲玉)』에서 그가 영화 〈야초한화〉에서 설명성 자막을 바꾸고 싶다는 생각을 했고 통상적으로 사용했던 고체의 문언문을 적용하지 않고 새로운 어체문(語體文)를 사용한다고 말했

---

190) 柯靈, 《試為「五四」與電影畫一輪廓》, 《柯靈電影文存》, 北京 : 中國電影出版社, 1992年, 第290頁.

191) 陳天, 《初級電影學》, 《電影月報》, 1928年, 第3、4、6期.

다.192) 이는 영화 속에서 표현하려는 봉건 관념에 대한 반항과 하층 사회에 대한 동정, 혼인과 연애 자유를 추구하는 내용과 매우 밀접한 관계가 있다. 이런 새로운 사조를 표현하는 내용은 새로운 어체문을 사용하는 게 효과적이며 어체문은 문언문(文言文)보다 더욱 현대적이며 새로운 사조에 어울리는 보다 더 좋은 문자 매개체이다.

대화성 자막은 주로 인물 사이의 대화를 보여주었기에 거의 모두 백화문을 사용하였다. 그래서 가령이 앞서 말한 것처럼 문언문과 백화문을 섞어서 사용하는 어록체는 보기 드문 상황이었다. 〈서상기〉와 같은 소수 사극을 제외한 대부분 영화의 대화성 자막은 모두 명확하고 매끄러운 백화문을 사용하였다. 필자는 대화성 자막이 백화문을 사용하게 된 이유는 주로 아래 몇 가지 요인과 관련이 있다고 생각한다. 첫째, 대화성 자막은 주로 영화 속 사이의 대화로 나타난다. 문언문과 비교하면 백화문은 대체로 구어성이 강하고 문장 특성, 말투 등 원문의 형식적인 특성을 모방하기 쉽지만 문언문은 문어체 특성이 강해서 구어의 대화를 표현하는 것에 별로 적합하지 않았다. 문언문은 너무 고풍스러워서 인물들이 대화할 때 가진 특유한 말투, 신분, 스타일 등을 재현하기가 힘들기 때문이다. 백화문으로 대화성 자막을 작성하면 보다 더 적절하게 인물 대화의 구어성과 대화성을 담보할 수 있다. 이는 주희조(朱希祖)가 백화문과 문언문의 차이점을 담론할 때 "백화의 글을 쓸 때는 그의 말투대로 쓰면 되고 문장마다 진실성이 있고 확실히 그 사람과 비슷하다. 문언의 글을 쓸 때

---

192) 孫瑜, 《〈野草閑花〉與阮玲玉》, 《銀海泛舟——回憶我的一生》, 上海文藝出版社, 1987年, 第64-72頁。

면 농부와 일반 여인의 경우라도 기품이 있는 사람처럼 보인다. 외국인의 말을 쓸 때도 마치 중국어 문장에 능통한 사람처럼 보인다."라고 지적한 것과 같다.[193] 주의조의 평론은 백화와 문언이 인물의 이미지를 전달할 때의 서로 다른 효과를 아주 분명하게 구분하였다. 문언문으로 자막을 작성하면 각 인물의 대화를 생동하게 재현하기 힘들고 인물의 말투, 표현을 적절하게 나타나기가 힘들지만 인물들이 기품이 있는 분위기를 풍기게 한다. 그러나 백화문으로 쓴 인물의 대화는 인물의 신분, 지위를 정확하게 표현할 수 있다.

영화극작가 진대비는 "대화성 자막은 설명성 자막보다 쓰기가 더 힘들다. 대화는 반드시 각 인물의 말투를 잡아내야 하므로 백화를 사용하는 것이 문언보다 더욱 친근한 느낌이 들게 한다. 중국 방언은 복잡해서 남방과 북방 사이에 많은 차이가 있을 뿐만 아니라 같은 성(省)에 있더라도 강남과 강북의 방언은 큰 차이가 있어서 절충의 방법은 오직 국어밖에 없으며 그렇게 해야만 남방 각 지역의 사람들이 비교적 쉽게 이해할 수 있게 한다"고 생각했다.[194] 이것을 보아 당시 영화극작가는 대화성 자막에 대해 비교적 뚜렷한 인식을 갖고 있었다는 것을 알 수 있다. 그들은 백화문은 인물 사이에 대화할 때의 말투를 더욱 잘 표현할 수 있고 인물의 신분, 지위를 전달할 수 있으므로 적극적으로 백화문을 통해 전국 관객층의 관람 요구를 충족시켜야 한다고 생각했다.

둘째, 백화문운동의 영향이다. 청나라 말기에 문언문은 여전히 문학을

193) 朱希祖, 《白話文的價値》, 《新青年》, 1919年, 6期4號, 第363頁.
194) 陳大悲, 《咱們的話》, 《電影月報》, 1929年, 第10期.

주도한 언어 형식으로서 시가, 산문 등 문학 주체들은 여전히 문언문을 위주로 했다. 백화문은 오직 하층 민중들에게 계몽을 진행하는 도구이고 주로 신문간행물, 통속소설 등 대중매체와 문학도서에 나타난다.

1917년, 호적(胡適)은 〈신청년(新靑年)〉제2권5호와 〈유미학생계보(留美學生季報)〉 봄계 제1호에서 동시에 "문학개량추의(文學改良芻議)"란 글을 발표하였는데 '팔불주의(八不主義)'를 제기하였다. 그는 백화문과 생동한 언어 형식을 사용하고 문학작품 속의 진담누설을 피할 것을 주장했고 백화문학을 문학의 전통으로 간주할 것을 제기했다. 이러한 원칙적인 견해는 곧바로 진독수(陳獨秀), 전현동(錢玄同)의 호응을 얻었다. 1918년 1월, 〈신청년〉은 자신의 주장을 실현했고 모두 백화문을 사용했다. 백화문을 제창하였기에 일부 문언문을 지지하는 학자들의 맹렬한 공격을 받았다. 이를테면 고문학자 임서(林紓)는 백화문을 "인력거꾼과 장사꾼이 하는 말(引車賣漿者言)"이라고 공격했고 남경(南京)의 동남대학교(東南大學) 교사 호선숙(胡先驌)은 백화문은 "수시로 변화"하기에 후인들이 이해할 수 없다고 주장하였다. 당시 북경대학교의 교장 채원배 등은 논리에 따라서 반박을 진행하였고 백화문과 문언문에 대한 논쟁을 일으켰다. 1920년, 북양정부(北洋政府) 교육부는 초등학교 교과서는 백화문을 사용해야 한다고 명령을 내림으로써 백화문의 국어로서의 지위를 확립했다. 신문화운동이 제창한 백화문운동은 문언문 및 문언문이 대표한 일련의 권리기제(權利機制)를 타파하는 것을 취지로 한다. 이로써 상층 사회와 하층 사회 간의 계급 대립 관계를 약화시키고 지식계와 광범위한 하층 사회의 격차를 줄이며 지식과 문화를 보급하기 위해서이다.

전국을 휩쓴 백화문운동은 영화 자막의 제작자에게 불가피한 영향을 미쳤다.

셋째, 많은 영화감독들과 시나리오 작가, 자막 작가들은 모두 문명희(文明戱)에 참여한 적이 있거나 문명희의 영향을 받은 적이 있다. 예를 들어 구양여천(歐陽予倩)은 춘류회(春柳會)의 성원이었고 정정추는 신민사(新民社)의 주요 책임자였으며 〈악가정(惡家庭)〉과 같이 한때를 풍미했던 문명희 시나리오를 다수 창작했다. 문명희는 대사 형식의 대화를 위주로 하고 중국 대중 사이에 백화문을 보급시켰다. 정정추, 홍심 등 문명희의 많은 참여자들은 모두 영화의 생산과 제작에 참여했고 문명희 속에서 백화문으로 대사를 말하는 전통을 영화 영역으로 가져갔다. 이것은 영화 속의 대사 자막으로 백화문이 사용되는 계기가 되었다.

영화는 하나의 새로운 산업으로서 주요 목적은 이윤의 추구였다. 영화는 최대한 많은 관객들의 주목을 끌어 영화관으로 사람을 불러 모아야 한다. 영화의 관객은 교육을 받은 지식인보다 일반 대중이 더 많이 차지한다. 관객들이 영화를 관람하는 데 도움을 주기 위해 영화 제작자가 영화 자막을 제작할 때는 분명하고 매끄러운 언어를 사용해야 한다. 설령 문언문을 사용하더라도 "간단명료하고 통속적인 문장을 사용해야 하고 지호자야 등의 실제 의미가 없는 글자를 사용하지 말고 특히 전고를 사용하지 말아야 한다.(當取淺顯通俗、忌多用之乎者也等虛字、尤忌用典)"[195]

다시 한 번 더 말하자면 관객들로 하여금 편하게 자막을 읽고 영화를

---

195) 劍雲, 《談電影字幕》, 《影戱雜誌》, 1925年, 第13期.

관람하도록 해야 하는 것이다. 영화의 설명성 자막에서 문언문을 사용할 때 간결한 문자로 풍부한 함의를 표현하면 공간을 절약할 수 있다. 설명성 자막은 영화의 자막에서 상대적으로 적은 부분을 차지하고 영화 자막 중의 절대 부분은 대화성 자막이다. 대화성 자막의 명확하고 매끄러운 특성은 관객들로 하여금 비교적 짧은 시간 내에 자막을 이해하게 할 수 있어 매우 중요하다. 초기 영화의 자막이 등장하는 시간은 모두 짧았다. 최초의 〈노동자의 사랑〉의 서두에 나타난 두 장의 설명성 자막의 등장 역시 자막 시간이 너무 짧아서 관객들은 이를 재빨리 읽고 이해하기가 힘들었다. 그 후에 무성영화 자막은 시간에 대한 압박에서 다소 개선되었으나 자막이 화면에 노출되는 시간은 한계가 있었다. 그래서 뚜렷하고 읽기 쉬운 문자를 사용하는 것은 관객들에게 아주 중요했다. 주검운(周劍雲)의 지나치게 고풍스러운 자막은 소수 문인의 취향에는 부합하겠지만 대다수 관객들은 감상하기 힘들어한다는 비평이 있었다.

문언은 간단명료하고 통속적이어야 하고 지호자야 등 의미가 없는 글자를 사용하지 말고 특히 전고를 사용하지 말아야 한다. 예전의 〈고정중파기(古井重波記)〉의 자막은 애써 고아스러움을 추구해서 나중에는 임금남(林琴南)이 동성파(桐城派) 고문으로 소설을 번역하기도 했다. 비록 소수의 문인은 좋아할 수도 있겠지만 대다수 일반 관객들은 불편해 한다. 최근 영화 중에 자막이 훌륭한 영화로는 〈부감회수(不堪回首)〉, 〈풍대소야(馮大少爺)〉 등이 있는데 경제적이면서도 함축적인 표현을 모두 고려해서 지식인들의 칭찬을 받았다. 그러나 대부분의 관객들은 여전히 잘 이해할 수

없다. 이는 지식 수준의 한계가 있기 때문이다.[196]

당시의 영화인들은 자막에 문언이나 백화의 사용 및 문체(文體)를 사용하는 문제에 대해 아주 뚜렷하고 상대적으로 통일된 인식을 갖고 있었다. 진천은 『초급영화학(初級電影學)』에서 다음과 같이 말했다.

총설명은 문언을 사용하든 백화를 사용하든 구속받을 필요가 없지만 영화 내에서는 전체적으로 통일되어 있어야 한다. 예를 들어 문언을 사용한다면 영화 전편의 총설명은 모두 문언으로 사용해야 한다는 것이다. 문언과 백화를 모두 사용하는 경우에는 영화 전편의 총설명에는 백화를 사용하는 것이 좋다. 문언은 간결하나 광범위한 함의가 있는 장점이 있고 백화는 간단명료하면서 통속성이 있는 장점이 있어서 양자를 모두 적용할 수 있다. 분설명은 문언을 사용할 경우 함축적 의미 없이 쓰거나 사투리 표현에 부적합하다. 문언은 사실을 표현하는 것을 방해하고 사투리는 각 지역별로 차이가 심해 온전히 국어를 사용하는 것이 오히려 낫다.[197]

홍심 감독은 『편극이십팔문』에서 자막에서 쓰는 문체를 통일해야 한다고 언급한 바가 있다. 그는 "필치가 불일치하지 말아야 한다(시였다가 산문이었다가 백화였다가 외국의 격언이었다가 자국의 옛 사(詞)였다

---

196) 同上。

197) 陳天, 《初級電影學》, 《電影月報》, 1928年第3、4、6期。

가 하면 관객의 주의력과 생각을 어지럽게 만들 수 있다."[198]라고 말하였다. 왕방진(王芳鎭)도 「자막을 찬술한 작은 경험들(撰述字幕的一點小經驗)」에서 다음과 같이 말한 바가 있다.

우리나라의 상황에 따르면 문체의 종류가 아주 많지만 자막에 사용하는 문체는 일반인이 모두 이해할 것을 고려해야 한다. 한 문체를 선택했다면 대체로 그 문체를 사용해야 한다. 문언을 사용했다가 백화를 사용했다가 혹은 시가 형식을 사용하면 관객들의 눈을 어지럽게 하여 불쾌하게 만들 수 있다. 그러나 지금 번역 문체 사용을 보면 대체로 문언을 총설명에 사용하고 백화를 분설명에 사용하고 있다. 이는 절충의 방식이다. 결론적으로 말하자면 자막 속의 문체는 상영 지역의 상황과 습관, 관객의 수준을 잘 고려해야 한다.[199]

이러한 인식은 모두 공통적이었다. 다시 말하면 무성영화의 자막을 작성할 때 문자와 문체의 통일에 유의해야 하고 명확하고 쉽게 이해할 수 있어야 하며 관객들이 편히 읽을 수 있도록 해야 한다.

문언문과 백화문을 번갈아 사용하는 것은 중국 무성영화 시기 자막 언어의 아주 뚜렷하고 의미심장한 특성이다. 이 특성은 두 언어가 현실 사회에서 공존하는 상황을 반영했다. 이러한 문언문과 백화문을 같이 섞어서 사용하고 이를 주제로 다투는 현상도 중국이 문화적 전환기에 처해

---

198) 洪深, 《編劇二十八問》, 《洪深硏究專集》, 杭州 : 浙江文藝出版社, 1986年, 第219頁.

199) 王芳鎭, 《撰述字幕的一點小經驗》, 《電影周報》, 1925年, 第3期.

있고 사회언어가 다양화하고 다원화로 발전하고 있다는 것을 표현했다. 그 전의 문화적 전환기에 문학의 창작언어는 주로 문언문이 지배를 했고 중국 문화사회가 전환하면서 문언문의 주도적 지위도 점차 해체됐고 백화문은 점점 대중과 정부의 인정을 받고 널리 사용되게 되었으며 이는 문언문의 권위에 대한 도전이었다. 백화문의 사용에는 일종의 새로운 언어관과 세계관이 내포되어 있다. 19세기 말~20세기 초에 중국 사회는 마침 문화적 전환기에 처해 있었다. 1840년 아편전쟁부터 1919년 5.4운동 전야에 이르기까지, 중국 사회의 사회경제는 점점 해체되었고 산업문명은 나날이 발전해나갔으며 사회적 변화는 복잡한 새 사물, 새 개념, 새 사상을 가져왔다. 사회심리 구조와 전통적인 사고방식에는 아주 큰 변화가 발생했고 문언문은 변화하는 세상에 점점 맞지 않게 되었다. 언어의 향유층은 이미 크게 확장되었고 기존 문언어부체계(文言語符體系) 속의 사용 계층은 이미 더 이상 이런 새로운 지시적 의미를 자유롭게 표현할 수 없게 되었다. 새로운 어부체계로 이 공백을 메워야 했다. 이러한 상황 하에 백화문은 강한 생명력을 가진 어부체계(語符體系)로서 이 사명을 짊어져야만 했다.

중국 무성영화는 후기 제작 시, 중국어 자막뿐만 아니라 번역문도 삽입하였고 영화가 상영될 때는 동시에 이중 언어 자막을 내보냈는데 이러한 현상은 중국 사회가 동서양 문화가 동시로 혼재하는 격동기에 처해 있음을 보여주었다. 중국 영화업계와 정부는 국제적 시야를 가진 영어와 중국어에 능통한 중국과 외국 인사를 고용해서 영화의 중국어 자막에 대해 번역을 시도했다. 이를 통해 중국에서 생활하고 있는 외국 관객의 수요를 충족시킬 수 있을 뿐만 아니라 영화를 해외 시장에 수출해서 상업 이윤을 얻을 수 있으며 중화문명과 문화를 알릴 수도 있다. 다만 무성영화 시기의 영화에서 중국어 자막에 문언문과 백화문을 섞어 쓰는 복잡한 언어 현상이 광범위하게 나타났는데 영어로 번역할 때는 문체를 섞지 않고 비교적 통일된 문체와 언어를 사용했다.

4

자막 비평

　무성영화 시기에 빙심(氷心), 진서영(陳西瀅), 포천소 등을 포함한 영화평론가들이 쓴 영화평론을 읽어보면 자막은 영화평론가와 관객들이 주목하는 중요 포인트이고 그들이 영화의 우열을 가늠하는 중요한 지표 중의 하나라는 것을 쉽게 알 수 있다. 심자의(沈子宜)는 고등교육을 받고 예술에 심취한 관객들이 영화를 볼 때는 "영화의 주제, 영화의 제작 배경, 감독의 영화관, 배우의 표정, 세트장의 우열, 조명의 밝기와 자막의 번잡함과 간략함"[200]에 대해 주목한다고 한다. 당시 많은 영화평론가들은 자막이 아주 높은 문학성을 가지고 있다고 주장했다. 유눌구는 영화

---

200) 沈子宜, 《電影在北平》, 《電影月報》, 1928年, 第6期。

가 문학이라는 첫 번째 증거가 바로 '무성영화의 자막'201)이라고 했다. 빙심도 이렇게 생각했다.

자막의 제작은 각 인물의 말투에 따라서 결정되고 극중 인물의 개성을 최대한 살려 표현해서 영화의 가치를 높였다. 자막이 예술적인 성공을 하려면 지나치게 심오한 문자를 사용하지 않고 보통의 화법을 사용해야 한다. 그러나 자막에도 문학적 소양이 필요하기에 애정(哀情) 영화 속의 자막은 심오한 문자와 문장이 적당히 들어가는 것이 좋다. 자막의 예술성은 특히 문예-애정 영화에 도움이 된다. 영화 〈동부 저 멀리(Way Down East)〉와 〈남녀결혼(Man-Woman Marriage)〉의 자막을 본 사람이 자막으로 시를 차용하거나 심오한 철학적 단어를 쓰는 것이 감정과 연관된 영화에 적합하다는 것을 알 수 있다. 이러한 영화에서 깊이 있는 단어를 자막으로 사용하지 않는다면 세속적이고 무미건조한 느낌이 들 것이고 영화의 가치도 줄어들 수 있다.202)

민신공사(民新公司)의 감독 반수통(潘垂統)은 "영화 속에서 자막은 하나의 조건이다. 영화가 문학에서 한 자리를 차지할 수 있는가? 자막은 하나의 중요한 조건이다."203)라고 주장했다. 그는 영화관에서 관객들의 반응을 관찰한 적이 있는데 관객들이 "몇 개의 화면 전환 역할을 하는 자

---

201) 納鷗, 《影戱藝術論》, 《電影周報》, 1932年7月1日至10月8日, 第2、3、6、7、8、9、10、15期

202) 冰心, 《〈玉梨魂〉之評論觀》, 《電影雜誌》, 1924年, 第2期。

203) 潘垂統, 《電影與文學》, 明星公司特刊《西廂記》, 1927年。

막은 아름다운 풍경과 섬세한 표정을 보여주는 것보다 더욱 감동적이었다"고 한다. 문학가, 번역가인 왕척연(汪倜然)도 "영화의 자막은 하나의 문학작품이고 문학에 대해 인식이 없는 자는 좋은 자막을 만들 수 없다. 후요(侯曜) 감독의 작품은 이야기 줄거리와 자막 면에서 시종 문학의 길을 향하여 가고 영화 〈서상기〉의 자막은 극히 문예 가치가 있다."[204]라고 칭찬했다.

이를 보면 많은 초기 영화인과 영화평론가들은 모두 자막은 영화 문학성의 주요 표현이라 생각했다. 초기의 영화평론가가 영화이론과 영화평론을 할 때 당시의 영화 자막에 존재한 보편적 문제와 자막에 대한 요구를 언급했다. 전체적으로 보자면 많은 영화인들이 무성영화 시기에 과도한 자막, 부적절한 언어체, 조잡한 친화글자체(襯畫字體), 관객 및 자막번역의 수준 등 면에서 지적을 하였다.

1. 자막이 지나치게 많다

중국 무성영화에서 지나치게 많은 자막을 사용한 것이 지적을 받는 점 중의 하나이다. 명성공사(明星公司)는 여기에 세 가지 폐단이 있다고 지적한 바가 있다. 그중의 하나가 바로 자막이 너무 많아서 "영화의 주제가 명백하게 드러나서 볼 맛이 안 난다"[205]고 지적했다. 오옥영(吳玉瑛)은 「〈자막에 대한 나의 견해〉의 후기(寫在〈字幕之我見〉後)」에서 다음과 같이 말한 바가 있다.

---

204) 汪倜然, 《文學中之影劇資料》, 《銀星》, 1927年, 第12期.

205) 天狼, 《評〈上海一婦人〉》, 明星特刊《馮大少爺號》, 1925年9月.

나는 한 외국인 친구가 있다. 그는 평소에 영화에 대해 연구를 하였고 각 나라의 영화에 대해서 모두 간단히 소개했다. 그는 독일 영화는 한 단락으로 인생을 묘사하는데 엄청 섬세하고 깊이가 있으며 미국 영화는 절반 이상이 호화스러운 내용을 담고 있고 프랑스 영화는 웅대한 세트장에 관심이 많고 일본 영화는 영웅의 일화에 대해 중시를 한다고 말했다. 또한 그는 중국의 영화는 자막을 중시하여 관람객이 마치 스크린에서 자막 소설을 보는 것 같다고 하였다. 그의 이런 견해는 우리나라의 영화계에 대해 너무 각박한 것 같지만 자세히 생각해보면 그가 이렇게 말하게 된 이유가 터무니없는 것은 아니다. 이는 나로 하여금 자국 영화에 대해 더욱 부끄럽게 느끼게 되었다.[206)]

진천은 『초급영화학』에서 이렇게 지적한 바가 있다.

설명의 작용은 자세한 설명은 표정의 부족함을 보충해줄 수 있고 동시에 이야기 줄거리의 허점을 메울 수 있다. 이 작용이 대단하다는 것을 알수 있으나 지나치게 남용하거나 부적절하게 사용하면 큰 문제가 생긴다. 여소(余所) 작가의 시나리오를 두고 말하면 전편의 자막 서두에는 대략 칠팔백 개 자막이 있고 설명성 자막은 백 개를 좌우한다. 최근에는 여러 이유로 인해 150~160개까지 증가했다. 평균 매 150~160개의 설명성 자막에 약 10자가 있다면 매개 글자는 6치가 필요하므로 백여 개의 설명성 자막은 1천 자(尺)가 있어야 하고 전편이 9천 자라고 한다면 설명성 자막은

---

206) 吳玉瑛, 《寫在 〈字幕之我見〉 後》, 《銀星》, 1926年, 第3期。

9분의 1을 차지했거나 전편의 10분의 3이나 4를 차지한다. 이로써 관객들은 자막이 지나치게 많고 연기가 적은 느낌을 받을 수 있다. 그리고 남양에 있는 교포 중에는 중국어를 모르는 자가 10분의 4나 5를 차지하므로 설명의 효과가 크더라도) 적으면 적을수록 좋은 것이다.207)

방신(芳信)도『영화극의 기초(電影劇之基礎)』에서 "영화에서 장황한 설명을 하고 자막이 너무 많으면 필름의 낭비일 뿐만 아니라 사람들이 집중하지 못하게 만들므로 영화의 진행에는 백해무익하다"208)신광(晨光)은「중국 영화에 대한 나의 견해(中國電影之我見)」에서 우선 중국 영화 자막의 발전에 대해서 언급했고 이어서 또 다음과 같이 말했다.

영화가 시작할 때 무슨 제작 프로듀서, 스타일리스트, 서막원(書幕員), 그리고 감독, 배우 등을 한 자막 한 자막씩 소개한다. 어떨 때는 그들의 얼굴을 관객들에게 하나씩 알려주기도 하여 영화 속 인물의 대화를 연기로 깊이 있게 표현하지 않고 자막으로 대신하는 경우도 있다. 어떤 경우 자막이 영화의 3분의 1을 넘기까지 해 관객들이 거부감을 느끼기도 한다. 관객들이 영화를 보러 온 것이지 자막을 보러 온 것이 아니다. 자막을 보다가 머리가 어지럽고 눈이 침침해져도 영화 속의 인물은 아직 나타나지도 않으니 왜 이런 고생을 할까?209)

---

207) 陳天, 《初級電影學》, 《電影月報》, 1928年, 第3、4、6期。
208) 芳信, 《電影劇之基礎》, 長城公司特刊《鄉姑娘》, 1926年。
209) 晨光, 《中國電影的我見》, 《中國電影雜誌》, 1927年, 第5期。

영화평론가의 구체적인 영화에서 너무 많은 자막을 사용하는 것에 대한 비평은 흔히 볼 수 있다. 송춘방(宋春舫)은 「〈3년 이후〉를 보고 나서(看了〈三年以後〉)」에서 "나는 〈3년 이후〉란 영화는 여전히 무대 시나리오의 특징이 다소 나올 것이라고 생각했는데 대부분 스크린에서 배우의 일거일동은 여전히 문자를 빌어서 그 중의 줄거리를 표현해야 했다. 다시 말하면 자막이 너무 많고 동작(Action)과 얼굴 표정이 너무 적어 주객이 전도되는 상황을 벗어나지 못했다"[210]고 생각했다. 유눌구도 직접 영화 〈제소인연(啼笑因緣)〉에 대해 "자막이 영화 전체의 40%를 차지했다. 그리고 이 영화가 관객들에게 준 인상을 보면, ① 스크린을 책을 보는 것처럼 읽어야 한다. ② 마스크를 쓴 배우 몇 명이 재미없이 입, 손, 발을 움직인다. ③ 긴장감이 없는 권태로운 평면감 등이다. 작가는 '연기(演)'(인체조형예술)하는 것을 잊고(소추군이 그의 두 손을 어디에 둬야 할지 모르는 것 같았다) 촬영감독은 환자를 마주봐야 하고 상하좌우의 느낌이 없다."[211]라고 비평했다. 진원(陳源, 즉 진서형(陳西瀅))은 〈공곡란(空谷蘭)〉의 자막이 너무 많을 뿐만 아니라 흥미가 조금도 없다[212]고 언급한 바가 있다. 당시의 영화평론가는 영화 속에서 자막을 너무 많이 사용하여 연기 부분이 적은 상황을 초래하여 주객이 전도된 현상에 대해 비평했다. 자막은 무성영화의 줄거리와 대화를 해설하는 유익한 도구이다. 하지만 너무 많이 사용하면 확실히 영화의 연기가 자막의 해설에 지

---

210) 宋春舫, 《看了〈三年以後〉》, 《申報》「本埠增刊」, 1926年12月7日。

211) 劉吶鷗, 《影戲藝術論》, 《電影周報》, 1932年7月1日至10月8日, 第2、3、6、7、8、9、10、15期。

212) 陳源, 《〈空谷蘭〉電影》, 《西瀅閑話》, 上海 : 新月書店, 1928年。

나치게 의존하게 만들고 관객들이 읽는 것을 귀찮게 만들고 영화에 대해 흥미를 잃게 만든다.

무성영화의 자막은 사용 빈도 면에서 적절해야 하고 자막에 지나치게 의지해서 줄거리를 해설하지 말아야 한다. 장성(長城)영화사가 제작한 영화가 자막 면에서 당시 영화평론가의 비평을 받았다. 현존하는 장성영화사에서 제작한 영화 〈한 꿰미의 진주〉는 총 1시간 40분 길이이며 (영화에서) 130개 자막 화면이 있는데, 평균 46초에 한 자막 화면이 나타나며 자막의 등장 빈도가 비교적 적합한 편에 속한다.

2. 언어가 부적절하다

진대비는 『우리의 말(咱們的話)』에서 당시의 많은 남방 영화평론가들을 비판했다. 그는 국어로 대화성 자막을 작성하기를 원했고 국어는 북방 방언을 토대로 하였기에, '우리(咱們)', '대체(替)', '당신(您)' 등의 단어 몇 개를 자주 사용하였는데 이러한 단어들에 대해 오해가 있기에 북방의 영화관에서 상영할 때 관객들을 웃게 만들었다. 진대비는 이 몇 개 단어의 함의를 해석했고 자막은 단어를 정확하게 사용해야 하며 너무 생소한 방언, 사투리를 사용하지 말아야 한다고 주장했다. 황자포(黃子布), 석내방(席耐芳)이 영화 〈화산정혈(火山情血)〉의 자막을 언급할 때도 "연화(聯華)의 자막은 옛것을 모방하는 변문(駢文)이 아니라 유럽화한 신팔고체(新八股體)이다. 이 영화의 자막은 물론 조금 좋아졌지만 너무 문서화되어 있는데 자막은 통속적일수록 이해하기가 쉽다. 특히 대화를 할 때 농촌 부녀와 농부가 어떻게 어려운 문자를 사용할 수 있겠는가? 대화는 자연스러워야 하고 속어와 사투리를 최대한 사용해야 한다. 이 또한 영화 대중화에서 주의해야 할 부분이다."[213]라고 지적하였다. 이런 영화평론가들이 중국 영화에서 나타난 언어가 적절하지 않은 상황에 대해 엄격하게 비평하였고 자연스럽고 통속적이며 알기 쉬운 국어를 사용할 것을 주장하였다.

냉피(冷皮)는 영화 〈왕씨사협(王氏四俠)〉 속의 자막은 캘리그라피 글씨체로 몽골문자를 얼버무려 쓰고 대충 넘어가려는 것을 비판[214]하였다. 그는 에른스트 루비치(Ernst Lubitsch) 감독이 연출한 이집트 왕의 기묘한 인연과 사적(事迹)에 대한 한 편의 사극 영화에서 이집트문자를 그럴 듯하게 사용했다고 언급한 바가 있다. 이로써 당시의 영화평론가들은 영화 속의 비중국어인 문자의 자막에 대해서도 비교적 높은 고증을 요구하고 있다. 영화사는 캘리그라피 글씨체로 외국 문자를 흘려 쓰면 안 되고 외국 영화사를 따라서 정확한 문자를 사용해야 한다고 주장했다.

3. 자막 친화(襯畫), 글씨체가 저열하고 괴이하다

무성영화의 자막은 대체로 많은 친화를 갖고 있다. 당시 영화 자막의 친화를 제작하는 것도 전문 직업이었다. 이러한 자막의 부속물도 영화평론가의 주의를 불러일으켰다. 포천소는 당시 영화에 대해 "오늘의 영화에 이르기까지 저속적인 그림과 괴이한 글자로 자막을 장식하여 관객들

---

213) 黃子布、席耐芳, 《意識上確有進步 殘滓尚未清除》, 《晨報》, 1932年9月16日。
214) 冷皮, 《王氏四俠》, 《大公報》, 1928年2月21日。

의 불평을 샀다"215)고 비평했다. 또한, 주검운(周劍雲)은 "자막의 제작자는 저속한 그림, 괴이한 문자를 사용하면 자막을 망칠 수 있으니 신중해야 한다"216)고 말한 바가 있다. 진천은 『초급영화학』에서 "자막의 친화는 총설명에만 적용할 수 있고 힘을 별로 들지 않았으며 오직 자막 속에 포함된 의미를 두드러지게 나타냈기에 자막은 친화를 사용하지 않더라도 괜찮으며", "자막의 글씨체는 관객들이 일목요연하게 볼 수 있는 해서체가 적당하다. 캘리그라피 글씨체(손글씨)는 통행체(通行體, 표준 글씨체)가 아니라 쓰는 사람이 시간을 들여야 할 뿐만 아니라 읽는 사람도 시력을 낭비해야 하므로 고생만 하고 비판을 들을 수도 있다. 해서체는 반드시 단정하고 수려해야 한다. 지나치게 고지식하거나 둔탁해보이면 관객들의 호응을 불러일으킬 수 없다."217)라고 하였다. 아름다운 자막 친화와 자막 서법(書法)은 보는 사람의 마음과 눈을 즐겁게 하고 영화 자막을 더욱 예쁘게 만들 수 있으며 관객들에게 아름다운 시각적 느낌을 준다. 당시 영화평론가의 평론을 보면 친화는 저속적이면 안 되고 글씨체가 괴이하면 안 된다고 주장했으며 뚜렷하고 명확하게 관객들이 쉽게 읽을 수 있도록 만들어야 한다고 제기했다.

---

215) 包天笑, 《談字幕》, 明星公司特刊 《盲孤女》 號, 1925年。

216) 周劍雲, 《談電影字幕》, 《影戲雜誌》, 1925年, 第13期。

217) 陳天, 《初級電影學》, 《電影月報》, 1928年, 第3、4、6期。

자막 변두리가 자막 친화(자막 출처: 〈한 꿰미의 진주〉)

4. 관객층의 수준이다

포천소는 「자막을 논하다(談字幕)」에서 "중국의 영화는 맹아 시기에 처해 있었고 중국 관객들은 아직 유치한 수준이었다. 소수 지식인들만이 대응할 수 있었고 다수의 일반 관객들을 이해시키기엔 힘들었다. 지나치게 경제적 이익을 중시하면 일부 소수만이 찬양을 할 뿐이다. 이는 구미 각국에 보급하는 것에 관한 문제가 아니다. 대체로 구미 각국의 관객 수준이 높아서 의미 전달에 조금만 신경 쓰면 큰 문제가 안 된다. 그에 비해 우리나라 관객들의 수준이 어떠한가?"[218]

---

218) 周劍雲, 《談電影字幕》, 《影戲雜誌》, 1925年, 第13期。

주검운은 「영화 자막을 논하다(談電影字幕)」에서 다음과 같이 지적한 바가 있다.

중국의 영화는 아직 맹아 시기에, 중국 관객의 수준은 아직 걸음마 단계에 처해 있다. 영화제작사들도 오직 그들의 수요를 잘 이해해서 수준을 점차 높여야 하는데, 이는 실로 한 번에 성공할 수 있는 것이 아니다. 그리고 지나치게 고아한 자막은 임금남(林琴南)이 동성파(桐城派) 고문으로 소설을 번역하는 것처럼 비록 소수 지식인들이 좋아하지만 대부분 일반 관객들은 받아들이기 힘들다. 최근 영화 자막이 훌륭한 영화로는 〈부감회수〉, 〈풍대소야〉 등이 있고 경제적 이익과 함축적인 표현을 모두 고려해서 지식인들의 찬양을 받았다. 그러나 대부분 관객들은 여전히 이해하기 힘들었다. 그것은 지식 수준의 한계 때문이었다. 그러므로 과도기에 중국 영화계에서 자막을 작성할 때 지식인과 일반 관객을 모두 만족시키는 것은 실로 어려운 일이었다. 영화 흥행을 위해서는 어쩔 수 없이 격조를 낮춰 대중적으로 만들어야 한다. 이것은 해결하기 힘든 문제이다.[219]

영화 관객의 수준은 초기 영화의 영화평론가와 영화인들이 주목한 핵심 요소 중의 하나였다. 포천소와 주검운은 모두 초기의 대부분 일반 관객의 수준은 유치하고 한계가 있어서 영화 자막을 만들려면 대다수 관객의 이해력을 고려해야 하므로 수준이 낮아지는 것을 피할 수 없다고 주장했다.

---

219) 周劍雲, 《談電影字幕》, 《影戲雜誌》, 1925年, 第13期。

영화 속의 자막에 대한 비평 외에 영화평론가들이 일부 영화의 중국어 자막에 대해 높이 평가했다는 것도 확인할 수 있다. 진적훈(陳積勳)은 영화 〈충효절의(忠孝節義)〉를 평가할 때 "자막은 아주 뚜렷했다. 첫 번째 막에서 달도 처량했고 경치도 처연했다. 양자는 모두 의미를 포함하고 있으나 유독 유언장에 글자가 많아서 거의 구별할 수 없었다. 내 생각으로 론 유언장을 확대해 훑어가는 장면으로 대체했어도 괜찮았을 텐데 한 장면으로 처리했다"[220]고 지적한 바가 있다.

건백(乾白)은 「명성의 〈호변춘몽〉을 본 후(觀明星的〈湖邊春夢〉後)」에서 "영화 전편의 자막은 시화(詩化)할 수 있고 특이하고 명랑하고 귀여우며 조명은 극히 뚜렷하여 마지막에 〈호변춘몽〉이 엄청 만족스럽다고 말하고 싶다"[221]고 말했다. 반수통은 『영화와 문학(電影與文學)』에서 후요 감독의 작품을 칭찬하였는데 이야기 줄거리와 자막은 궁극적으로 문학의 길로 간다고 말하였다. 영화 〈서상기〉의 자막은 상당한 문예적 가치가 있다. 그리고 그는 특히 영화 〈버림받은 아내(棄婦)〉와 〈부활한 장미(復活的玫瑰)〉를 예로 하여 문학적 가치가 있는 자막이 무엇인지 설명했다. 그는 〈버림받은 아내〉의 몇 개 자막을 예로 들었다.

"그들이 당신보고 가라고 했으니, 가시면 돼요! 이런 생지옥에 더 이상 무슨 미련이 남아 있나요?"
"소정 언니, 저 깨달았어요! 저는 극악한 가정에서 노예로 있는 것보다

---

220) 陳積勛, 《評〈忠孝節義〉影片》, 天一公司特刊第4期《夫妻之秘密》號, 1926年。
221) 乾白, 《觀明星的〈湖邊春夢〉後》, 明星公司特刊第27期《俠鳳奇緣》號, 1927年。

어두운 사회에서 하나의 밝은 등불이 되겠어요."

"소정 언니, 여기저기서 괴롭힘을 당하는 여자들이 너무 많아요. 언니가 제 팔자가 이렇게 정해진 것이라고 하셨지만 설마 천하의 여자들의 팔자가 모두 이럴까요? 저는 운명을 탓하지 않아요. 오직 저 자신만 탓해요. 저희 여자는 왜 자포자기하고 인권을 포기하며 싸우지 않는 건가요?"

반수통은 〈부활한 장미〉의 자막은 상당히 확장되었고 더욱 문학성이 있다고 생각했다.

"나의 이 그림은 따뜻한 봄바람에 스치고 다정한 새가 깨운 장미꽃의 혼을 쓴 것이다……."

"나와 효성은 처음엔 아름다운 장미꽃처럼 행복했는데 지금은 비에 완전히 망가졌다……."

"아, 이 일로 스스로 목숨을 끊었구나. 나는 자네들이 예교(禮敎)와 금전으로 그녀의 자유를 강탈해서 그녀가 압박으로 죽은 줄 알았거든."[222]

5. 자막 번역이다

중국 영화평론가는 예전부터 중국어 자막에 대한 외국어 번역을 주목했다. 1927년부터, 당시의 영화평론가들은 중국 영화의 자막 번역에 대해 평가를 계속했다.

이를테면, 자막을 번역하고 서술하는 것은 절대로 쉬운 일이 아니다. 첫

---

222) 潘垂統, 《電影與文學》, 明星公司特刊第7期 《西廂記》, 1927年。

째, 반드시 원래의 의미와 연관해서 번역해야 한다. 둘째, 반드시 간단명료하게 번역해야 한다. 셋째, 문법은 반드시 틀리지 말아야 한다. 현재 중국 영화는 모두 이 점들을 고려할 수 있다. 비록 번역문이 나날이 발전되고 있지만 여전히 다양한 착오를 범한다. 아마 매 편의 중국 영화에게는 번역문의 의미가 다른 몇 군데가 있고 심지어 작은 문장부호를 틀리게 쓰는 경우도 있었다. 이런 착오가 있으면 안 되는데 영화사가 대충 넘어간 것이라고 생각하며 반드시 개선해야 한다. 중국의 영화사들은 상술한 각 사항을 고려해서 개선하는 것이 내가 가장 바라는 바이다.[223)

여기서 우선 자막을 번역하는 것이 쉽지 않다는 것을 지적했고 자막 번역의 세 가지 기준을 제기했다. 기준 중의 하나가 "본의와 연관해서 번역"해야 하는 것이다. 소위 "본의와 연관하다"는 말은 자막 역문의 의미가 원문을 벗어나지 않고 원문과 대응하는 것을 말한다. 두 번째 기준은 "반드시 간단명료해야 한다"는 것이다. 자막을 간단명료하게 번역하는 것이 아주 필요하다. 시간과 공간의 제한 및 영화 필름의 단가에 대한 통제로 인해 자막 번역자는 반드시 비교적 간단명료한 언어로 번역을 진행해야 한다. 무턱대고 함부로 번역하면 안 된다. 세 번째 기준은 문법이 반드시 틀리지 말아야 한다. 매끄러운 문법은 외국 관객들이 자막을 읽는 데 아주 중요하다. 그러나 중국 초기 영화의 자막을 영어로 번역할 때 문법 착오를 자주 볼 수 있다. 이는 번역자의 실수일 수도 있고 자막 작

---

223) 吳玉瑛,《寫在〈字幕之我見〉後》,《銀星》, 1926年, 第3期。

성자의 오기(誤記)일 수도 있다. 이 글에서 또한 중국 영화는 나날이 발전하고 있지만 여전히 착오를 많이 범한다는 것을 인정했고 중국 영화사는 번역문을 보완하여 번역문의 수준을 높일 것을 주문했다.

신광(晨光)은 「중국 영화에 대한 나의 소견(中國電影的我見)」에서 "중국 최근의 영화 자막은 1, 2년 전보다 많이 발전되었다. 예전에 제작자들은 특별히 조심하지 않았다. 특히 외국어는 외국인이 봐도 잘 이해되지 않을 정도였다. 가끔 외래어 중의 한두 글자가 문제가 있어서 영화 전편에 영향을 줄 때도 있었다. 홍콩, 동남아시아의 판매 경로도 흔히 다른 사람에 의해 취소되어 상영하지 못하게 되는 경우도 있었다. 그러나 지금 이런 상황은 점점 줄어들고 있다. 이는 바로 자막이 개선되고 있다는 증거이다."라고 말한 바가 있다.[224] 글에서 중국 자막 및 번역문이 차츰 개선되는 추세가 나타나고 있는 것을 인정해주었고 영화 자막 번역이 중국 영화가 해외 관객을 끌어당기고 해외 시장에서 자리를 잡는 것에 대해 중요한 영향을 끼쳤다는 것을 강조했다. 영화의 자막 번역은 외국 관객이 영화를 이해하는 데에 영향을 미칠 뿐만 아니라 심지어 번역문의 단어 하나가 문제가 되어 영화 전편이 외국 영화관리기관에 의해 상영이 금지 당할 수 있으며 나아가서 중국 영화사가 커다란 경제적 손실을 입을 수도 있다.

영화평론가는 구체적인 영화 번역에 대한 평가를 하였는데, 예를 들어 K.K.K는 영화 〈대의멸친(大義滅親)〉의 원제와 외국어 제목에 대해서 "이 영화의 원제는 〈협의연(俠義緣)〉이었고 출시된 후 지금의 〈대의멸

---

224) 晨光, 《中國電影的我見》, 《中國電影雜誌》, 1927年, 第5期。

친〉으로 변경했는데 매국을 하는 처숙을 죽이는 내용이다. 유독 중국의 윤리적 측면에서는 적절하지 않았다."[225] 외국어 이름으로는 〈A Secret Told at Last〉인데 노복이 비밀을 누설한 점을 두드러지게 강조하였고 영화 속의 주인공이 대의멸친하여 매국 행위를 한 처숙을 죽이는 이야기를 명확하게 드러내지 않았다. 영화의 번역자는 〈A Secret Told at Last〉로 번역하면 영어 관객들로 하여금 궁금증을 가지게 할 수 있고 관객들이 그 비밀을 보고 싶은 욕망이 생기게 한다. 가사표(賈獅豹)는 「영화소평(電影小評)」에서 영화 〈옥결빙청(玉潔氷淸)〉의 자막과 역문에 대해서 "자막이 간결한 것은 보기 드물 만큼 좋았고 마지막 몇 마디의 경구는 사람들이 깊은 반성을 하도록 하며 자막의 사용 방법이 아주 적합했다. 유독 영어 자막에 거추장스러운 곳이 몇 군데 있는데 간결하게 하는 것이 좋다."라고 평가했다.[226]

요컨대, 중국 영화의 자막 번역은 당시 영화평론가의 주목을 받았다는 것을 알 수 있다. 그들은 구체적인 영화에 대한 번역으로부터 중국 영화의 전반적인 번역 수준에 대해 비평을 했다. 구체적인 번역 방법에 대해 평가를 했을 뿐만 아니라 영화 자막 번역이 중국 영화가 외국 관객들을 끌어당기고 해외 시장에서 자리를 잡는 데에 미친 중요한 영향을 설명했다.

무성영화 자막의 형식은 특별하다. 삽입의 형식으로 영화 속에 들어갔고 영화에서 특수한 작용과 지위를 가지고 있으며 기능에 따라서 설명성

---

225) K.K.K, 《藝術上的〈大義滅親〉》, 《電影雜誌》, 1924年, 第1期。
226) 賈觀豹, 《電影小評》, 民新影片公司特刊第2期《和平之神》, 1926年。

자막과 대화성 자막으로 분류할 수 있다. 설명성 자막은 이야기 줄거리, 인물, 시간, 장소, 논의, 서정 혹은 일부 특별한 기능을 설명해주는 자막이다. 그리고 대화성 자막은 주로 인물 사이의 대화 내용을 알려주는 것이다. 자막 속의 언어는 문언문과 백화문 및 영어 번역문을 번갈아 사용하였고 중국 무성영화가 처한 시대는 문자가 전형하고 문화가 격변했으며 동서양이 교류하는 시기라는 것을 반영했다. 자막은 이미 20세기 초에 영화인과 영화평론가에 의해 영화가 문학성을 가졌다는 유력한 증거로 간주되었다. 자막의 복잡성 혹은 간결성, 자막 언어, 친화(襯畵) 글씨체, 관객 수준과 자막 번역은 모두 초기의 영화평론가들이 관심을 가진 중요한 요소들이었다. 자막은 줄곧 영화평론에서 끊임없이 언급되는 존재였다.

The History of Chinese cinema

5장

각색 그리고 이중 번역과 자막
: 영화 속에서 섞여들다

1

외국 문학의 번역과 각색

　　1920-30년대에 번영한 무성영화 시기에 중국의 전통문학과 당시 성행하였던 원앙호접파(鴛鴦胡蝶派)의 문학작품들은 모두 영화에게 풍부한 촬영 소재들을 제공하였다. 이 밖에 초기 영화인들은 외국 작가의 작품을 중국 영화로 번역하고 각색하는 시도를 하였다. 1920년에 상무인서관 활동영희부(商務印書館活動影戲部)는 이미 임서(林紓)가 번역한 소설 『초두난액(焦頭爛額)』[227]을 영화 〈차중도(車中盜)〉로 각색하였다. 명성영업공사(明星影業公司)의 〈공곡난(空谷蘭)〉(1925년, 장석천張石川 감독)은 일본 구로이와 루이코(黑巖淚香)의 역사 소설 『야지화(野之

---

227) 小說 《焦頭爛額》美國尼可拉司(Nicholas Carter)原著, 林紓、陳家麟同譯。1919年1月至10月發表於《小說月報》, 1920年商務印書館出版。

花)』를 각색해서 만든 것이었고, 〈양심의 부활(良心的復活)〉(1926년, 명성영업공사, 복만창葡萬蒼 감독)은 러시아 작가 톨스토이의 작품『부활』을 각색해서 만든 것이었다. 그리고 영화 〈일야호화(一夜豪華)〉(1932년, 천일공사天一公司, 소취옹邵醉翁 감독)의 이야기는 모파상(Guy de Maupassant)의 유명한 단편소설『목걸이』에서 가져온 것이지만 중국 도시 여인의 허영심을 다루었다. 영화 〈연애와 의무(戀愛與義務)〉(1931년, 연화영업공사聯華影業公司 제작, 복만창 감독)의 이야기는 폴란드 작가 화라침(華羅琛, S.Horose)의 동명소설에서 가져온 것이지만 봉건가정의 아가씨 양내범(楊乃凡, 완령옥阮玲玉 출연)과 대학생 이조의(李祖義, 김염金焰 연기) 사이의 사랑과 혼인에 대해 이야기하였다. 〈작은 마님의 부채(少奶奶的扇子)〉(1939년, 신화영업공사新華影業公司 제작, 이평천李萍倩 감독)은 영국 작가 오스카 와일드(Oscar Wilde)의 작품『윈더미어 부인의 부채(溫德米爾夫人的扇子, Lady Windermere's Fan)』를 각색해서 제작한 것이다. 통계에 따르면 1905년부터 1949년까지, 중국의 영화 제작사는 45편의 외국 문학작품을 중국 영화로 각색하였고 이런 외국 문학작품은 중국 영화로 각색할 때 모두 현지화를 하였다. 즉 영화에서 표현한 장면, 인물은 시각적으로 모두 뚜렷한 현실감을 갖고 있고 이야기 속의 갈등·투쟁 관계, 그리고 최종의 결과도 당시의 중국 사회와 밀접한 관련이 있으며 언뜻 보기에는 중국 현지에서 발생한 이야기를 다룬 제품처럼 보인다.[228] 외국 문학에 대한 번역과 각색은 중국 영화의 소

---

228) 見附錄4. 現存可以觀看的早期改編自外國文學作品的電影只有《一剪梅》和《一串珍珠》。

재를 확장하였고 각본의 성숙과 예술 수준을 높이기 위해 중요한 기여를 하였다.

　외국의 문학작품을 번역하고 각색해서 영화를 제작한 것은 청나라 말기부터 대량의 외국 문학작품을 번역하는 것과 서로 일맥상통한다. 청나라 말기부터 중국 사회에서 외국의 문학작품을 번역하는 풍조가 일어났다. 1890~1919년은 중국에 외국 문학이 왕성하게 소개되는 시기[229]라고 주장한 학자도 있다. 타루모토 테루오(樽本照雄, Tarumoto Teruo)의 통계에 따르면 1840~1911년 사이에 중국은 총 1,288편의 소설을 창작하였고 1,016편의 번역 소설이 있는데 역서는 모든 출판물의 44%[230]를 차지하였다는 것이다. 아영(阿英)은 청나라 말기의 번역서는 모든 출판물의 3분의 2[231]를 차지하였다고 주장한 바가 있다. 이런 번역 소설에서 번역자들이 목표 언어로 접근하는 현상이 매우 뚜렷하였다. 번역자는 서술 방식 면에서 번역문을 통해 최대한 중국 독자를 배려하고자 하였고 심지어 원문의 내용을 처리할 때도 어느 정도의 각색을 진행하였다. 진평원(陳平原)은 청나라 말기의 번역업계에서 번역하고 각색하는 방법에 대해 다음과 같이 요약하였다.

　① 중국 인명, 지명을 바꿔서 쉽게 읽고 기억하게 한다. 이는 평론계에

---

229) 施蟄存, 《中國近代文學大系·飜譯文學集》, 上海 : 上海書店, 1990年, 第18頁。

230) Tarumoto, Teruo. "Statistical Survey of Translated Fiction 1840-1920." Translation and Creation: Readings of Western Literature in Early Modern China, 1840-1918. Ed. David Pollard. Amsterdam: John Benjamins Publishing, 1998. 37-42.

231) 阿英, 《晚淸小說史》, 北京 : 人民文學出版社, 1980年, 第3頁。

서 대체로 인정한 점이다.

　② 소설의 격식을 바꾸고 장절을 자르고 이으며 심지어 장절 제목을 다시 만들어서 장회(章回)소설에 익숙한 독자의 입맛에 맞춘다⋯⋯.

　③ 중요하지 않는 문장과 주제에 부합하지 않는 줄거리를 삭제하였다. 전자는 번역자의 예술적 취향을 나타냈고 후자는 번역자의 정치적 이상에 의해 제한되었다⋯⋯.

　④ 번역자가 많은 내용을 추가해서 원문에 없는 줄거리와 내용을 추가하였다.[232]

　20세기 전반기에 중국의 연극은 번역과 연출 면에서도 외국의 문학작품에 대해 시대적인 언어 환경과 주제에 부합한 중국화를 진행한 각색 상황이 나타났다. 예를 들어 1924년에 연극가 홍심(洪深)은 와일드의 명작『윈더미어 부인의 부채』를 호극(滬劇) 〈작은 마님의 부채〉로 각색하였다. 또한 1941년에 중경(重慶)에서 유진 오닐(Eugene O'Neill)의『지평선 너머(Beyond the Horizon)』를 각색한 〈요망(遙望)〉을 공연하였다. 이 공연에서 보여준 이야기는 중국의 항일전쟁을 배경으로 하였고 인물과 줄거리는 모두 중국화되었다. 1944년, 이건오(李健吾)는 셰익스피어의『맥베스(Macbeth)』를 6막 비극 〈왕덕명(王德明)〉으로 각색하였으며 이야기 줄거리를 중국화하였다. 1947년에 이건우는 또 셰익스피어의『오셀로(Othello)』를 중국 연극 〈Ashina(阿史那)〉[233]로 각색하였다.

---

232) 陳平原, 《二十世紀中國小說史第一卷 (1897-1916)》, 北京 : 北京大學出版社, 1989年, 第46頁.

233) 謝天振、査明建, 《中國現代翻譯文學史》, 上海 : 上海外語教育出版社, 2004年, 第25頁。

소설 번역과 연극의 번역·각색에서 진행한 현지화 및 구체적인 방법론은 대체로 외국의 문학작품을 번역하고 각색하는 방법에서 찾아볼 수 있었다. 그러나 문학작품의 번역과 다른 점은 당시 수많은 외국 문학작품들을 각색해서 만든 중국 영화를 또 다시 영어로 번역하는 것이었다. 즉, 영화 속에 영어 자막을 추가하는 흥미로운 이중 번역 현상이 나타난 것이다. 이 장에서는 이런 이중 번역 현상이 있는 현존한 영화 〈일전매(一剪梅)〉와 〈한 꿰미 진주(一串珍珠)〉를 예로 들어 사례 분석을 진행함으로써 문학작품에 대한 각색과 이에 대한 영어 번역에서 나타난 선명한 혼합 특성을 연구하고자 한다.

중국 초기 영화의 이중 번역과 이중 언어 자막의 현상에 대해 일부 초기 영화의 연구자들도 관심을 갖고 어느 정도의 평가를 진행하였지만 깊이 논의되지는 않았다. 팽려군(彭麗君)은 이런 영화들은 영어 자막을 사용하였으나 당시 중국 영화를 보는 외국 관객들이 매우 적었기 때문에 이런 영어 자막의 기능은 아무런 실제적인 효과가 없었고 단지 작품에 서양적인 색채를 더하는 작용만을 하였다고 주장하였다.234) 이 책이 앞에서 지적한 것처럼 당시 상해에 외국 관객들이 많이 체류하고 있었고 그들은 중국 초기 영화사의 잠재적인 관객들이었다. 초기의 중국 영화인은 국제적 시야를 가지고 있었고 외국 관객들에게 긍정적인 중국인과 중국 문화의 이미지를 알리고 싶어 하였으며 해외 시장에서 더 많은 이익을 얻고 싶어 했다. 그래서 그들은 제작한 영화에 영어 자막을 추가하였

---

234) Pang, Laikwan. Building a New China in Cinema: the Chinese Left-Wing Cinema Movement. New York: Rowman & Littlefield, 2002. 26.

다. 팽려군의 평가는 당시 영화사의 영어 자막 추가의 이유를 많은 사람들이 알지 못하고 있음을 알 수 있었다.

영어 자막은 서양적인 특색을 가진 영화에서 볼 수 있을 뿐만 아니라 중국(적) 특색이 있고 서양적인 특색이 없는 작품, 예를 들어 〈노동자의 사랑(勞工之愛情)〉, 〈서상기(西廂記)〉, 〈아들영웅(儿子英雄)〉 등에 종종 있었다. 영어 자막의 이런 영화에서의 역할은 아마 팽려군이 해석한 것처럼 이국적인 개성을 보여주는 것뿐만 아니라 실제적인 작용과 목적이 있었을 것이다.

영화 〈일전매〉

영화 〈일전매〉는 연화영업공사가 제작한 무성영화로서 복만창이 연출을 맡았고 김염, 완령옥, 임초초(林楚楚)가 주연을 맡았다.[235] 이 영화는 셰익스피어의 연극 『베로나의 두 신사(Two Gentlemen of Verona)』를 바탕으로 각색해서 만든 것이다. 영화 〈일전매〉는 원작의 주요 줄거리와 두 쌍의 연인에 대한 내용을 추가하였고 많은 중국적인 내용을 가미하였다. 그래서 문예부흥기의 셰익스피어의 작품을 사람들은 중국 소재 영화를 보듯 거부감 없이 감상했다.

이 영화의 상영 당시 상황을 보면 〈영희잡지(影戲雜志)〉에 실린 관객

---

235) 《一剪梅》, 上海聯華影業公司1931年出品。時長112分鐘。監製：羅明佑；編劇：黃漪蹉；導演：蔔萬蒼；製片主任：黎民偉；演員：阮玲玉、林楚楚、王次龍、金焰。

의 글에서는 〈일전매〉가 상영할 때의 상황을 "방영하려면 아직 두 시간
이 남아 있는데 이미 많은 사람이 기다리고 있다. … "라고 묘사하였다.
또한, 글에서는 특히 영화의 자막 번역 문제를 제기하였다. 즉 "포고(布
告)나 편지를 영어로 번역할 때 자막으로 보여주는 것이 좋다. 벽에 중국
어를 보여주다가 갑자기 영어로 바꿀 필요가 없다"는 등의 내용이다.[236]
이를 보아 당시 이 영화가 상영할 때 많은 인기를 받았다는 것을 알 수
있다. 관객이 쓴 이 편지에서 제기한 문제는 사실 당시의 많은 영화 속에
도 존재하였다. 당시의 영화사는 직접 영문 편지의 형식으로 원문의 편
지를 대체하기를 선호하였다. 내용은 같지만 영어는 흔히 빽빽하게 쓰여
있어 읽기가 어려웠다. 이 관객이 언급한 것처럼 자막으로 편지 내용을
보여주면 그 차이를 더욱 확실히 알 수 있다.

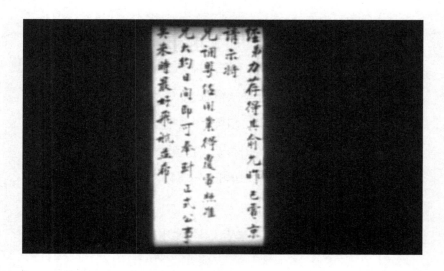

236) 陸介夫, 《〈一剪梅〉及其他》, 《影戱雜誌》第二卷第二號, 1931年10月1日, 第
42頁。

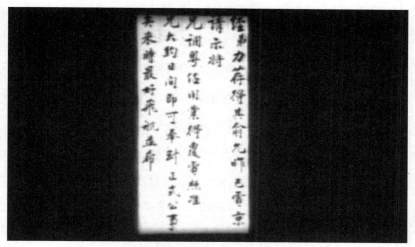
관객이 보낸 글에서 제기한 편지에 대한 번역 문제

『베로나의 두 신사』는 셰익스피어의 초기 희극(喜劇) 작품이다. 이 작품은 사랑과 우정을 주제로 한 셰익스피어의 첫 번째 로맨스 희극이다. 두 친구가 사랑에서 겪은 파란곡절을 주요 줄거리로 하였고 우의(友誼)와 충성, 우정과 사랑의 갈등이 주제이다. 장영진(張英進)은 「각색과 번역 중의 이중 전향과 학제적 실천(改編和翻譯中的 雙重轉向與跨學科實踐)」에서 영화 〈일전매〉의 각색과 자막 번역에 대해 언급한 바가 있다. 그는 다음과 같이 주장하였다. 즉,

김염이 연기로 보여주는 상호텍스트성이 체현된 세계주의(世界主義)는 이 영화의 이중 언어 자막에서 아주 뚜렷하게 드러난다. 자막에서 중국어는 영어의 위쪽에 자리하고 있어 양자는 평행적 텍스트를 보여준 것으로

보인다. 단일 언어의 관객은 이 영화를 하나의 중국 이야기 혹은 셰익스피어의 각색으로 감상할 수 있지만 반면 이중 언어 관객은 원작과 번역 작품을 동시에 감상하는 느낌을 받게 된다. 그래서 이중 언어 자막은 번역과 각색을 동일한 복합적인 과정으로 융합시켰다. **237)**

장영진은 영화〈일전매〉의 이중 언어 자막이 만들어 내는 세 가지 효과를 지적하였지만 사실 중국어와 영어에 능통한 이중 자막의 관객은 연구자 외에 극소수였을 것이다. 장영진은 또 다음과 같이 말하였다.

이 영화에서 번역의 작용 방식은 영어에서 중국어로, 중국어에서 영어로 양방향으로 이루어졌다는 점을 주목해야 한다. 셰익스피어의 문장은 때로는 한 글자도 빠짐없이 인용되었다. 예를 들어 발렌타인은 처음에 프로테우스가 사랑에 너무 심취해 있다고 비판하면서 "집에서 하는 일이라곤 없어 청춘을 게으른 무료함에 소모한다."라고 말하였다(제1막 1장 7-8행).〈일전매〉에서 이런 문장을 조금 수정한 후 호주려(胡珠麗)가 이 말을 하였다. 그녀는 백낙덕(白樂德)에게 "넌 집에서 빈둥거리는 데에 청춘을 소모해서는 안 된다."라고 하면서 광동(廣東)에 가서 취직할 것을 독려하였다.

이는 아마도 장영진의 영화에 대한 오독(誤讀)일 것이다. 영화 속에

---

237) 張英進, 《改編和翻譯中的雙重轉向與跨學科實踐：從莎士比亞戲劇到早期中國電影》, 《文藝研究》, 2008年, 第6期, 第30-42頁。

서 발렌타인이 프로테우스를 비판할 때 "To see the wonders of the world abroad. Than, living dully sluggardized at home. Wear out thy youth with shapeless idleness."라고 말하였다. 영화에서 중국화한 발렌타인(Valentine)인 호윤정(胡倫廷)은 "지금은 우리가 나라를 위해 충성을 할 시간이다. 소중한 시간을 연지와 향수 속에서 보내면 안 된다."라고 말하였다. 호주려는 영화 속에서 "넌 집에서 빈둥거리는 데에 청춘을 소모해서는 안 된다."라고 말한 적이 없었다. 그녀는 "남자 대장부는 뜻을 천하에 둬야 한다. 나 때문에 자신의 인생을 허비해서는 안 된다."라고 말하였다. 이 밖에 장영진이 인용한 노르네스(Abé Mark Nornes)의 '침범성적인 자막(侵犯性的字幕)'과 전통 자막의 '타락한 방법'은 노르네스가 유성영화를 겨냥해서 제기한 것이다. 그 중에서 '타락한 방법'은 자막이 번역 시간과 공간의 제약을 받을 뿐만 아니라 수용 관객이 가진 이데올로기의 영향으로 인해 정보가 폭력적으로 압축되고 줄여져서 목표 문화에 접근하는 행위를 말한다.[238] 노르네스의 유성영화와 관련된 번역이론으로 무성영화의 자막 번역에 분석을 진행하려면 심사숙고를 해야 한다. 왜냐면 무성영화의 자막 번역과 유성영화의 자막 번역이 받은 시공간의 제약이 크게 다르기 때문이다. 유성영화에서는 자막과 스크린이 동시에 나타나 화자의 말소리와 동조가 맞지만 반대로 무성영화에서 자막은 영화에 삽입되는 형식으로 나타나고 스크린 전체를 차지하지 않으며 말소리와도 동조가 맞지 않는다. 이런 시공간의 제약은

---

238) Nornes, Abe Mark. Cinema Babel: Translating Global Cinema. Minneapolis: University of Minnesota Press, 2007. 115.

영화 번역에서 정보가 압축되는 경향을 띤다. 그러므로 장영진이 영화의 '이중 언어 자막의 투사(投射)'에 대해 분석을 진행할 때 활용한 사례는 다소 정확하지 않을 수 있고 이론적으로 유성영화와 관련된 자막 번역 이론을 무성영화에 응용하고 해석을 진행하지 않았다. 그러나 장영진은 각색의 사회학전향(社會學轉向)과 번역의 문화전향(文化轉向)으로 셰익스피어의 연극 작품으로부터 중국 연극의 각색 각도까지 탐구하였으며 인물 형상화, 장소 배치와 이중 언어로부터 번역 연구 중의 문화전향과 각색 연구 중의 사회학전향이 강조한 주체적 지위를 분석함으로써 이 글은 영감을 다소 얻었다고 할 수 있다.

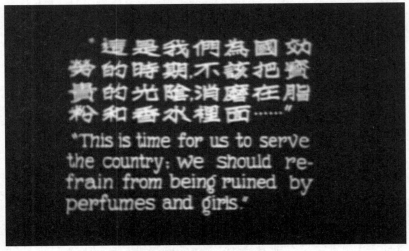

영화 〈일전매〉에서 호윤정의 대사

영화 〈일전매〉에서 호주려의 대사

영화 〈일전매〉는 원작의 주요 스토리를 유지하였고 영어 자막의 서두에 셰익스피어의 원문을 인용하였다. 그리고 원작 인물의 캐릭터를 유지하였다.

그리고 발렌타인(Valentine), 프로테우스(Proteus), 줄리아(Julia)와 실비아(Silvia) 등의 원작 인물들은 이름만을 음역(音譯)하고 캐릭터를 그대로 유지하였다.

정계화(程季華)는 『중국영화발전사(中國電影發展史)』에서 이 영화는 "황의차(黃漪蹉)가 표절한 셰익스피어의 『베로나의 두 신사』의 줄거리를 참고해서 제작한 것이다. 일부 극중의 인물은 괴상망측한 복장을 입고 있으며 작품성은 평범한 수준이다."라고 주장하였다.[239] 정계화는 단도직입적으로 표절을 지적하였고 감독과 작가가 셰익스피어의 작품을 중국 영화로 각색하기 위해 들인 정성을 폄하하였으며 영화가 중국 문화, 이데올로기, 시학, 국내외 영화 등 여러 영향을 받아서 개조된 상황을 무시하였다. 정계화가 말한 "일부 극중의 인물은 괴상망측한 복장을 입고"란 말은 아직 이 영화를 보지 않는 관객들에게 부정적인 이미지를 쉽게 심어줄 수 있다. 사실 영화의 '괴상망측한 복장'에서는 초기 미국 영화와 중국 무협영화 조형(造型)의 그림자가 엿보인다.

1980년대 이후 번역 연구와 문화 연구가 결합함으로써 번역 연구의 문화전향이 나타났다. 이른바 문화전향이란 번역 연구 대상에 대한 언어 혹은 어편(語篇)의 측면에서 진행한 연구가 텍스트를 번역할 때 생긴 연관된 사회문화, 이데올로기, 문학 규범 등 요인 및 텍스트 번역과 이런 요인들의 상호관계로 이전하였다는 것을 말한다. 그렇지만 여기서 이전의 번역 연구는 문화 요인을 완전히 무시하지 않았다는 것을 설명할 필요가 있다. 다만 이전의 번역 연구는 주로 언어 지간에 전환할 때 관련된 문화 요인 및 처리 대책에 주목을 하였고 문화학파는 주로 번역과 목표 문화시스템의 상호 작용 관계를 주목하였다.

이스라엘 문예 이론가 이따마르 이반 조하르(Itamar Even-Zohar)가 1960년대 말에 성행하였던 평문(純文本)에 대해 분석을 진행하고 제기한 폴리시스템 이론(Polysystem theory)이 번역 연구 문화학파 이론의 원천 중의 하나이다. 폴리시스템은 문학 텍스트 내부와 외부의 각 연결

239) 程季華主編,《中國電影發展史》(第一卷), 北京:中國電影出版社, 1980 年, 第 150 頁。

된 시스템이 구성된 총 시스템이다. 문학 텍스트 내부 시스템에는 문학 유형의 전통, 규범, 습관 등이 포함되어 있고 텍스트 외부의 시스템에는 후원자 제도, 사회 환경, 경제적 요인, 그리고 제도화 등이 텍스트의 생성에 대한 통제가 포함된다.

폴리시스템 이론은 그 후에 바스넷(Susan Bassnett), 르페베레(A. Lefevere)가 다시 쓰기(Rewriting) 이론을 제기하는 데에 영향을 주었다. 다시 쓰기는 일반적으로 문학의 원작에 대한 번역, 각색, 편선(編選), 비평과 편집 등 다양한 가공과 조절 과정을 가리킨다. 외국 문학에 대한 번역과 각색으로부터 중국 영화 자체에 이르기까지 번역 연구 중문화학파(中文化學派)가 내린 '다시 쓰기'에 대한 정의에도 부합하다. 다시 쓰기 이론을 빌어서 영화 〈일전매〉의『베로나의 두 신사』에 대한 각색을 분석할 수 있고 이데올로기, 후원자와 시학의 측면에서 영화 〈일전매〉의 셰익스피어의『베로나의 두 신사』에 대한 각색을 논의할 수 있으며 관련 번역 활동과 이데올로기, 주류 시학, 후원자 사이의 상호 작용 관계를 연구할 수도 있다. 그리고 어떻게 원작에 대한 조정을 통하여 번역자 언어의 이데올로기와 주류 시학 규범에 부합함으로써 더욱 많은 관객들을 이끌고 최대 한도의 수용에 이를 수 있는지 고찰한다.

이데올로기의 측면에서 바라본 영화의 원작에 대한 각색

르페베레는『번역, 역사와 문화(飜譯,歷史和文化)』란 책에서 이데올로기에 대해 명확하게 진술하였다. 이데올로기는 어떠한 단계, 정당, 직업 인사들의 세계와 사회의 시스템에 대한 생각과 견해로서 어느 한 나라 혹은 조직에서 유행하는 신념이며 그들의 정치 행위 혹은 사상적 특성에 숨어 있고 철학, 정치, 예술, 심미, 종교, 윤리도덕은 그것의 구체적인 표현이다. 번역자는 독자들이 받아들일 수 있도록 독자의 주류의식, 심미적 취향과 사회 윤리에 영합하려고 노력하여야 한다. 번역자는 맹목적으로 번역을 진행하는 것이 아니라 특정된 사회 이데올로기하에서 번역 작업을 진행한다.[240] 이데올로기는 텍스트의 선택, 번역의 과정과 결과를 조종한다. 외국의 문학작품을 번역하고 소개하는 과정은 흔히 이문화(異文化) 요소를 필터링하고 편집하며 추가하는 과정이며 번역 작품이 자신의 사회 주류 이데올로기의 요구에 부합하도록 한다. 중국의 번역자는 원문의 이국적 색채가 있는 요소를 중국 특색이 있는 내용으로 바꾸고 작품에 중국 요소를 가미하여 원문과 중국 문화의 차별성을 줄이고 독자와 번역문 사이의 문화적 간격을 좁혔다.

영화의 제작자는 셰익스피어의 연극 작품을 영화로 각색할 때 최대한 중국 관객들을 끌어들이기 위해 당시 사회의 주류의식, 심미적 취향과 사회 윤리 등에 영합하는 많은 수정을 가하였다. 이 영화는 등장인물에게 원작에 없었던 친척 관계를 추가하였다. 호윤정과 호주려는 남매가 되었고 백낙덕과 시낙화는 사촌남매가 되었다. 영화에서 가족애에 대한 중시와 강조는 중국적 사회윤리, 가족관계를 숭상하는 전통에 더욱 적합하였다. 중국은 수천 년 이래 상대적으로 폐쇄적이고 안정적인 농업사회에 처해 있었고 또한 유가사상은 가정윤리를 추앙하기에 영화 속에 가족

---

240) Lefevere, André. Translation/History/Culture: A Sourcebook. London and New York: Routledge, 1992. 14.

관계를 추가함으로써 중국 관객으로 하여금 이야기의 전개가 더욱 합리적으로 느껴지게 하였다. 가족관계는 이야기를 밀고나가는 데에 여러 작용을 하였다. 이를테면 호윤정은 오빠로서 여동생을 백낙덕에게 맡겨 호주려와 백낙덕 사이의 사랑을 발전시키는 데 도움을 주었다. 백낙덕의 외삼촌은 시독판(施督辦, 독판은 관직)인데 그는 호윤정에게 소개장을 써주었다. 이는 호윤정이 광주에서 관직을 맡고 훗날 백낙덕이 광주에 올 때 환영을 받게 되며 시독판이 백낙덕이 호윤정이 배신을 하였다고 모함하는 것을 쉽게 믿는 줄거리를 위해 복선을 깔아놓았다. 영화는 원작보다 가족애를 더욱 강조하였다. 원작에서 줄리아는 프로테우스가 그리워서 광주로 간 것이지만 영화에서 호주려는 신문에서 자신의 오빠가 총독에게 추방당한 소식을 보고 광주로 떠나기를 결정한 것이다.

또한 영화는 원작에서 발렌타인과 실비아가 사랑의 도피를 하자고 비밀 모의하는 부분과 프로테우스가 공작에게 두 사람의 계획을 고발하는 내용을 삭제하였다. 그리고 호윤정과 시낙화는 사랑의 도피를 하는 것을 계획하는 대신에 백낙덕에게 도움을 청하는 것으로 바꿨으며 백낙덕은 호윤정이 배신하였다는 거짓말을 함으로써 호윤정이 공작에게 추방당하는 이야기로 바꾸었다. 사랑의 도피를 하는 내용을 삭제하는 것은 중국의 전통 윤리도덕관과 더욱 부합하기 때문이며 사랑의 도피를 고발하는 행위를 호윤정이 배신한 것으로 바꾸는 것은 영화의 군사(軍事)적인 분위기와 관련이 있다.

당시의 사회 현실과 사조의 영향으로 군사적 분위기가 영화 전편을 관통하였다. 영화는 처음부터 상해에 있는 국립육군학교의 졸업 장면을 보여주었고 원작에서 두 남자 주인공이 베로나 광장에서 대화를 나누는 장면을 육군학교에서 대화를 진행하는 장면으로 바꾸었다. 그리고 원작에서 발렌타인과 프로테우스가 차례로 밀라노의 궁정에서 훈련받은 부분도 호윤정과 백낙덕이 차례로 광주의 군대로 부임하는 것으로 각색하였다. 원작처럼 공작에게 가서 견문을 넓히기 위함이 아니었다. 영화 마지막 부분은 궁정에서 성대한 결혼식을 올리는 원작의 장면은 네 사람이 군복을 입고 같이 군대 훈련하는 장면으로 바뀌었다. 이러한 것들은 당시 일본군이 중국을 침략하는 국난과 관련되며 관객들에게 국민으로서의 절박함과 책임감을 전달하였다.

영화가 신여성 이미지를 두드러지게 나타내는 것도 당시 사회에서 유행하는 '신여성(新女性)' 사조와 관련이 있다. 영화 앞머리에서 호주려가 등장할 때 '호주려—시대를 초월한 현대 여성'이라고 소개하였다. 시낙화를 소개할 때도 자막으로 '시독판의 딸, 시낙화—대장부의 기질이 있는 여장부'라고 소개하였다. 영화 속에서 호주려는 노래와 춤에 능한 상해의 도시 여성이었다. 자신의 오빠가 추방된 사실을 알고 광주로 건너와서 진실을 파헤치려고 하였다. 그녀는 광주에서 원작처럼 프로테우스의 시종이 된 것이 아니라, 시낙화의 부관(副官)이 되었다. 시낙화는 늠름하고 자태가 시원하며 매일 말을 타고 다닌다. 특히 영화에서 '교외에서 말을 다루는' 장면에서 시낙화는 가죽 부츠를 신고 챙이 넓은 모자를 쓰면서 채찍을 휘두르는 장면이 있었는데 이는 중국의 전통적인 여성의 심미적 이미지와 차이가 있다. 호윤정이 추방당한 후 시낙화는 호윤정의 호위대장의 직위까지 맡았으며 매일 군사들을 훈련시켰다. 그녀의 아버지가 조리오(刁利敖)와 결혼할 의향이 있는지를 묻자 그녀는 단도직입적으로 "조리오와는 아무런 감정이 없는데 어떻게 결혼 얘기를 할 수 있나요?"라고 말하였다. 영화에서 시낙화의 언행은 남성과 평등한 여성의 이미지를 곳곳에서 보여주었다. 이는 중국 전통 문학작품 속의 여성 이미지가 큰 진전을 이루었음을 말한다.

여성 이미지에 대한 개선을 살펴보자면 5.4운동 이후 중국 사회에서 신여성 이미지에 대한 등장과 개선은 서로 호응한다. 민주와 과학의 계몽운동이 전개함에 따라 '남녀평등', '부녀해방' 문제는 사회가 주목하는 주요 이슈로 떠올랐다. 신여성은 중국 전통의 여성 이미지와 달리 개인의 해방을 추구하고 자유연애를 추구하였다. 호영(胡纓)은 『번역의 전설―중국 신여성의 형성(1898-1918)(翻譯的傳說――中國新女性的形成(1898-1918))』에서 청나라 말기 이후 중국 신여성의 이미지는 번역을 통해서 확립된 것이라고 분석하고 지적한 바가 있다. 그가 말하는 신여성은 춘희, 하아려(夏雅麗), 롤랑 부인(Madame Roland)의 특색을 가질 뿐만 아니라 동시에 중국 전통문학 속의 여성 이미지의 특성과도 부합하였다. 원앙호접파의 작가 서심아(徐沈亞)의 작품 『옥이혼(玉梨魂)』에서 여주인공 이낭(梨娘)은 전통 미덕에 부합하는 과부이지만 사랑하는 사람 몽하(夢霞)를 떠나라고 재촉하면서도 셰익스피어의 로미오와 줄리엣(羅密歐與朱麗葉)의 구절을 읊을 수 있다.241) 여기서 영화 속의 시낙화는 사랑하는 사람과 같이 전통 고시를 읊으면서 또한 군복을 입은 채로 병

---

241) 胡櫻, 彭姍姍、龍瑜成譯, 《翻譯的傳說――中國新女性的形成 (1898-1918) 》, 南京 : 江蘇人民出版社, 2009年, 第116頁。

사를 훈련할 수 있는 이유를 이해할 수 있었다. 호주려는 상해에서는 애교가 철철 넘치는 아가씨이지만, 광주에서는 강하고 독립적인 군사 부관이다. 두 사람의 독립, 사랑에 대한 추구는 모두 당시 중국 사회에서 신여성에 대한 정의와 부합한다.

영화 〈일전매〉에서 외국 영화가 중국 영화 인물의 조형(造型)에 준 영향을 명확하게 볼 수 있다. 예를 들어 정계화는 일부 인물은 '괴상망측한 복장'을 입고 있다고 지적한 바가 있다. '괴상망측한 복장'은 여군의 군복을 말하는 것 같다. 여군의 복장은 1922년 중국에서 상영한 미국 영화 〈군대의 진주(Pearl of Army)〉에서 여군의 파마, 자켓과 전투화를 입은 모습과 비슷하였다. 시낙화와 호주려의 늠름하고 멋있는 군복 이미지는 또한 1920년대 이래 중국 영화에서 여러 차례 등장한 여협객의 이미지와 서로 호응한다. 20년대 이래 〈홍협(紅俠)〉, 〈화소홍련사(火燒紅蓮寺)〉 등 중국 무협영화에는 모두 많은 사랑을 받은 여협객의 이미지가 등장하였다.

또한, 영화는 매화의 이미지를 두드러지게 나타남으로써 중국 관객의 심미적 취향에 영합하였다. 중국 전통문화에서 매화는 고상한 성품과 굳은 지조, 강하고 용감하다는 좋은 이미지를 갖고 있다. 영화에서는 자막으로 시낙화는 매화처럼 냉염하고 고결한 성품을 가졌다고 설명하였다. 그녀의 규방에서는 매화 표시를 곳곳에서 볼 수 있었다. 이를테면 문, 창틀, 소파매트, 벽, 바닥, 심지어 시낙화가 감정을 전달하려는 브로치에서도 매화 표기를 볼 수 있다. 호윤정은 토비 두목이 된 후 자신이 거느린 대오를 '일전매'라고 칭하였고 자신의 산채에 '매화오(梅花塢)'라는 이름을 붙였으며 매화 그림이 있는 깃발로 장식하였다. 매화는 시낙화와 호윤정을 연결시켰고 두 사람은 모두 고상한 품성과 어려움을 두려워하지 않는 성격을 가지고 있음을 암시하였다. 이 외에도 매화는 1927년에 중화민국의 국화로 선포되었고 영화에서 매화 요소를 응용하는 것은 민족 감정을 나타내기 위한 것이다.

영화가 주류 시학에 적응하기 위해 진행한 각색

시학은 문학은 마땅히, 혹은 어떻게 할 수 있는 것에 주목한다. 그 내용은 문학적 방식, 문학 양식, 주제, 원형 인물, 줄거리와 상징 등 일련의 문학적 요소이다. 다른 하나는 관념인데, 다시 말하면 사회 시스템에서 문학이 일으킨 작용 혹은 일으켜야 할 작용에 대한 인식이다.[242] 작품이 목표 문화에서 더 많은 관객들에게 수용되기 위해 작품에 대해 일부 각색을 하고 당시 영화에서 유행한 내용과 형식에 적합하도록 해야 하였다.

외국의 문학작품을 중국의 이야기로 각색하는 것은 당시 영화계에서 예외 없이 진행한 방식이었다. 포천소(包天笑)가 영화 〈공곡란〉, 〈매화락(梅花落)〉으로 각색한 작품은 모두 "일본에서 번역한 것이다. 하지만 일본어로 된 텍스트도 외국어 텍스트를 번역한 것이었고 각색을 해서 중국의 이야기로 만든 것이다."라고 말한 적이 있다.[243] 영화의 작가와 감

---

242) Lefevere, André. Translation, Rewriting and the Manipulation of Literary Fame. London and New York : Routledge, 1992. 14.

243) 包天笑, 《我與電影》, 《釧影樓回憶錄續編》, 香港 : 大華出版社, 1973年, 第97頁。

독은 외국의 문학작품을 현지화하여 중국 배우들로 하여금 생동감 있고 자연스럽게 연기하여 관객들이 감상하고 받아들이게 한다.

영화는 원제 『베로나의 두 신사』를 〈일전매〉라는 중국 문화와 시적인 의미가 가득 담겨 있는 이름으로 바꾸었다. 〈일전매〉는 원래 사패(詞牌)의 이름이었는데 송나라 사인(詞人) 주방언(周邦彦)의 "꺾어 든 매화 한 가지 온갖 자태가 아름답다.(一剪梅花萬樣嬌)"에서 따온 이름이다. 영화는 원작의 네 주인공을 영화 속 네 명의 주인공으로 등장시키고 영어 발음에 맞춰 대응되는 중국 특색이 있는 중국어 이름을 붙였다. 발렌타인은 호윤정, 프로테우스는 백낙덕, 줄리아는 호주려, 실비아는 시낙화로 번역됐다. 이러한 중국어 이름은 더 이상 영어 이름의 상징적인 의미를 가지진 않지만 새로운 의미를 갖게 됐다. 영어에서 발렌타인은 연인들의 수호자이다. 프로테우스는 끊임없이 자신의 모습을 변화시키는 바다의 신인데 이는 연극에서 그가 사랑에 대해 한결같지 않고 우정을 배신하는 것을 상징하는 것이었다. 발렌타인의 중국어 이름은 호윤정인데 '윤'은 그가 윤리를 중시한다는 것을 암시한다. 백낙덕의 '백'은 그가 음모를 꾸미지만 아무것도 얻을 수 없음을 암시하였고, '낙'은 그가 향락에 탐닉한다는 것을 암시한다. 호주려와 시낙화는 모두 여성미가 물씬 풍기는 이름이다. 인명 외에 장소도 상해와 광주로 바꿨다. 이로써 관객이 기억하기 쉽고, 스토리를 이해하는 데에도 도움이 되며, 그들이 영화에 대해 더 많은 흥미를 가지게 할 수 있다.

영화는 원작의 코미디한 두 조연 란스(Lance)와 스피드(Speed)를 제외하였다. 이 두 인물은 주로 익살스러운 동작이나 농담으로 때때로 원작에 재미있는 요소를 가미하였는데 이런 익살스러운 언어는 무성영화에서 자막으로 그 특성을 보여주기가 어려웠다. 그리고 이 두 조연과 이야기 줄거리는 많은 관련이 있는 것이 아니고 삭제해도 이야기 줄거리의 전개에 영향을 주지 않았다.

영화 속에 많은 중국 문학작품에서 흔히 나타나는 역사 전고(典故) 및 시사가부(詩詞歌賦)를 삽입하여 관객들로 하여금 영화에 대해 익숙한 느낌을 들게 하였고 중국 영화로서의 특성을 강화하였다. 백낙덕은 호주려의 시녀 아교(阿巧)를 중매인(홍낭紅娘)이라고 비유하였고 '중매를 맺어주는' 줄거리와 호윤정이 토비가 되어 약법삼장(約法三章)을 펼치는 장면을 삽입하였고 자막에 때때로 고대 시구를 삽입하였는데 모두 자국의 전통문학에 영합하기 위해 진행한 각색이다.

후원자가 영화의 각색에 미친 영향

후원자는 문학 읽기, 쓰기와 각색을 추진하거나 지원하는 권력자 혹은 기구, 예컨대 개인 혹은 단체, 종교 조직, 정당, 사회 계층, 궁정, 출판사 및 신문잡지, 방송국 등 매스컴을 말한다. 후원자는 세 가지 요소가 포함되어 있다. 첫째, 이데올로기 면의 요소이다. 작품의 형식 및 내용의 선정과 전개를 충분히 좌지우지할 수 있다. 둘째, 경제적 면의 요소이다. 후원자는 반드시 작가 및 각색자의 생활고를 해결할 수 있도록 금전이나 직위를 제공하는 등의 방식으로 보장해야 한다. 또는 교사 및 평론가 등 전문가들에게 보수, 원고료 혹은 저작권료 등을 제공한다. 셋째, 지위 면의 요소이다. 전문가들은 후원을 받으면 물질 문제를 해결할 수 있을 뿐만 아니라 그들이 어떤 단체 및 그들의 생활 방식에 유입되었다는 것을 대표한다.

영화 〈일전매〉에 결정적인 작용을 한 후원자는 연화영업공사이다. 연화영업공사는 1929년에 설립한 후부터 '자국 영화를 부흥하고 개조한다(復興國片, 改造國片)'는 깃발을 들고 당시 영화계의 거목인 명성영업사, 천일영업공사(天一影業公司)와 구분하고자 하였다. 그리고 촬영한 소재도 명성영업공사의 취미를 위주로 하는 영화와 천일회사의 신괴(神怪) 영화와 달랐다. 연화영업공사의 촬영 이념은 회사가 촬영하려는 영화 관련 소재를 선택하는 것을 결정하였다. 연화영업공사는 1930년에 〈야초한화(野草閑花)〉를 촬영하였는데 감독 손유(孫瑜)는 알렉상드르 뒤마 필스(Alexandre Dumas fils)의『춘희』와 미국 영화 〈제7의 천국(Seventh Heaven)〉의 영향을 받고 창작한 것이라고 솔직하게 말하였다. 〈연애와 의무〉는 폴란드 여성 작가 화라침(華羅琛, S. Horose)의 동명 원작 소설을 각색하고 촬영한 것이었다.[244] 손유는 자신의 〈야초한화〉의 창작에 대해 다음과 같이 설명하였다. 즉,

영화의 전체 줄거리에 대해 친구들이 회사 시편실(試片室)에서 관람한 후 〈제7의 천국〉[245]의 특색이 많이 포함되어 있다고 알려주었다……(나는) 그들의 말에 일리가 있다고 생각한다. 첫째, 남자주인공 김염(金焰)의 외모는 〈제7의 천국〉에 출연한 찰스 파렐(Charles Farrell)과 닮았다. 둘

---

244) 孫瑜, 《導演〈野草閑花〉的感想》, 《影戲雜誌》, 1930 年, 第1 卷第9 號。

245) 《七重天》（Seventh Heaven）, 1927 年美國福克斯公司（Fox Film Corporation）出品, 弗蘭克·鮑才奇（Frank Borzage）導演。

째, 〈제7의 천국〉에는 이발하는 장면이 있고 〈야초한화〉에는 파마하는 장면이 있다. 셋째, 〈제7의 천국〉이 끝날 때 남자주인공의 두 눈은 모두 실명하였고 〈야초한화〉가 끝날 때 남자주인공의 목소리는 상처를 받아서 다시는 무대에 올라서서 노래를 할 수 없게 되었다. 사실 나는 〈제7의 천국〉을 너무 좋아하였다! 내가 일부러 〈제7의 천국〉을 모방하려는 것이 아니라 〈제7의 천국〉이 모르는 사이에 나에게 영향을 준 것이다![246]

영화 〈일전매〉가 소재를 선택할 때 셰익스피어의 희극을 원본으로 한 것은 회사가 가지고 있는 이념에 부합하였기 때문이다. 연화영업공사는 〈일전매〉를 홍보하는 포스터에 "〈사랑 도적, 일전매〉, 원제는 〈진짜와 가짜 사랑(眞假愛情)〉이라고 표기하였다. 연화영업공사는 이 영화로 인해 새로운 기록을 개척하였다."라고 명시하였다.[247]

연화영업공사는 자신들의 목표와 작업에 대해 설명할 때 "우리는 해외 시장 개척을 최우선시한다. 우선 남양군도(南洋群島, 지금의 말레이 제도)의 화교가 번성하는 지역부터 착수한 다음, 구미의 여러 나라로 확대한다."라고 설명하였다.

연화영업공사 상해지사관리처에서 편역부(編譯部)를 특별히 개설하였다.[248] 연화영업공사는 비범한 국제적 시야와 원대한 식견을 드러냈고 번역자를 모집하고 영화를 영어로 번역함으로써 영화를 해외 관객들이

---

246) 孫瑜, 《導演〈野草閑花〉的感想》, 《影戲雜誌》, 1930年, 第1卷第9號.

247) 《一剪梅》廣告, 《影戲雜誌》第二卷第二號, 1931年10月1日, 第56頁.

248) 聯華來稿, 《聯華影片公司四年經歷史》, 《中國電影年鑒》, 中國教育電影協會出版, 1934年, 第78頁.

받아들이고 감상할 수 있도록 만들었으며 더 많은 관객과 상업적 이익을 얻고 이문화(異文化) 속에서 중국 이미지를 형상화하는 것이었다. 이 설립 취지의 설명은 연화영업공사가 촬영한 영화에 대해 영어 번역을 진행하게 된 이유를 설명하였다.

역문의 혼합

영화 〈일전매〉의 자막은 중국어에서 영어로 번역되었고 영어 번역에서 의미심장한 혼합 현상을 드러냈다. '혼합(hybrid)'이란 단어는 우선 생물학 영역에서 나타났는데 동식물의 잡교(雜交)를 가리킨다. 그 후로 이 단어는 언어학, 문학이론과 문화 연구 등 기타 학과 영역으로 도입되었다. 이런 학과들은 모두 '혼합'을 두 가지 서로 다른 사물의 상호 융합, 상호 영향으로 형성한 새로운 사물로 간주하였다. 이런 새 사물은 원래 두 가지 사물의 일부 특성만 있을 뿐만 아니라 자체의 현저한 독특성을 갖고 있다. 크리스티나(Christina Schäffner)와 비버리(Beverly Abad)는 어떠한 의미에서 보면, 모든 번역은 다 혼합이라고 했다. 이러한 혼합은 번역자가 의도해서 발생하였을 가능성이 높고, 번역자가 통제할 수 없는 권력 투쟁의 결과일 수도 있다. 혼합은 목표 문화의 언어와 문화 시스템에서 변화를 일으킬 수 있다.[249]

번역문의 혼합은 번역문에 대량의 목표어의 언어, 문화, 문학의 성분이 있을 뿐만 아니라 일부 원문 언어(源語)의 언어, 문화, 문학의 이질적

---

249) Schäffner, Christina and Beverly Abad. 「Translation as Intercultural Communication.」 Selected Papers from EST Congress Prague 1995. Ed. Mary Snell-Hornby, et al. Amsterdam/Philadelphia: John Benjamins Publishing, 1997. 325-337.

인 성분도 있다. 양자는 유기적으로 번역문 속에 혼합되어서 번역문이 어느 정도로 원문과 구별되게 하고, 또한 목표어 문학의 기존 작품과 다소 달라지기 때문에 혼합의 특징을 나타낸다. 혼합성은 주로 언어·문화·문학에서 나타난다. 언어에 있어서, 번역문에는 늘 목표어의 관습이나 규범에 부합하지 않는 언어 요소들이 있는데, 아직 목표어 독자들이 보편적으로 받아들이고 있지 않은 음역(音譯) 어휘, 명확하게 원문 언어의 구법(句法)의 특성을 지닌 문장, 그리고 원래대로 보존된 외국어 어휘 등이 포함된다. 문화에서는 번역문에는 원문 언어에서 유래한 문화의상(文化意象), 개념, 전고가 자주 등장하고 일부 음역된 인명과 지명도 있다. 문학에서는 다소 다르다. 원문 언어는 체재, 서사 기법 등의 면에서 종종 목표어 문학과는 어느 정도 차이가 있다. 많은 번역자들은 작품의 체재 및 글에서 사용한 서사 기법 등 참신한 문학적 요소를 그대로 유지하면서 동시에 일부 목표어 문학의 기법을 사용하게 되므로 번역문은 문학 방면에 있어서 혼합성을 갖게 된다.

영화 〈일전매〉는 자막 번역에서 많은 혼합 현상을 드러냈다. 영어 자막에는 대량의 영어 단어, 문학, 문화 특성에 부합하는 요소들이 있을 뿐만 아니라 중국어의 단어, 문학, 문화의 요소들을 상당 부분 유지하였다. 두 언어, 문학, 문화의 요소들은 유기적으로 영어 자막 속에 결합되었다. 영어가 원작에 대한 보류, 목표 언어에 대한 접근과 중국의 언어와 문화로부터 받은 영향 등 세 가지 측면으로부터 영화 번역의 혼합 현상을 분석하고자 한다.

원작에 대한 유지

앞서 지적하였듯이 영문 자막은 호윤정, 호주려, 시낙화, 백낙덕 등의 인명을 번역할 때 여전히 원작의 인명, 발렌타인, 줄리아, 실비아, 프로테우스를 그대로 사용하였다. 이는 원작에 대한 존중이자 영어 자막을 보는 목표 관객들에게 이 영화는 셰익스피어의 연극『베로나의 두 신사』를 각색한 작품이라는 정보를 알려줌으로써 목표 관객과 영화의 거리를 좁히고 친근감을 생기게 한다.

영화가 시작할 때 셰익스피어의 명언 "세계는 하나의 무대이다. 모든 남녀들은 진정한 배우들이다!"를 인용하였다. 영어 자막에서 이 문장을 셰익스피어의 원문을 그대로 차용해서 "All the world is a stage. Men and Women merely players. [sic]"라고 표기하였다.[250] 셰익스피어의 원문은 서양에서 잘 알려져 있어서 이렇게 번역하면 서양 관객과 영화 간의 거리를 줄일 수 있고 생소함을 감소시킬 수 있다. 호주려가 말한 "남자대장부는 뜻을 천하에 둬야 한다. … 나 때문에 너의 인생을 그르치면 안 된다."라는 말을 "You must not wear out your youth in idleness at home. I don't want you to ruin your future career on account of me."라고 번역하였다. 여기에서 '남자대장부는 뜻을 천하에 둬야 한다'는 말은 번역에서 생략하였고 "You must not wear out your youth in idleness at home."라고 번역함으로써 원작 속에서 발렌타인의 "To see the wonders of the world abroad. Than, living

---

250) 出自莎士比亞戲劇《皆大歡喜》（As You Like It）中的第一句話。原句為：All the world's a stage, and all the men and women merely players.

dully sluggardized at home. Wear out thy youth with shapeless idleness."라는 대사와 서로 호응시켰다. 이 부분의 중국어 자막에 대한 영어 번역은 영어 원작에서 온 것이라고 할 수 있고 번역자가 원작에 대해 잘 알고 있는 것을 알 수 있으며 관객의 영화에 대한 친근감을 증가시켰다.

목표 언어에 대한 접근

영화 속에서 영어 자막의 번역은 목표 언어, 문화, 문학의 규범에 따라서 번역문에 대해 조정을 진행하고자 하였다. 번역자는 중국의 전통 문화 요소를 가득 포함한 의상, 전고와 시구를 번역할 때 대체로 목표 언어로 접근하는 방식을 사용하여 독자들이 이해하는 데 도움을 주었다. 이를테면 영화에서 백낙덕이 아교에게 부탁해서 호주려에게 편지를 보내주는 자막에서 볼 수 있다.

(백낙덕): "나를 도와서 홍낭 역할을 해줘서 고맙소. 이 편지를 네 아가씨에게 보내주시오."

(Proteus), "Now be yourself Cupid and have this letter handed to Miss Julia."

(아교): 홍낭이 뭔가요? 모르겠어요.

(Aqiao), "Who is Cupid? I don't understand."

(백낙덕): "홍낭은 다른 사람을 위해 편지를 전달하는 아름다운 선녀일세."

(Proteus), "Cupid is the god of lover, a beautiful angel who
delivers letters for others."

여기서 번역자는 큐피드(Cupid)로 중국어 자막 속의 홍낭을 대체하였
다. 홍낭은 〈서상기〉에서 한 쌍의 연인을 위해 다리를 놓아주는 역할이
지만 큐피드는 그리스 신화 속의 사랑의 신으로서 사랑의 화살로 연인들
이 결실을 맺게 한다. 양자는 연인들 사이에서 비슷한 역할을 하는데 이
로 인해 번역자는 목표 언어에서 큐피드를 '홍낭'으로 대체하여 독자들이
이해하는 데 도움을 주었다.

영화에서 백낙덕을 '지분장군(脂粉將軍)'이라고 칭하는데 그에게는
"백낙덕-여자친구를 잘 사귀고 병사를 잘 다루다"는 부연 설명이 달렸
다. 그러나 영어 자막에서 지분장군을 'perfume general!'으로 번역하
고 향수의 상징을 '지분'의 상징으로 대체하였다. 연지와 향분을 지분이
라고 하는데 중국의 문학작품에서 흔히 여인을 지칭하였다. 백거이(白居
易)는 〈희제목란화(戲題木蘭花)〉에서 "이상히도 연지와 분을 바르는 모
습 있는가 하더니 목란은 원래 여인이었네(怪得獨饒脂粉態, 木蘭曾作
女郎來)."라고 쓴 적이 있다. 중국어 자막에서 백낙덕을 지분장군이라
고 칭한 것은 중국 전통문학에서 야유를 진행할 때 흔히 볼 수 있다. 영
어 번역에서 영어문학에서 보다 더 보편적인 이미지의 상징인 'perfume'
을 'blusher and powder'로 대신함으로써 더욱 간결하고 두드러지게
나타냈다. 그리고 중국어에서 "백낙덕-여자친구를 잘 사귀고 병사를
잘 다루다"라는 표현은 영어에서는 "Proteus—who knows girls better

than soldiers"라고 번역하였다. 보다 더 익살스러운 방식으로 백낙덕의 'perfume general'의 특성을 전달하였다.

　자막에서 중국어 시구에 대한 번역도 유사한 혼합 현상이 나타났다. 영화에서 시가에 대한 번역을 예로 들 수 있다. 백낙덕은 소형 비행기를 타고 광동으로 갔다. 그전에는 시의가 있는 중국어 자막인 "비바람을 타고 하늘을 찌르며 남자가 한창 의기양양할 때(乘風雨, 沖霄漢, 正男兒 得意之時)"로 되어 있는데 중국어로 된 시구는 리듬감이 넘칠 뿐만 아니라 '비바람(風雨)', '하늘(霄漢)', '남자(男兒)' 등의 상징으로 백낙덕이 의기양양하게 광주로 달려가는 상황을 묘사하였다. 이에 대한 번역문인 "Like an eagle soaring up the sky, Proteus feels as if he is sitting on the top of the world.(하늘로 나는 독수리처럼 프로테우스는 자신이 마치 세상의 정상에 앉아 있는 것 같았다.)"에는 '독수리'라는 새로운 상징을 추가하여 잃어버린 중국어의 상징 '비바람'을 보충하였고 시사의 리듬으로 호기충천한 느낌을 갖다 주었다. 그리고 영화의 중국어 자막 "사랑하는 사람을 다시 만나지 못하는데 누가 이를 비난할 수 있는가(人面 桃花, 誰能遣此)"라는 시적인 정취와 그림 같은 아름다움이 충만하며 침울하고 풀이 죽은 시구는 간단하게 'Reminiscence'로 번역하였다. 이는 중국어 시가의 리듬과 의상, 전고에 대한 포기이며 가장 직접적인 의사 전달을 추구하는 것이다.

　영화는 심지어 호윤정과 시낙화가 화원에서 사(詞)를 만드는 장면을 번역하지 않았다. 관객들은 너무 뜬금없다는 느낌을 받았으나, 영화 번역은 텍스트 번역에 비해 여러 가지 경로를 통해 정보를 보충할 수 있다는 아주 큰 장점이 있다. 여기서 영화 화면을 통해 정보를 보충하였는데 화원에서 데이트를 하고 같이 시를 짓는 로맨틱한 장면은 관객들로 하여금 두 사람 사이의 싹트고 있는 사랑을 느끼게 하였다.

중국 언어와 문화의 영향을 받음

영화 이름 〈일전매〉는 직접 'YIHJANMAE'로 음역하였다. 이는 '중국영화'의 특색이 두드러지게 나타나서 관객들에게 이국적인 느낌을 주었다. 영화에서 호윤정이 토비로 전락한 후 자신을 '일전매'라고 불렀는데 역시 'YIHJANMAE'로 음역하였다.

중국어 자막: 토비가 출몰한 월감(粤贛, 광동성과 강서성) 변경 지역에 엄격하고 분명한 규율을 가진 토비 두목 '일전매'를 발견하였다.

영어 자막 : From the notorious bandit retreat, the Kwangtung boundary whispered the thrilling nick-name of a well disciplined bandit, "YIHJANMAE".

'일전매'를 직접 'YIHJANMAE'로 번역하면 외국 관객들로 하여금 이 것은 인명이라는 인식을 갖게 되지만 중국어 '일전매'가 사패(詞牌) 이름으로서 포함한 아름답고 고아한 시의(詩意)를 잃게 되어 영화 전편이 호윤정을 위주로 서술하는 이야기로 만들었다. 그러나 연화영업공사에서는 이 영화를 〈협도일전매(俠盜一剪梅)〉라고 명명한 적이 있는데 이것과 우연히 일치한 번역이라 할 수 있다.

영화에서 반복적으로 나타난 '매화' 요소는 번역문에서 유지하였고 여전히 'plum flowers'로 번역하였으며 매화의 성품을 번역해냈다.

이로부터,

중국어 자막: 낙화는 매화를 가장 사랑하였다. … 왜냐하면 냉염하고 청아한 것이 자신의 성격과 부합하기 때문이다.

영어 자막 : Silvia is a passionate lover of plum flowers. Have [sic] the impression that the fragrance and purity of the flower somewhat resemblance her character.

이렇게 중국 문화 속의 전통 상징 '매화'를 영어로 전달하였고 외국 관객들로 하여금 중국어의 이런 상징에 대해 알게 하였다. 이런 점도 초기 중국 영화사가 해외 관객들에게 중국인과 중국 문화를 알리기 위해 진행한 노력과도 맞는다.

〈일전매〉의 영화 번역은 중영(中英) 두 가지 문화가 언어, 문학과 문화의 각 방면에서 혼합한 상황을 초래하였다. 중국어의 언어, 문학, 문화와 영어의 언어, 문학, 문화의 요소는 영화의 번역문의 번역에서 공존한다. 번역은 원래 언어와 텍스트의 차이성을 원문의 언어, 문학과 문화 등 서로 다른 차원의 차이성으로 이전하였고 목표 언어의 문화와 원문 언어의 문화를 본격적으로 접촉, 부딪힘, 융합하게 하였다. 한편으로 두 가지 언어와 문화 지간에 서로 이해하고 공통의 인식을 가질 수 있도록 조건을 마련해주었으며 동시에 목표 언어의 문화를 풍부하게 만들었다고 할 수 있다.

초기 영화에서 존재하는 이러한 이중 번역 현상은 한편으로 외국 관객들에게 타자를 소개해주었고 외국의 문학작품과 사상관념을 끌어들이고 소개하는 과정에서 그것을 중국화하고 더 많은 중국 관객들이 받아들이게 하였다. 다른 한편으로 또 번역하고 각색을 거친 영화를 번역함으로써 해외 관객을 목표 관객으로 끌어 들일 수 있게 되었다. 영화의 대외 번역을 진행할 때 원작은 존중하고 유지되기도 하며 목표 언어의 언어와 문화에 접근하고 중국의 언어와 문화의 차이성에도 유지를 하며 중영 언어문화가 혼합 속에서 융합할 수 있게 하였다.

3

영화 〈한 꿰미 진주〉

이중 번역에서 각색과 혼합 현상은 같은 시기의 영화 〈한 꿰미 진주〉에서도 나타났지만 다소 달랐다. 1925년, 장성영화공사(長城畵片公司)는 영화 〈한 꿰미 진주〉를 선보였는데 작가는 후요(侯曜)이고 감독은 이택원(李澤源)이었다. 〈한 꿰미 진주〉는 프랑스의 비판현실주의 작가 모파상의 소설 『목걸이』를 각색해서 제작한 것이다. 감독 이택원과 작가 후요는 이 이야기에 대해 번역 · 각색을 진행하여 중국적 특색을 상당 부분 추가하였다. 이를테면 파리에서 발생한 이야기를 20세기 상해의 이야기로 바꾼 것이다.

각색해서 제작한 영화의 줄거리는 다음과 같다. 젊은 주부 수진(秀珍)이 친구의 정월대보름 모임에 참석하려 하였지만 장신구가 없어서 괴로였다. 남편 왕옥생(王玉生)은 보석 수리점을 경영하는 친구 주전(周全)로부터 수리를 마쳤지만 아직 주인에게 돌려주지 않는 진주 목걸이 하나를 빌려왔다. 아내 수진은 매우 기뻐하였고 모임에서 친구들에게 자랑을 해서 친구 부미선(傅美仙)의 부러움을 샀는데, 이 모든 것은 미선을 좋아하는 마여룡(馬如龍)의 눈에 띄었다. 저녁 모임 후 수진이 집으로 돌아가는 길에 도둑이 나타나 목걸이를 훔쳐 달아났다. 잃어버린 진주를 갚기 위해 옥생 부부는 여기저기 돌아다니면서 돈을 빌렸지만 부족하였다. 궁여지책으로 옥생은 공금을 횡령하여 비슷한 목걸이를 샀다. 목걸이 주인은 자신의 목걸이가 아닌 것을 알아챘지만 가격이 원래 것보다 비싼 것을 눈치 채고 그대로 받아갔다. 옥생이 공금을 횡령하였다는 사실이 회사에 발각되자 감옥에 가게 된다. 수진도 어쩔 수 없이 시골로 이사하게 된다. 몇 년 후 옥생은 형기를 마치고 출옥한 후 생계를 유지하기 위해 이곳저곳에서 일자리를 찾았고 진화사(振華紗) 공장에 들어가 일을 하게 되었는데 마침 마여룡이 그 공장에서 회계를 담당하고 있었다. 옥생은 자신을 협박하는 내용을 담은 쪽지를 발견한다. 그는 쪽지가 요구하는 대로 돌다리에 갔는데 마여룡이 한 악당과 다투며 싸우는데 목숨을 잃을 뻔하는 것을 목격하였다. 옥생은 사력을 다해 마여룡을 구한다. 병원에서 네 사람이 다시 만나게 되고 수진이 목걸이를 잃어버린 후 생활고에 시달리게 되었다는 사실을 알게 된다. 마여룡은 미안한 마음에 미선의 호감을 얻기 위해 도둑을 시켜 목걸이를 훔쳤다고 자백한다. 그는 이 진주 목걸이로 미선을 감동시켜 청혼에 성공한다. 수년 동안 그는 줄곧 도둑의 협박을 받아서 수천 위안을 빼앗기고도 입을 다물어야 했다. 마지막으로 수진과 미선도 자신의 허영을 참회하였다. 마여룡은 옥생에게 회계직을 양보하고, 미선은 수진을 도와서 옛집을 되찾아주었다. 영화는 한 꿰미의 진주 목걸이를 잃어버림으로 인해 여주인공의 운명이 바뀐 사연, 즉 모임을 위해 목걸이를 빌렸는데 목걸이를 잃어버려서 곤경에 처하고 목걸이를 돌려주기 위해 고달픈 삶을 살게 되었다는 내용이 주요 줄거리였다. 영화를 각색하는 과정에서 후원자, 이데올로기, 주류 시학의 영향을 받아서 하나의 중국화한 작품을 만들었다. 이 세 가지 측면에서 각자가 영화의 번역·각색에 미치는 영향을 살펴볼 것이다.

원작에 대한 각색 – 후원자의 각도에서 바라본 자신이 영화의 번역·각색에 미친 영향

영화 〈한 꿰미 진주〉의 후원자는 장성영화공사이다. 여기서 장성영화공사의 설립 배경과 취지를 살펴볼 필요가 있다. 1920년 봄, 미국 뉴욕에서 중국인을 소재로 한 영화 〈홍등롱(紅燈籠)〉, 〈초생(初生)〉이 상영하자 당시 미국에 있는 화교들의 분노를 불러일으켰고 분분히 중국 남방정부 주미대표 마소(馬素)에게 요청해 뉴욕시 정부와 교섭을 요구하여 뉴욕시장 해론은 상영금지를 이끌어 냈다. 하지만 뉴욕 외의 다른 지역에서는 여전히 계속 상영되는 곳이 많았고, 마소 등이 계속 미국 중앙검사영화위원회와 교섭을 하였지만 "중국이 직접 영화를 제작해서 동양의 아름다운 문화를 소개해줄 수 있다면 이런 졸렬한 영화는 자연히 사라질 것이다."라는 답장을 받았다. 이런 답장에 분노한 화교 청년들도 어쩔 수 없었지만, 당시 뉴욕 〈민기보(民氣報)〉에서 근무하던 매설주(梅雪儔), 유조명(劉兆明)과 화교 청년 여석훈(黎錫勳), 임한생(林漢生) 등은 이를 계기로 뉴욕 앨빈학교에 입학해 영화 연기와 연출을 배우기로 약속하였고 또 후에 뉴욕 촬영학교(New York Institute of Photography)에서 촬영을 배웠으며 곧 이 학교에서 공부하는 화교 청년 학생 정패림(程沛霖), 이문광(李文光)을 만나게 됐다. 이들은 의기투합하여 이운산(李雲山), 뢰요곤(雷堯昆, 화곤火昆) 등과 코네티컷 주에서 공부한 이택원 등 뜻을 같이 한 자들과 함께 전문적으로 영화를 연구하는 진진학사(眞眞學社)를 창립하였다. 그리고 여기에 연배가 높은 중국계 뉴욕 상인 이기도(李基道)가 합류하였다. 이들은 1921년 5월에 뉴욕 브루클린에 주식 공모를 하고 장성제조화편공사를 설립하였다. 필요한 영화 기자재를 구입하였고 작은 촬영장을 꾸몄으며 회사의 핵심 임원들은 여전히 각각 뉴욕 등 지역의 영화학교, 영화사와 기타 회사로 가서 영화 기술을 배웠다. 1922년, 회사의 촬영장에서 〈중국의 복장(中國的服裝)〉과 〈중국의 무술(中國的武術)〉 두 단편을 촬영하였고 어반모션 픽처 주식회사(Urban Motion Picture Industries Incorporation)에 판매하였다. 뉴욕에서는 더 이상 발전하기가 힘들고 또 이 회사의 목표가 뉴욕에 있는 것이 아니었기 때문에 1924년에 중국 국내 이전을 결정하였다. 그들은 상해의 프랑스조계 서문로(西門路)에 장성영화공사를 설립하였고 서가회(徐家匯)에 촬영장을 만들었다. 1926년 회사를 확장하여 모두 서가회의 공장으로 옮겼고, 영파로(寧波路) 1호에 영업부를 설립하였으며 외부와 쉽게 연락하도록 하였다.[251]

---

251) 關於長城畫片公司創立的歷史, 這裏主要參考上海合作出版社1927年出版的 《中國

장성영화공사의 초기 작품은 감각이 뛰어나고 특징이 선명하며 스스로 일가를 이루었고 개성이 있었다. 따라서 당시에 '장성파(長城派)'라는 미명(美名)을 부여하는 영화평론가가 있었는데 "장성회사가 만든 영화가 상해의 영화계에서 스스로 일가를 이루었기에 내가 독단적으로 그들에게 장성파라는 미명을 붙여주었다."라고 말한 바가 있다.[252] "영화마다 짙은 주제의식을 가지고 있고 새로운 도덕성, 새로운 문화를 제창하는 멘토이다"는 '장성파' 영화의 특징이다.[253] 장성회사의 창시자이면서 감독인 매설주, 이택원은 "우리가 선택한 각본은 완전히 문제극이다. … 우리는 중국의 수많은 해결해야 할 큰 문제점들이 있다는 것을 인정한다. 문제점을 다루는 대본을 영화로 제작하지 않는다면 사회에 경고의 메시지를 줄 수 없다"고 주장하였다. 장성회사의 시나리오 작가인 후요도 사회 문제를 다루는 영화를 찍고 낡은 풍속을 바꿀 것을 주장하였다.[254] 영화 촬영에 대한 후요의 주장은 그의 저서『영화극본작법(影戲劇本作法)』에 집중적으로 나타났다. 이 책에서 그는 영화의 사회적 기능을 강조하였고 "인생을 표현하고 비판하며 인생을 조화시키고 인생을 미화하는" 역할을 하며 '보편성과 영구성'을 가진 교육 도구로서의 위상을 갖고 있

影戲大觀》中《滬上各製片公司之創立史及經過情形》之有關長城畫片公司部分, 谷劍塵著《中國電影發達史》以及鄭君裏著《現代中國電影史略》等有關長城畫片公司成立的敘述, 以及陳墨, 蕭知偉的考證. 陳墨, 蕭知偉, 《跨海的長城, 從建立到坍塌—長城畫片公司歷史初探》, 《當代電影》, 2004年, 第3期, 第36頁.

252) 何心冷, 《長城派影片所給我的印象》, 長城特刊《偽君子》專號, 1926年1月.

253) 春秋, 《海上電影公司出品之長點》, 《銀光》, 1926年, 第1期.

254) 雪儔、澤源, 《導演的經過》, 長城特刊《春閨夢裏人》專號, 1925年9月.

다.[255] 모파상의 단편소설『목걸이』를 각색해서 영화 〈한 꿰미 진주〉를 제작함으로써 '허영을 공격'하고 '참회를 제창'하라는 주제를 나타냈다. 후원자인 장성회사의 '문제극'을 촬영하는 취지에 부합하며 이택원 감독, 후요 작가의 개인 사상이념에도 적합하였다.

이데올로기 면에서 바라본 〈한 꿰미 진주〉에 대한 각색

중국 1920년대의 영화계에서는 개량주의(改良主義)가 한때 성행하였다. 사실 중국의 제1세대 영화인의 이런 개량, 교화 사상은 절대 우연히 나타난 것이 아니다. 문예의 사회적 기능에 대해서 중국 고대에는 원래부터 '글로써 사상을 표현한다(文以載道)'는 말이 있다. 이러한 전통은 중국 고대사상발전사를 관통하였고 분명히 중국의 문예에 대해 깊고 장기적인 영향을 미쳤다. 20세기 초, 정정추(鄭正秋)를 대표로 한 중국 제1세대 영화인은 영화를 사회를 개량하는 수단으로 사용할 것을 주장하는 사상은 '글로써 사상을 표현한다'는 말의 근대적 구현이라 할 수 있다. 전통 관념의 영향 외에 이런 개량사상은 대체로 20세기 초의 중국의 거대한 사회문화 배경과 서로 호응하였다. 19세기 말 20세기 초, 중국 사상계의 주요한 주제 중의 하나가 바로 유신(維新)과 개량이었다. "이런 유신과 개량의 풍조는 정치 방면에서 뚜렷한 결과를 얻지 못하였으나 문학면에서는 상당히 뛰어난 결과를 얻었다."[256] 당시, 양계초(梁啓超)와 황준헌(黃遵憲) 등은 '소설계혁명', '시계혁명(詩界革命)'의 구호를 제기하

---

255) 侯曜, 《影戲劇本作法》, 上海：上海泰東書局, 1926年版, 卷首語。

256) 郭誌剛、孫中田主編, 《中國現代文學史》上冊, 北京：高等教育出版社, 1999年版, 第5頁。

였고 청나라 말기에 '문학개량운동'의 서막을 열었으며 당시 사상계, 문예계에서 큰 파장을 불러일으켰다. 옛 문인들과의 치열한 논쟁에서 선진 지식인들은 광범위한 인정과 공감을 얻었다. 그러므로 이런 사조의 영향을 깊이 받고 솔선수범으로 옛 연극에 대한 개혁에 참가한 정정추는 영화로 대중을 교화하고 사회를 개조하는 사상을 제기하는 것은 이상하게 생각할 필요가 없었다. 명성영업공사의 〈고아구조기(孤兒救祖記)〉, 정정추의 여성 생활을 소재로 한 영화, 홍심(洪深)의 초기 창작 등은 모두 뚜렷한 개량주의 색체를 구현하였으며 전체 사회에 대해 비판을 하는 것이 아니라 폭로와 도덕 질책의 방식으로 당시의 중국 민중들에게 교육을 진행하여 이들을 도덕적으로 개조하여 최종적으로 사회 개조를 실현하는 것이 목표였다.

후요는 영화는 '인생을 비판하고' '인생을 조화롭게' 할 수 있지만 이런 조화개량주의(調和改良主義) 사상은 『목걸이』의 번역·각색에 영향을 주었다. 그는 모파상처럼 사회 전체에 대해 비판을 하지 않고 오직 여성의 허영심을 비판하였고 원작을 확장해서 많은 줄거리를 추가하였으며 개량주의적 해결 방법을 제시하였다. 수진과 미선의 허영심은 자신의 남편이 범죄를 저지르게 만들었지만 영화의 결말은 수진, 미선, 여룡이 각자 참회하는 것으로 끝났다. 심지어 여룡은 참회하고 자신의 직무를 옥생에게 양보함으로써 대단원의 엔딩을 이루었고 사람을 고용해서 범죄 행위를 행하였으나 법률의 형벌을 받지 않는 것을 비판하였다. 〈한 꿰미 진주〉에 대한 번역과 각색은 당시 중국 영화계에서 일어난 개량주의 풍조와 서로 반응한 것이었다.

중국 문화 전통에서 윤리적 관계를 중시하고 개인을 두드러지게 하는 사상도 이 영화의 번역과 각색에 반영됐다. 모파상의 소설『목걸이』는 루아젤 부인 본인을 두드러지게 부각시켰다. 그녀의 고통과 번뇌, 귀족 같은 사치스러운 생활에 대한 동경을 강조하였다. 이에 비해 남편 루아젤은, 그리고 목걸이를 빌려준 친구에 대해 모두 간단하게 소개하였다. 그러나 영화는 개별 인물에 초점을 맞추지 않았다. 영화에서 수진의 심리를 충분히 부각시키고 그녀의 부와 지위에 대한 갈망을 강조하기보다는 두 부부에 대한 묘사를 위주로 진행하였다. 가족관계로 인물의 관계를 맺는 것은 비교적 중국의 윤리를 중시하는 전통적 취향에 부합한다.

주류 시학 방면에서 바라본 〈한 꿰미 진주〉에 대한 각색

영화 〈한 꿰미 진주〉에서 후요는 원작의 다이아몬드 목걸이를 진주 목걸이로 바꾸고 현지화한 각색을 하였다. 진주는 중국 문화에서 줄곧 재부의 상징이었다. 『전국책 · 진책5(戰國策 · 秦策五)』에는 "군자의 집에는 진주와 보석이 숨어 있다(君之府藏珍珠寶石)"라는 말이 있다. 후요는 다이아몬드 목걸이 대신 진주 목걸이를 선택하는 것이 중국인의 문학 전통과 심미적 취향에 더 부합하기 때문이었다. 이 밖에 중국 고전 문학 작품에서 흔히 진주로 눈물을 비유하였는데 회한의 의미를 담고 있으며 영화의 참회 주제와 서로 호응하였다.

서사 구조에서 모파상은 열린 결말로 끝맺었고 독자들에게 끝없는 상상의 여지를 남겨주었다. 그러나 영화 〈한 꿰미 진주〉에서 가짜 목걸이로 인해 사람들이 놀라게 되는 결말은 영화에서 구현되었고 영화는 두 부부 및 그들과 관련된 인간관계와 생활 상황을 중심으로 선보였다. 원작에서 다이아몬드 목걸이는 재부와 상류사회를 가리켰다. 마지막에 다이아몬드 목걸이가 가짜라는 사실은 사람들로 하여금 이 목걸이가 대표한 모든 것에 대해 의심과 비판을 이끌어 냈다. 그러나 영화에서는 주로 여성의 허영심을 비판하였다. 중국의 서민 문학작품들은 흔히 인과관계로 서사를 구성하고, 인간관계와 윤리 관념을 표현하며, 서민생활에서 재물로 인해 화를 자초하는 이야기가 등장하는데 이를 반영하였다. 수진은 진주 목걸이를 자랑한 것으로 인해 도둑맞았는데 이는 전통 서민소설에서 흔히 볼 수 있는 이야기와 아주 흡사하였다. 영화의 결말도 전통문학의 인과응보라는 관점에 부합할 뿐만 아니라 참회라는 특색을 추가하였다. 영화는 가족의 아름다움을 표현하기도 하였다. 엔딩 부분에서 시련 끝에 주인공이 다시 행복한 삶을 살게 되었고 가족 간의 사랑을 느끼게 된다. 이로써 영화는 허영은 행복한 삶을 하루아침에 망칠 수 있으므로 무엇을 취하고 무엇을 버려야 할지 스스로 알게 하였다. 선행에는 선과(善果)가 있고, 악행에는 악과(惡果)가 있으므로 도덕적 참회만이 자신을 살리는 유일한 길이다.

서사 구조를 조정하는 것 외에도 수많은 고전 시사와 경구를 영화에 삽입하였고 설명성 자막으로 영화의 주요 취지와 줄거리를 제시하였다. 이를테면 영화가 시작할 때 "그대는 아는가? 그대는 아는가? 진주 한 꿰미는 곡식 만곡으로도 힘들다네! 여인이 허영을 하게 되면 남편이 그녀의 말과 소가 되어야 하니라."를 보여줌으로써 여인의 허영심 때문에 남편을 힘들게 하였다는 이야기를 제시하였다. 또한 영화에서 수진은 빌린 목걸이를 착용하고 정성껏 꾸민 뒤 "치장 후 남편에게 낮은 목소리로 눈썹이 짙음과 옅음이 유행에 맞는지 물었다네"는 자막을 보여주면서 수진의 기쁘고 교태부리는 마음을 표현하였다. "바느질하고 또 바느질한다. 아침에 닭이 울 때부터. 끝없이 바느질을 하였으나 값어치가 얼마나 되겠느냐?", "손가락의 아픔은 누구도 알아주지 않고 눈은 부어 울기조차 힘들다네. 바느질 한 땀 한 땀 하면서 이것으로 굶주린 배를 채우네.", "혼자서 우환이 많음을 생각하며 흐느끼고 스스로를 위로하네. 또 눈물방울이 바늘과 실을 적실까 봐 두렵네." 등으로 수진이 옥룡이 감옥에 들어간 뒤 남들에게 바느질하는 것으로 생계를 유지하는 고단한 삶을 표현하였다. 이 시구들은 영화 자막에 문학성을 가미하여 가독성을 더하였다. 후요는 영화 속 자막의 활용을 매우 중시하였다. 그는 "작가의 내부 생명의 뿌리의 가장 깊은 곳에 가라앉아 있는 정서, 사상, 정신, 감정 등을 관객에게 전달하고 작가와 함께 생명의 공감대(生命底共感)를 이루게 한다"고 주장하였다.[257] 이 단락에서 그가 자막을 창작하는 목적이 뚜렷하게 나타났다. 시사를 응용하는 것 외에 한 장면이 등장하기 전에는 "돈이 있으면 친척", "돈이 없으면 모르는 사이", "술과 고기가 있으면 친구", "세상이 차갑고 인정은 봄의 얼음처럼 야박하다" 등 경구(警句)들이 자주 나타났다. 이런 관객의 일상생활 경험에 부합하는 속담과 경구는 관객들의 영화에 대한 이해를 높이고 나아가서 줄거리를 뚜렷하게 하였다.

---

257) 侯曜, 《影戲劇本作法》, 上海 : 上海泰東書局, 1926年, 第1-4頁.

귀화(歸化)에 치우치는 혼합

장성화편회사의 영화 자막은 당시에 영화평론가들의 호평을 받았고 장성회사가 제작한 영화는 "촬영이 선명하고 밝은 것이 여러 회사 가운데 최고이다. 그것은 이 회사의 설비가 훌륭하기 때문이었다. 자막은 간결해도 충분히 취할 점이 있다"고 말하였다.[258] 후요는 영화 자막의 활용을 매우 중시하였다. 그는 "작자의 내부 생명의 뿌리의 가장 깊은 곳에 가라앉아 있는 정서, 사상, 정신, 감정 등을 관객에게 전달하고 작가와 함께 생명의 공감대(生命底共感)를 이루게 한다"고 주장하였다.[259] 이 영화의 중국어 자막은 아주 높은 문학적 가치를 가지고 있었다. 설명성 자막이든 대화성 자막이든 모두 후요의 이러한 창작 사상을 드러냈다. 하지만 일부 중국어 자막에 서구화된 특성이 뚜렷하게 나타나기도 하였다. 예를 들어 영화 서두에 나오는 "세상에 아름다운 가족보다 더 소중한 것은 없다."라는 자막은 상당히 뚜렷한 서구화된 문구인데 사실은 영어 자막인 "There is nothing in the world more precious than a sweet home."을 그대로 옮긴 것 같다. 영화 〈일전매〉와 달리 이 영화에 대한 번역에서는 목표 언어에 접근하는 특성이 매우 뚜렷하게 나타난다.

---

258) 春秋, 《海上電影公司出品之長點》, 《銀光》, 1926年, 第1期, 第29頁。

259) 侯曜, 《影戲劇本作法》, 上海 : 上海泰東書局1926年版, 第8頁。

　이 영화의 서두 혹은 결말 부분에서 영화 자막의 번역자가 누군지를 알려주지 않았지만 같은 시기에 출간된 『중화영업연감(中華影業年鑒)』을 보면 이 영화의 번역자는 유노은(劉蘆隱)이라는 것을 알 수 있다.[260] 유노은(1894~1969)은 강서성 영풍현(江西省永豐縣) 출신이다. 1912년 4월에 동맹회(同盟會)에 가입하였고 이듬해 여름에 상해 복단대학(復旦大學)에 입학하였다. 졸업 후 미국의 캘리포니아대학교에서 유학하였는데 경제학을 전공하고 학사 학위를 받았다. 1921년에는 샌프란시스코 〈소년중국신보(少年中國晨報)〉의 편집장을 맡았고, 동시에 국민당 미국 샌프란시스코 지부 총간사(總幹事)를 겸임하였다. 1922년, 그녀는 국민

260) 程樹仁, 《中華影業年鑒》, 上海：中華影業年鑒社, 1927年, 第11部分。

당 캐나다 총지부 총간사를 지냈다. 1924년에는 재미교포를 대표해 국민당 제1차 전국대표대회에 참석하였고 제1기 중앙집행위원선전부 비서 및 대본영 법제위원으로 임명되었으며 회의 위원장으로 전임하였다. 얼마 후에 그는 명령을 받고 상해에 가서 청년 사업을 진행하였고 동시에 상해대학과 복단대학의 교수로 겸임하였다. 1925년, 그는 복단대학 사회학과 주임으로 부임하였다. 그리고 1927년, 남경국민정부(南京國民政府)가 수립된 후 국민당 중앙선전부 비서 겸 〈중앙반월간(中央半月刊)〉의 주필이 되었다. 이듬해 11월, 그는 입법원 편역처(編譯處) 처장이 되었다.[261] 유노은의 개인 경력을 보면 그의 미국 유학 배경과 나중에 중화민국정부 입법부 편역처 처장을 지낸 경력은 그가 영화의 번역자를 담당할 수 있는 능력을 증명하였다. 시기적으로 보면, 영화 〈한 꿰미 진주〉의 번역 작업은 유노은이 복단대학교에서 교수로 재직하면서 진행된 것으로 볼 수 있다.

자막에서 시사(詩詞)에 대한 번역

영화 자막에 많은 시사가 표현되었고 이것은 주제와 줄거리, 인물 평가를 하는 데 도움을 주었다. 시사의 자막은 일반 자막보다 매우 어렵다.

훌륭한 시사의 자막은 관객들에게 더 많은 감각적인 즐거움을 가져다줄 수 있고 영화의 작품 수준을 높일 수 있다. 장성영화사는 언제나 수준 높은 영화를 제작하는 것으로 이름을 날렸는데 이는 영화의 자막을 제작하고 번역하는 데에서도 나타났다. 영화에서 여러 번 등장하는 시사에

---

261) 文參, 《劉廬隱先生的晚年生活》, 《文史雜誌》, 1986年, 第1期, 第10-11頁.

대해서 번역문은 절대적으로 압운(押韻)하지 않았지만 시의 형식과 내용은 최대한 번역해냈다. 영화가 시작할 때 두 편의 자막이 등장하였다. 예를 들면

중국어 자막: 君知否? 君知否? 一串珍珠萬斛愁! 婦人若爲虛榮誤, 夫婿爲她作馬牛。(그대는 아는가? 그대는 아는가? 진주 한 꿰미는 곡식 만곡으로도 힘들다네! 여인이 허영을 부리면 남편은 그녀의 말과 소가 되어야 하니라.)

영어 자막 : Don't you know? Don't you know? A pearl necklace equals to million strings of sorrow. If a woman drag [sic] herself down to the road of vanity, her husband will be her victim surely.

번역자는 압운하는 단어를 압운하는 영어 시가로 바꾸려는 시도를 하였다. 번역문은 "know, know, sorrow, vanity, surely"으로 마무리하였는데 완전하게 압운하진 못하였지만 독자들의 입에 잘 붙었고 영어 관객의 문학전통과 심미적 취향에 부합하였다. 이 밖에 원문의 시가 속에서 나타난 '곡(斛)'은 중국 고대의 용량 단위로서 10말이 1곡이었다. "진주 한 꿰미는 곡식 만곡으로도 힘들다네(一串珍珠萬斛愁)"는 이 한 꿰미 진주 목걸이가 가져온 고통을 표현한 것이다. 영어는 'strings of sorrow'으로 '萬斛愁'를 번역하여 특수한 용량 단위를 해석하는 것을 피할 수 있을 뿐만 아니라 또 'strings'란 단어가 진주의 이미지에 적합하여 영어 관객들이 이해하는 데 도움을 주었다. 그러나 "여인이 허영을 부리면 남편은 그녀의 말과 소가 되어야 하니라(婦人若爲虛榮誤, 夫婿爲她作馬牛)."에서 '말과 소(馬牛)'의 이미지를 'victim'으로 바꾸어서 해외 관객들이 이

해하는 데 도움을 주었다. 그러나 여기서 번역문에도 명확한 문법 오류를 범하였는데 'drag'는 'drags'로 수정해야 한다. 이는 아마도 번역자의 오기일 수도 있고 서막자(書幕者)의 실수일 수도 있다.

번역자는 수진이 고단한 생활을 하는 모습을 표현하는 오언절구를 번역할 때도 최대한 압운하는 영어 번역문을 만들고자 하였다. 하지만 대체로 압운에 가까웠다. 아래 표를 통해서 대조해볼 수 있다.

시가	중국어 자막	영어 자막
시가1	縫衣復縫衣, 朝自鴻鳴起。 縫衣無已時, 所値能有几? 바느질하고 또 바느질한다. 아침에 닭이 울 때부터. 끝없이 바느질하였으나 값어치가 얼마나 되겠느냐?	Work, Work, Work! While the cock is crowing aloof, Work, work, work! My labor never flags, And what are its wages?
시가2	指痛無人知, 目腫難为哭。 一针復一针, 将此救饥腹。 손가락 통증은 누구도 모르고 눈이 붓고 울기 힘드네. 바느질 하나 하나 하면서 이것으로 굶주린 배를 채우네.	With fingers weary and worn, With eyelids heavy and red, Stitch, Stitch, Stitch, In poverty, hunger and dirt.
시가3	独念忧患多, 小哭聊自唁。 又恐泪珠儿, 湿却针与线。 혼자서 우환이 많음을 생각하며 흐느끼면서 스스로 위로하네. 또 눈물방울이 바늘과 실을 적실까 봐 두렵네.	A little would ease my heart, but in their bring bed. My tears must stop for [sic] every drop hinders needle and thread.

그 외에 영화는 역사적 전고가 있는 시사를 모두 목표 관객들에게 접근하는 방식을 사용하였고 중국의 문화 배경을 희석시켰으며 목표 언어의 관객들이 더욱 쉽게 이해하도록 하였다. 예를 들어 수진이 목걸이를 착용하고 치장한 후 영화에서는 "치장 후 남편에게 낮은 목소리로 눈썹의 짙음과 옅음이 유행에 맞는지 물었다네."라는 자막이 나타났다. 이 문장은 당나라 주경여(朱慶餘)의 시 〈근시장수부(近試張水部)〉에서 가져온 것인데 자신을 새색시로 비유하면서 과거의 주임 시험관에게 자신의 시험 결말을 묻는 장면을 표현한 것이다. '낮은 소리'와 '눈썹의 짙음과 옅음' 등은 모두 새색시의 부끄러운 모양을 표현하였다. 그러나 영어에서는 "She whispers to him : Am I not dress [sic] up nicely?"라고 번역하였다. 여기에는 작은 문법적인 실수가 있었다. 이 문장은 아마 "She whispers to him, 'Am I not dressed up nicely?'"라고 번역하려는 것 같았다. 이 시구의 번역은 정취로 가득 찬 "눈썹의 짙음과 옅음이 유행에 맞는지"를 직접 "dressed up nicely"로 번역하였다. 이는 아마도 관객들이 줄거리를 이해하는 데 도움이 되지만 원래 시구의 눈썹을 그리는 이미지와 정취를 잃었다.

전고에 대한 번역

시가 외에 영화 번역은 중국 특색이 있는 단어들, 예를 들어 '인정(人情)'이 영화 자막에서 여러 번 나타났다. 영화는 영어와 비교적 가까운 말로 번역하거나 생략하고 번역하지 않았다. "세상이 차갑고 인정은 봄의 얼음처럼 야박하다(世態炎涼, 人情薄似春水)"에서 '인정'을 'friendship and affection'으로 번역하였으며 다시 나타난 '인정', 즉 "이 진주 목걸이는 내 것보다 5천 위안이나 더 비싸니까 내가 인정을 베푼 셈 치고 따지지 말아라."라는 대사가 있는데 여기서 '인정'을 직접적으로 번역하지 않고 "Since it is five thousand dollars worth more than my original one, I just accept your kindness now."로 번역하였다. 여성 고객이 말한 인정을 베풀었다는 말을 옥생의 호의를 받아들이는 것으로 번역하였다. 이 밖에 '봐줄 정이 없다(沒情可講)'를 'Talk no more.'로 번역하였다. 인정은 중국 문화의 윤리적 특성이 있는 단어로서 영어에서 대응할 만한 단어가 거의 없다. 번역자의 이러한 번역 방법은 동시에 목표 관객들에게 접근하는 형식을 사용하였고 목표 관객들이 익숙한 단어를 사용함으로써 이국화로 인한 낯설음을 피하였다.

인명과 호칭

영화의 많은 곳에서 이름은 되도록 번역하지 않았고 다만 인칭으로 호칭을 진행하여 독자들이 화면을 통하여 말하는 인물을 알게 한다. 예를 들어 "그의 아내 수진"을 'His wife'로 간단하게 번역하였다. 번역이 필요할 때는 영화에서 중국어 인명에 대해 음역을 진행하였다. 예를 들어 "이 분은 내 친구 마여룽 씨예요."를 "This is my friend Mr. Ma Yue Long."으로 번역하였고, "이웃 장삼, 진화사 공장 노동자"를 "A neighbor Zhang Siam, workman of Ching Hua Cotton Mill."로 번역하였다. 그리고 영화에서는 일부 중국 특색이 있는 호칭에 대해서도 귀화(歸化)의 번역 방법을 응용하여 영어 관객들에게 친숙한 호칭으로 번역하였다. 예를 들어 '왕 씨 아주머니'는 'Madam Wang'으로, '형수'는 'Mrs. Wang'으로 번역하는 것은 모두 목표 관객들의 습관에 적합한 호칭이었다.

생략과 압축

영화 번역에서는 흔히 시간과 공간의 제한으로 인해 생략해서 번역하지 않거나 일부만 번역하는 현상이 있다. 이 영화에서 자막 "당신의 예전의 여러 일들은 완전히 내가 만든 것이다. 내가 당시 허영심을 당신 앞에 드러냈기 때문에 오늘날의 큰 잘못을 저지르게 된 것이다.(你的以前種種, 完全是由我做成的. 我當時把虛榮心在你面前流露出來, 才會鑄成今日的大錯.)"를 "All your mistake is due to my vanity."라고 간단하게 번역하였다. 대체적인 의미만을 표현한 것이다. 영화의 기타 자막에도 생략 현상이 나타났다. 예를 들어, "우리는 친척이나 친구들에게 빌릴 수밖에 없다.(我們只有向親戚朋友去借.)"를 "The only way is to borrow."로 번역하였고 중국어 자막의 '친척과 친구'를 생략하였으며 오직 돈을 빌리러 갔다는 것만을 표현하였다. 그리고 "저의 말이 맞는지는 총리께서 그의 장부를 검사하면 아실 수 있다.(我的話對不對, 請總理一查他的賬目就明白了.)"를 "You may assure it by auditing his accounts."로 번역하였으며 '저의 말'을 생략해서 해외 관객들은 영화의 줄거리를 통해 'it'이 무엇을 말하는 것인지를 알아내야 하였다. 또한 "하루 종일 뛰어다녔지만 겨우 천 위안만 빌렸어. 그 진주 목걸이는 만 위안 이상이 없으면 살 수 없어. 지금 시간이 급하니, 어떡하지!(奔走了一天,

只借得一千塊錢, 那串珠非一萬多買不到.現在時候又急了, 怎辦呢!)"
를 "With all my best, I borrowed only one thousand dollars. The lost pearls must cost no less than ten thousand dollars. What can we do?"로 번역하였다. 여기서 "지금 또 시간이 급하니"를 직접 생략하고 번역하지 않았다. 요컨대, 영화의 번역문에 여러 곳에서 원문을 생략하고 압축하는 번역 방법을 볼 수 있다. 그러나 번역문은 원작과 영화 자막에서의 중요한 정보는 넘기거나 생략하지는 않았다. 따라서 외국 관객들은 기본적으로 줄거리와 인물의 심리를 이해할 수 있었다.

똑같이 외국 문학작품을 각색해서 제작한 영화지만 〈한 꿰미 진주〉의 번역 전략은 〈일전매〉의 번역과는 사뭇 다르다. 〈한 꿰미 진주〉는 목표 언어에 접근하는 번역 방법을 사용하였는데 장성회사의 배경과 밀접한 연관이 있다. 앞서 서술한 대로 장성회사의 주요 창시자는 모두 귀국 화교들로서, 이 회사의 근무 환경은 영어 언어 환경이었다. 배우 왕한윤(王漢倫)의 회상에 따르면 이택원 감독은 "중국어도 할 줄 모르고, 상해말도 할 줄 몰라서, 연출할 때는 영어로 진행하였다"고 한다.[262] 그래서 장성회사의 감독과 번역자는 외국 관객들이 쉽게 이해할 수 있는 방식으로 번역을 진행하였을 것이다. 번역문의 혼합 정도는 연화영업공사에서 제작한 〈일전매〉보다 낮다고 할 수 있었다.

중국 무성영화를 제작하고 촬영할 때 외국의 문학작품은 중국 영화인의 창작 원천 중의 하나였다. 중국 초기의 영화인들은 비범한 국제적 시야를 가지고 있다. 많은 무성영화는 제작할 때 직접 영화에 중영 이중 언

---

262) 王漢倫, 《我的從影經過》, 《中國電影》, 1956年, 第2期。

어 자막을 추가하여 외국 관객들이 쉽게 관람할 수 있도록 하였으며 해외 시장에 진출하는 데도 도움이 되었다. 초기의 영화 번역에 나타난 이중 각색과 혼합 현상은 주로 외국의 문학작품을 각색하는 영화에서 볼 수 있었다. 초기 영화인들은 외국의 문학작품을 중국 영화로 제작하기 위해 최대한 중국 관객들이 수용할 수 있도록 원작에 대해 여러 가지의 중국화 각색을 진행하였다. 이러한 각색은 당시의 이데올로기, 시학, 후원자 등 여러 방면의 영향을 받았다. 각색 후 제작한 영화는 외국 관객들을 마주해야 하는 중요한 임무를 짊어졌다. 중국 초기 영화인들은 초기 영화 속의 자막을 영어로 번역하여 외국 관객들이 더욱 쉽게 이해하고 수용할 수 있도록 하였다. 자막을 번역할 때 영화 〈일전매〉와 〈한 꿰미 진주〉는 서로 다른 번역 방법을 사용하였음을 알 수 있다. 〈일전매〉의 자막 번역은 중국의 언어와 문화적 요소를 더 많이 갖고 있었지만 영화 〈한 꿰미 진주〉의 번역은 보다 더 서구적이었는데 제작회사 장성화편회사의 창립자의 해외 화교의 배경과도 관련이 있었을 것이다. 이러한 영화의 각색과 번역에는 원작을 존중하는 태도가 있었으며 목표 언어의 언어와 문화에 접근하는 동시에 중국의 언어, 문화의 상대성을 이해하였으며 중국과 영어의 언어문화가 혼합을 통해 융합할 수 있도록 하였다.

The History of Chinese cinema

6장

동양적 정서가 담긴 번역과
각색, 특이 현상이 일어나다

1

번역에서 드러난 동양적 정서

    초기 영화 및 관련 텍스트 번역에서 나타나는 특이 현상이 있다. 인위적으로 동양적 정서를 가미해서 중국 문화의 이질적인 특성을 두드러지게 표현한 것이다. 심층적으로 살펴보면 번역한 텍스트를 각색하여 목표어 사회의 주류 이데올로기, 심리적 기대와 심미적 요구에 더욱 부합하게 만든 것이다. 이러한 텍스트는 대부분 해외 영화기구가 중국 영화를 구입하고 자국 내에서 상영하기 위해 영어 자막을 각색하고 번역하는 과정에서 등장하였다. 이러한 텍스트의 이질화 특성, 특히 동양 정서적 특성을 뚜렷하게 나타내는 번역 방법에 대해 서양 번역계에서 이미 이론적인 논의를 진행한 적이 있는데 이에 대한 표기법이 달랐다. 오비디오 카르보넬 코르테스(Ovidio Carbonell Cortés)는 이것을 낯설게 하기 번역(defamiliarizing strategy)[263]과 이국적 정서로 찬 공간(exotic space)[264]으로 요약하였고 리처드 젝큐몬드(Richard Jacquemond)는 이국 정서적 번역(exoticization)[265](경향, 결과, 현상 등)으로 불렀으며 로렌스 베누티(Lawrence Venuti)는 이국화 번역(exoticizing)[266]이라고 불렀다. 이 책에서는 이러한 방법을 획일적인 동양 정서적인 번역 경향으로 표기하였다.

동양 정서적인 번역은 영화 번역에서만 나타나는 유일한 현상이 아니라 문학 번역에서 이미 존재한 현상이었다. 중국, 이집트, 중동, 아랍 국가 등의 문학작품을 영어로 번역할 때면 일부러 동양 정서적인 번역을 진행하였다. 장효화(蔣驍華)는 중국어 도서에 대한 영어 번역에서 나타난 동양 정서적 현상에 대해 논의한 적이 있었다.[267] 예컨대 19세기의 영국 동양학자 겸 번역가 리처드 프랜시스 버턴(Richard Francis Burton)이 『아라비안 나이트』를 번역할 때 특별한 동양 정서를 가미하여 서명을 Arabian Nights 혹은 One Thousand and One Nights라고 하지 않고

263) Carbonell Cortés, Ovidio. "Orientalism in Translation: Familiarizing and Defamiliarizing Strategies." Translators' Strategies and Creativity. Ed. A. Beylard-Ozeroff, J. Králová and B. Moser-Mercer. Amsterdam: John Benjamins Publishing, 1998. 63-70.

264) Carbonell, Ovidio. "The Exotic Space of Cultural Translation." Translation, Power, Subversion. Ed. Román Alvarez and M. Carmen Africa Vidal. Philadelphia: Multilingual Matters, 1996. 79-98.

265) Jacquemond, Rihcard. "Translation and Cultural Hegemony: the Case of French-Arabic Translation." Rethinking Translation. Ed.Venuti, Lawence. London: Routledge, 1992. 139-158.

266) Venuti, Lawrence. The Translator's Invisibility. A History of Translation. Second Edition. London & New York: Routledge, 2008. 160.

267) 蔣驍華, 《典籍英譯中的「東方情調化翻譯傾向」研究──以英美翻譯家的漢籍英譯為例》, 《中國翻譯》, 2008年, 第4期, 第40頁.

일부러 The Thousand Nights and a Night(壹千夜加壹夜, 천일야화)를 사용함으로써 동양의 운치를 두드러지게 표현[268]하였다. 영국의 평론가 바이런 파웰(Byron Farwell)은 다음과 같이 평가하였다.

문학 번역으로서 버턴은 작품 전반에 낭만주의 색채와 이국적인 면사포를 씌워주는 것이 그의 번역문의 가장 큰 매력이다. 그는 마치 아랍인이 영어로 글을 쓰듯이 중세기 아랍의 동양적이고 기묘한 순진함을 유지하였다. 결과적으로 번역문에는 수천만 개의 아름다운 아랍 단어와 짧은 구절이 포함되어 있다. 이러한 단어들은 서양인에게 창의적으로 들린다. 버튼의 말에 따르면 아랍어에는 세계의 모든 언어 중에서 가장 아름다운 관용어가 있다.[269]

중국 초기의 무성영화 〈천륜(天倫)〉의 번역이 바로 전형적으로 외형이 동양 정서적인 번역 방식을 사용한 것이다. 〈천륜〉은 상해의 연화영업공사(聯華影業公司)가 1935년에 촬영한 흑백영화이고 배경음악이 있는 무성영화이다. 종석근(鐘石根)이 각본을 맡았고 비목(費穆), 나명우(羅明佑)가 감독을 맡았으며 주요 배우로는 상관무(尚冠武), 임초초(林楚楚), 진연연(陳燕燕), 장익(張翼), 여작작(黎灼灼), 정군리(鄭君裏) 등이 있다. 이 영화는 비목과 나명우가 공동으로 연출을 맡았다. 비목

268) Knipp, C. "The 'Arabian Nights' in England: Galland's Translation and Its Successors." Journal of Arabic Literature (V). 1974: 44-47.

269) Carbonell, Ovidio. "The Exotic Space of Cultural Translation." Translation, Power, Subversion. Ed.Román Alvarez and M. Carmen Africa Vidal. Philadelphia: Multilingual Matters, 1996. 79-98.

(1906~1951)은 본적이 강소성 오현(江蘇吳縣)이고 상해에서 태어났다. 10살 때 가족과 함께 북평(北平)으로 이사하였고 초등학교를 졸업한 후에 법문고등학당(法文高等學堂)에서 공부하였기에 프랑스어, 영어에 능통하였다. 1924년에는 하북광무국(河北礦務局)에서 근무하였다. 그는 영화를 좋아해서 영화 후기 등을 자주 썼고 다른 사람과 같이 영화 잡지를 발행하기도 하였다. 발표한 영화평론이 나명우의 화북영화공사(華北電影公司)의 눈에 띄어, 그는 영어 자막 번역과 영화 팜플렛을 만드는 일을 하게 되었다. 그 외에 후요(侯曜)의 연출 보조를 맡은 적이 있으며 1931년에 상해 연화영업공사 제1공장에서 감독을 맡기도 하였다. 그가 1933년에 제작한 첫 번째 영화 〈도시의 밤(城市之夜)〉은 호평을 받았다. 1934~1935년에 창작한 〈인생(人生)〉, 〈향설해(香雪海)〉, 〈천륜〉은 기본적으로 가정윤리와 인간의 가족애를 중시하는 비목의 경향을 표현하였고 예술에 대한 추구도 명확하게 드러냈다.[270] 나명우(1900~1967)의 본적은 광동성 번우(廣東番禺)이고 홍콩에서 태어났다. 광동고등사범학교(廣東高等師範學校)에서 졸업한 후 북경대학교 법학원(北京大學法學院)에서 공부를 하였다. 이듬해에 북경에서 진광영화관(真光電影院)을 개설하였다. 1927년에 화북영화공사를 설립하였으며 대표를 맡았다. 1929년에 천진(天津), 태원(太原), 제남(濟南), 석가장(石家莊), 하얼빈(哈爾濱), 심양(沈陽) 각지에서 20여 개의 영화관을 개설하였으며 북방 5성(省)의 영화 상영과 배급 사업을 하였다. 1929년에 그는 화북영화공사의 명의로 민신영편공사(民新影片公司)와 합작해서 그와 주석린(珠

---

270) 周星, 《中國電影藝術史》, 北京 : 北京大學出版社, 2005年, 第83頁。

石麟)이 공동으로 각본을 맡은 〈고도춘몽(故都春夢)〉을 촬영하였다. 또한, 그는 1930년에 대중화백합영편공사(大中華百合影片公司)와 합병하고 인쇄업의 거물을 인수해서 그 사업에 공동 참여하여 연화영업제편인쇄유한공사(聯華影業製片印刷有限公司)를 설립하였으며 총책임자로 임명되었다. 1933년에 '국산 영화를 살리고 국위를 선양하며 국가 사업을 제창하고 국가를 위해 복무하자(挽救國片 宣揚國粹 提倡國業 服務國家)'는 영화 제작 방침을 제정하였고 연화영업(聯華影業)을 대표해서 국민당 중앙당부(中央黨部)와 뉴스 영상을 촬영하는 계약을 체결하였다. 그리고 그는 또 직접 신생활운동을 알리는 영화 〈국풍(國風)〉을 창작하고 연출하였지만 최종적으로 경기 침체에 빠져서 1936년에 연화(聯華)회사에서 밀려났다. 그는 항일전쟁이 발발한 후 홍콩으로 가서 중국교육전영협회(中國敎育電影協會) 홍콩지부를 맡았고 반월간 〈진광(眞光)〉을 발간하였으며 항전영화를 선전하였다.271) 나명우는 후에 은퇴해서 만년에 기독교로 귀의하고 고아원, 양로원을 건립하였다.272) 이것을 보면 〈천륜〉에서 보여준 계몽 정신과 신념을 나명우 감독 스스로 일관되게 유지하였음을 알 수 있다.

〈연화화보(聯華畵報)〉에 게재한 영화 〈천륜〉의 구성과 대본을 보면 이 영화의 내용은 다음과 같다.

손(孫) 씨 노인이 임종하기 직전 집을 떠나 정처없이 방황을 하던 예정

---

271) 中國電影家協會電影史硏究室編, 《中國電影家列傳》, 北京 : 中國電影出版社, 1982-1986, 第一卷, 第183-190頁。

272) 陳墨, 《李武凡訪談錄》, 《當代電影》, 2010年, 第8期, 第51-54頁。

을 불러 가족을 부양하고 자애롭게 대할 것을 훈계한다. 방황하던 예정은
가르침을 받아들여 가족을 아끼고 사랑하게 된다. 20년 후에 그는 손자가
있는 할아버지가 된다. 아들 소정(少庭)은 높은 지위에 올랐으나 종일 권
력가들 사이에서 맴돌았고 부모로서의 책임을 잊었으며 아버지의 가르침
을 듣지 않았다. 얼마 지나지 않아 소정은 아버지의 생신에 많은 손님을
초청하려고 하자 아버지가 반대를 하였지만 그는 체면을 위해서 아버지의
생신잔치를 벌이려고 하였다. 술잔을 들고 축하하고 있을 때 아버지는 창
밖에 있는 배고픔과 추위에 시달리는 빈곤한 사람들을 보면서 눈물을 흘
렸다. 273)

아버지 예정은 자신의 아버지의 유언이 생각났고 사회를 위해 힘을 보
태기로 결정하였다. 그래서 그는 자녀를 데리고 농촌마을로 이사 가서
고아원과 양로원을 차렸으며 고아, 노인들을 거두었다. 그러나 아들, 며
느리는 농촌생활에 적응하지 못하였고 아이들을 데리고 농촌을 떠난다.
그의 딸은 잔치 때 올케의 이미 결혼한 사촌오빠 왕모를 만난 후 농촌을
떠나고자 하였다. 도시에 나가서 오빠의 집과 왕모를 찾아갔다. 세월이
덧없이 흐르고 손자는 가정을 이루어 독립하였고 그는 아내와 함께 할아
버지가 있는 곳으로 갔으며 할아버지에게 무한한 기쁨을 주었다. 가출
한 딸은 버림을 받고서야 부모님의 곁으로 돌아갔다. 예정은 과로로 체
력이 버티지 못하고 드디어 병으로 누웠다. 치료 비용이 비싸서, 할아버
지는 자신의 병에 고아원의 자금을 사용하는 것을 원하지 않았다. 그는

---

273) 鐘石根, 《〈天倫〉本事》, 《聯華畫報》, 1937年, 第6、7卷。

자신은 희망이 없기에 고아원의 돈을 손자에게 맡겼다. 손자는 심사숙고하여, 고아원의 돈으로 할아버지의 병을 치료하기로 결정하였다. 할아버지는 드디어 완쾌되었다. 소정과 아내는 아버지가 편찮다는 소식을 듣고 돌아왔다. 할아버지는 자신이 나이가 많아서 더 이상 책임질 수 없다고 생각해서 모든 고아들을 모아 그의 손자가 계속 고아원을 운영한다고 공포하였다. 그러나 자금을 넘길 때 손자가 공금을 사용한 사실을 발견하였다. 그는 초조하고 분노하여 힘껏 종을 치면서 전체 고아를 소집해서 자기 손자의 불법 행위를 알렸고 손자는 결국 경찰에 연행되었다. 자극을 받은 예정은 병이 다시 재발하였다. 그는 이번에는 죽음을 면할 수 없다는 것을 알았지만 육체의 죽음이 영혼의 죽음보다 낫다고 믿었다. 그는 행복하였다. 그는 아버지의 유언을 따랐고, 자손들에게 개개인의 사랑을 모든 사람에게 전하도록 가르쳤다.

영화는 유가 전통사상의 이념으로 가득 찼다. 한 가정의 4대의 인간관계를 통하여 "내 집 어른을 모시는 마음으로 남의 집 어른을 모시고 내 아이를 사랑하는 마음으로 남의 집 아이를 대하라(老吾老以及人之老, 幼吾幼以及人之幼)"는 박애주의사상의 복귀를 제창하였다. 영화에서 선양한 유가문화와 느린 화면은 조화롭고 일치하였다. "내 집 어른을 모시는 마음으로 남의 집 어른을 모시고 내 아이를 사랑하는 마음으로 남의 집 아이를 대하라"의 관념을 표현할 때 영화에서 노인이 세운 고아원에 있는 노인과 어린이들이 파란 하늘과 하얀 구름 아래에서 유유자적 생활하는 광경을 사람들에게 보여줌으로써 자연적이고 조화로우며 이상적인 생활을 생동감 있게 표현하였다. 유가 사상 외에 영화 속에 기독교

사상도 침투되어 있음을 알 수 있다. 영화에서 양떼와 양치기의 이미지가 여러 차례 나타났고 노인의 병세가 위중할 때 아내, 손자, 고아 등이 무릎을 꿇고 기독교의 방식으로 기도하는 장면, 그리고 마지막에 노부부가 구름과 안개를 타고 하늘에서 아이들을 굽어보는 장면은 모두 명확한 서양 종교적 특색을 띠고 있으며 하느님이 세상 사람들을 사랑한다는 느낌을 준다. 이러한 기독교 사상과 감독 나명우 개인의 종교신앙은 갈라 놓을 수 없다.

    미국의 파라마운트 영화제작사의 직원 더글러스 매클레인(Douglas Maclean)은 중국에서 여행할 때 〈천륜〉을 보고 나서 연화영업(聯華影業)에게 연락하여 자신의 회사가 〈천륜〉의 미국발급상영권을 대리한다는 계약을 체결하였다. 파라마운트 영화사는 미국 관객들의 영화 관람 취향에 적응하기 위해 〈천륜〉의 원본 필름, 더빙, 자막 등에 대해 편집하고 기술 처리를 진행할 수 있는 권리를 부여받았다. 파라마운트 영화사가 편집하고 정리한 〈천륜〉은 '〈천륜〉 미국 버전'이라고 불렸고 영어로는 〈Song of China〉라고 번역[274]하였으며 1936년 11월 9일에 뉴욕의 가장 화려한 리틀 카네기(Little Carnegie) 대극장에서 정식으로 상영되었다. 상영하기 전날에 미국의 〈뉴욕 타임스〉는 특히 눈에 띄는 지면에 중국 작가 겸 철학가 임어당 박사가 쓴 중국 영화를 소개하는 글인 「중국과 영화 사업(中國與電影事業)」을 게재함으로서 〈천륜〉 홍보의 서막을 열었다. 그는 "할리우드와 비교하면 중국 영화인들이 구식 장비로 만든 작품

---

274) 張偉, 《前塵影事―中國早期電影的另類掃描》, 上海 : 上海辭書出版社, 2004年, 第130-136頁.

은 때로는 아주 아름다운 효과를 나타내서 늘 나를 놀라게 하였다. 마치 한 길거리 악사가 싸구려 바이올린으로 아름다운 노래를 연주한 것 같았다."[275]라고 말하였다. 영화가 상영된 후 1936년 11월 10일의 〈뉴욕 타임스〉에서 미국 영화평론가가 이 영화를 위해 편찬한 영화평론을 볼 수 있었다.

미국 버전의 〈천륜〉은 이야기를 각색하였고 자막에 대해 수정과 번역을 다시 진행하였다. 그리고 지금 보관하고 있는 카피본도 비목의 오리지널 버전인 〈천륜〉이 아니라 할리우드의 〈천륜〉이다. 영화의 서두에서 확실하게 알 수 있다.

영화의 각색과 번역에 대해 고찰한 후 살펴본 영화 〈천륜〉의 영어 자막은 인위적인 이국적 특색, 다시 말하면 동양 정서가 강조된 번역임을 알 수 있다. 번역문에서 영화 제목에 대한 번역, 시간 표현에 대한 번역과 효와 예의 부각 등 세 가지 면에서 분석을 진행하고자 한다.

영화 제목에 대한 번역

번역문은 지나치게 동양 정서를 강조하였다. 이 영화 제목의 중국어 이름은 〈천륜〉이다. 『곡량전 · 은공원년(穀梁傳 · 隱公元年)』에서는 "형제, 가족이다(兄弟, 天倫也)."라고 하였다. 형이 앞에 있고 동생이 뒤에 있는 것이 자연스러운 인륜 순서이므로 형제를 천륜으로 부른 것이다.

---

275) 林語堂, 《中國與電影事業》, 《紐約時報》, 1936年11月7日。見張偉, 《談影小集——中國現代影壇的塵封一隅》, 臺灣：秀葳科技資訊股份有限公司, 2009年, 第149頁。

후에는 일반적으로 부자, 형제 등 친한 친구 사이의 관계를 천륜이라 하였다. 그러나 파라마운트 영화사는 영화를 〈Song of China〉라고 번역하였는데 '중국의 노래'를 의미한다. 이러한 번역 방식은 영화가 중국의 영화라는 것을 두드러지게 나타냈으나 천륜이란 단어에 대해 구체적인 번역을 시도하지 않아 '천륜'의 함의와 주제가 드러나지 않았다. 하지만 〈Song of China〉를 영화 제목으로 함으로써 미국 관객들은 확실히 영화가 중국과 관련이 있다는 것은 확실히 알 수 있었다.

이러한 번역 방식은 1938년의 신화영업회사(新華影業公司)의 영화 〈초선(貂蟬)〉이 미국에서 상영될 때의 번역에서도 똑같이 나타났다. 신화영화사는 1937년부터 〈초선〉을 촬영하였고 복만창(葡萬蒼)이 감독을 맡았으며 영화는 삼국 시대 이야기를 각색한 것이었다. 항일전쟁이 전면적으로 발발하자 일부 주요 배우들이 상해를 떠나 영화 제작은 중단되었다. 1938년이 되어서야 감독이 홍콩에 가서 원래 멤버들을 모집하여 계속 촬영하였다. 신화영업사의 사장 장선곤(張善琨)은 여러 신문잡지에 대대적인 광고를 진행하였으며 완성본에 영어 자막을 추가하는 등 상업적인 아이디어를 적용하여 〈초선〉을 당시 영화계의 주요한 사건으로 만들었다. 영화는 1938년 4월 28일에 상해의 대광명대희원(大光明大戲院)에서 처음으로 상영되었고 같은 해 11월 18일에 미국에서 개봉하였다.[276] 1938년에 신화영화사 사장은 또한 금성 픽처스(金城影片公司)와 합작하게 되었고 영화 〈초선〉의 필름을 모두 미국으로 운송하였으며 재인화 후 전문가의 편집을 거쳐 〈중국의 밤(Night of China)〉이라는 제목으로 뉴

---

276) 李道新, 《中國電影史》 (1937-1945), 北京 : 首都師範大學出版社, 2000年, 第55頁.

욕 메트로폴리탄 오페라하우스에서 개봉하였다. 이 영화가 상영할 때 뉴욕의 각 신문잡지들은 장문으로 된 평론을 게재하였고 '국산 영화의 유례 없는 영예'[277]를 안겨주었다. 영화 〈초선〉은 할리우드에서 다시 인화되고 미국에서 상영될 때도 이국적 특색이 느껴지는 간판을 내걸었고 영화 제목도 〈초선〉으로부터 〈Night of China〉라는 보다 더 광범위한 호소력과 중국적 특색이 있는 이름으로 바꾸었다.

요컨대, 영화 〈천륜〉과 〈초선〉의 내용은 서로 다르지만 양자는 영어로 번역할 때 같은 부분이 있었으며 모두 영화에서 중국적 특색을 강조하였고 이국적 정서로 서양 관객들을 끌어당겼다는 것이다.

시간 표현에 대한 번역

1936년 11월 10일에 간행한 〈뉴욕 타임스〉에서 한 미국 영화평론가가 이 영화를 위해 쓴 영화평론을 볼 수 있다. 〈뉴욕 타임스〉에 게재한 이 영화평론은 영화의 자막에 대해 특별히 언급한 바가 있다.

"The subtitles really are more Chinese in flavor than the performances. Some are quotations of Confucius, some are from the poets, and others—denoting lapse of time—are amusingly flowery improvisations on this order : 'Four times does the pear tree blossom, ' or 'Two and twenty seasons pass him by. '"라는 언급이다.(이 영화의 자막은 영화의 표현보다 더욱 중국적인 정서를 드러냈

---

277) 宣良, 《每月情報》, 《新華畫報》第4卷第1期, 1939年1月。

다. 자막은 〈논어〉에서 발췌된 부분이 있고 또 일부 시구들이 있으며 아름
답고 즉흥적인 언어로 시간을 표현한 것도 있다. 예를 들어, "배꽃이 네 번
피었다", 혹은 "24개 계절은 그를 스쳐 지나갔다" 등이 그러한 예이다.)[278]

사실 할리우드가 각색한 〈천륜〉을 관람할 때 영화의 중국어 자막은 '7
년 후'이고 배꽃이 7번 피었다고 하진 않았다. 영어 자막은 인위적으로
이국적 정서를 조성하기 위해 일부러 "Seven times the pear tree has
come into blossom."이라고 번역하였다. 파라마운트 영화사는 중국 영
화의 타자로서의 문화 형상을 강조하기 위해 원문의 시간 표현에 대해
각색을 하였다. 이렇게 인위적으로 시간 표현을 두드러지게 표현하는 방
식에 대한 다양한 번역 방법은 당시 서양 관객이 가졌던 중국인에 대한
심리적 기대와 문화 기대를 만족시켰다.[279]

영화 〈천륜〉에서 시간 표현에 대한 영문 번역의 각색

278) 這裏顯然是影評人憑借自己的記憶對影片字幕翻譯做出的評述，與影片上打出的字幕
內容略有出入。Nugent, Frank S. 「Song of China, an All-Chinese Silent Picture, Has a
Premiere Here at the Little Carnegie.」 New York Times 10 Nov. 1936.

279) 明恩浦，《中國人的素質》，秦悅譯，上海：上海學林出版社，2002。

코르테스도 아랍의 경전에 있는 한 언어 현상에 대해 논의한 바가 있다. 이를테면 한 중요한 개념을 표현할 때 흔히 두 가지 동의어로 표현하는 것이다. 이를테면, al—qadawa'l—qadar(이 두 단어는 '운명'을 의미하는 동의어), al—shatmwa'l—sabb(이 두 단어는 '모욕'을 의미하는 동의어)이 있다. 일반적으로 이 두 단어를 각각 'fate'와 'insult'로 번역하면 된다. 영어로 번역할 때 번역가는 늘 일부러 'fate and destiny'와 'offence and insult'로 번역하였다. 이러한 번역 방식은 영어 독자들에게 동양인이 '개념을 정확하게 표현하지 못하고(conceptual imprecision)', '언어적 타성(verbal mannerism)'에 젖어 있다는 인상을 준다. 하지만 아랍어 원문은 사람들에게 이런 느낌을 주지 않는다.[280]

서양의 번역자가 아랍의 경전을 번역할 때 사용하는 방법과 파라마운트 영화사의 영화 번역가가 〈천륜〉의 자막에서 시간 표현을 번역할 때 사용한 방법은 같은 효과를 가지고 있으며 모두 이국적인 느낌을 만들기 위해서였다. 〈천륜〉의 자막 번역자는 일부러 시적인 언어로 시간을 번역하여 관객들에게 강렬한 중국적 특색을 전달하였고 심지어 〈뉴욕 타임스〉의 영화평론가도 중국인이 시간 표현할 때 아름다움과 시적인 느낌으로 가득하다고 감탄을 금치 못하였으나 실제로는 중국 문화의 시간 표현에 대한 왜곡된 인식이었다.

---

280) Cortés, O. C. "Orientalism in Translation: Familiarizing and Defamiliarizing Strategies." Translators' Strategies and Creativity. Ed. A. Beylard-Ozeroff, J. Králová and B. Moser-Mercer. Amsterdam: John Benjamins Publishing, 1998. 63-70.

효와 예의에 대한 부각

이 영화는 영어 자막의 번역에서 '효'를 두드러지게 나타나기 위해 자막 번역에 대해 변형을 시도하였다. 예를 들어 "나의 사랑하는 아버지여"를 "My noble father"이라고 번역하였고 "아버지, 저의 형은 아버지의 선의를 찬양할 것입니다."를 "Honorable father, you will see your goodness reflected in the nature of my brother."라고 번역하였으며 "아버지, 저를 용서해주세요."를 "Father, I humbly beg your forgiveness."라고 번역하였다. 중국의 효를 나타나기 위해 특별히 영어 'father' 앞에 'honorable' 혹은 'noble'를 추가하여 아버지에 대한 존경을 나타냈다. 자녀의 겸손함을 표현하기 위해 특별히 'humbly'를 추가하였다. 이런 '효'를 인위적으로 부각하는 번역 방법으로 후원자와 번역자가 영화 속의 주제 '효'에 대한 강조를 구현하였다. 이 밖에 "옛말에 따르면 부모님이 계시면 멀리 나가지 않는다."를 "It is an old saying : If children must travel, they should travel towards their parents."이라고 번역하였다. 이는 단순한 오역이 아니라 자녀로서 부모에게 효를 다해야 한다는 것을 더욱 명확하게 드러나기 위해서였다. 이러한 '효'를 부각시킨 번역 방식은 관객들로 하여금 중국 사회가 윤리제도에 대한 강조와 부모와 자녀간의 관계가 자신들과 다르다는 것을 느끼게 하였으며 관객들에게 직접 이국적 정서를 체험하고 있다는 착각을 하게 하였다.

문화정치적 측면에서 볼 때, 영화 속의 이런 동양 정서적 번역 전략은 타자로서의 문화를 구축하고 원문의 이질화와 차이점을 강조하기 위한 것이었다. 서양 관객들로 하여금 강렬하고 직관적으로 타자의 형상을 느끼게 하였다. 또한, 이 동양적 정서는 서양 관객의 심리적 기대를 만족시킬 수 있었다. 심미적 측면에서 볼 때 동양적 정서는 번역문을 낯설게 하여 서양 관객들에게 그것이 독특한 미적 감각을 가진 번역문으로 비춰지게 하였다. 영화 속의 공자의 말씀과 동양의 속담에 대해 '낯설게 하는' 번역 방법은 관객들로 하여금 동양의 언어가 기묘하다고 느끼게 하고 비유의 독특함에 감탄하게 하였다. 그러나 이러한 영화 속의 동양 정서적인 번역 전략은 하나의 표층적인 문화 타자를 조성하였다. 이는 베누티가 "이국 정서적 번역의 효과는 일부 표층적인 차이를 생성하였고 일반적으로 외국 문화의 일부 특성, 예를 들어 지리, 풍속, 요리, 역사 인물, 역사 사건 등과 관련되어 있다. 외국의 지명과 인명을 표기하거나 일부 이상한 외국 단어 등 이러한 번역문은 영미 문화가치관, 신앙과 언어 표현 방식에 대해 질의를 던지거나 전복하지 않았다."[281]라고 말한 바와 같다.

영화 〈천륜〉의 자막 번역은 관객들로 하여금 이국적 정서를 느끼게 하였으나 이런 이질성은 모두 표면적인 것이다. 이러한 번역문은 미국 사회의 이데올로기, 종교 신앙과 가치 관념에 도전하거나 질의를 진행하거나 전복하지 않았다. 할리우드 버전의 〈천륜〉이 텍스트 번역에서 과감하게 각색을 한 것은 서양의 이데올로기, 종교 신앙과 가치 관념에 대한 영합이라 할 수 있다.

---

281) Venuti, Lawrence. The Translator's Invisibility. A History of Translation. Second Edition. London & New York: Routledge, 2008. 160.

2

영화 〈천륜〉으로 보는 번역과 각색

연화(聯華)사가 제작한 〈천륜〉의 영상 텍스트는 지금 존재하지 않고 현존하는 영상 텍스트는 파라마운트 영화사가 구매하고 수정한 〈천륜〉뿐이다. 하지만 당시 영화가 상영한 지 얼마 지나지 않아서 〈연화화보〉에서 이 영화의 이야기 구성과 대본을 게재하였다. 〈연화화보〉에 실린 〈천륜〉의 이야기와 대본, 그리고 할리우드 버전의 영화 텍스트의 대조를 통하여 파라마운트 영화사가 미국 시장과 미국 관객들에게 대응하기 위해 진행한 주요 각색을 고찰할 수 있다.

줄거리에 대한 각색

우선, 연화(聯華)사가 제작한 〈천륜〉은 비극적인 엔딩이었다. 옥아(玉

兒)가 할아버지 예정(禮庭)의 병을 치료하기 위해 공금을 몰래 사용하였는데 그 사실을 예정이 사람들 앞에서 알리고 옥아는 경찰들에게 연행됐다. 예정은 아내, 자손과 고아들의 묵도(默禱) 속에서 웃음을 머금고 세상을 떠난다. 그러나 할리우드 버전의 〈천륜〉은 전형적인 대단원식 결말이었다. 소정(少庭)과 며느리는 부모 곁으로 돌아갔고 용서를 빌었다. 옥아도 할아버지의 병을 치료하기 위해 공금을 몰래 사용하지 않았다. 예정은 대중들의 기도 속에서 건강을 회복하였고 조손 삼대가 한 집에서 오붓하게 생활한다. 영화는 아래에서 위로 촬영하는 기법으로 조부모가 등장해서 마무리하는 장면으로 막을 내렸다. 이러한 줄거리에서의 변화는 미국 번역가 에반 킹(Evan King)이 1940년대에 노사(老舍)의 명작 『낙타상자(駱駝祥子)』와 『이혼(離婚)』을 번역할 때 원작의 많은 부분을 고친 것과 같은 경우에 속한다. 『낙타상자』의 비극적인 결말을 대단원의 결말로 바꾸었다. 주인공 상자는 마지막에 소복자(小福子)를 찾았고 그를 하얀 집에서 구해냈으며 두 사람은 행복하게 살았다.[282] 1948년에 미국의 콜롬비아회사는 곤륜영업공사(崑崙影業公司)에게서 〈일강춘수향동류(壹江春水向東流)〉를 구매할 때도 유사한 요구를 하였다. 첫째, 영화의 결말을 수정하고 대단원의 결말로 바꾸자고 요구하였다. 둘째, 상편과 하편로 나누어진 것을 하나로 압축하는 것이다. 채초생(蔡楚生)은 1948년 6월 30일에 일기에서 극도로 분노한 심정을 토로하였다. 그는 "〈일강〉의 해외 버전은 영국 측 사장의 명령에 따라서 상과 하, 두 편을

---

282) King, Evan, trans. Rickshaw Boy. By Shaw Lau. New York: Reynal and Hitchcock, 1945. Introduction.

한 편으로 편집하였고 결말을 새로 썼다. 나는 이에 대해 깊은 모욕감을 느꼈으나 어려운 회사를 구하기 위해 안 쓸 수가 없었다. 이제 더 이상 생떼를 쓸 수 없어서 곧 강제로 붓을 들고 한밤중에 원고를 쓰기 시작한다. 이는 나의 작가 생애에서 만난 첫 번째 불쾌한 일이다!"[283]라고 적었다. 이것으로 외국 영화사가 자발적으로 중국 영화를 구매할 때 흔히 줄거리와 결말을 수정할 것을 요구했다는 것을 알 수 있다.

연화(聯華) 버전의 〈천륜〉에는 약연(若燕)이 생일잔치에서 올케와 결혼한 사촌오빠 왕모를 좋아하게 되어 가출 후 왕모와 같이 지내다가 버림을 받은 내용이 있다. 약연은 딸과 갈 곳이 없어서 한겨울 밤에 부모님 곁으로 돌아갔다. 그러나 할리우드 버전의 〈천륜〉에는 약연에 대한 서술은 완전히 달랐다. 약연은 생일잔치에서 젊은이 장리(張李)를 알게 되었고 얼마 지나지 않아서 장리는 약연에게 청혼을 하였다. 약연은 집을 떠나서 장리와 결혼하였다. 영화 속에는 약연이 버림을 받은 줄거리가 없을 뿐만 아니라 영화의 결말에서 나타난 약연은 즐거운 표정을 짓고 있었으며 버림을 받는 암시는 전혀 없었다. 약연의 연인은 연화 버전의 〈천륜〉에서는 올케와 결혼한 사촌오빠였지만 파라마운트 버전의 〈천륜〉에서는 장리가 결혼하였다는 정보조차 없다. 연화 버전의 〈천륜〉에서 약연의 이야기는 유가 윤리도덕의 중요성을 강조하기 위해 존재한 것 같다. 즉, 젊은이들은 전통적인 윤리도덕을 따라야 하고 이를 위반해서는 안 되며 그러지 않을 경우 액운을 만나게 된다는 것이다. 파라마운트 영화사의 영화에 대한 각색은 도덕적 비판을 줄이고 개인주의와 연애자유

283) 李亦中, 《蔡楚生 : 電影翹楚》, 上海 : 上海教育出版社, 1999年, 第180頁。

를 강조하였으며 미국 사회의 가치체계에서 연애와 결혼의 자유를 추구하는 것을 주장하고 격려하므로 약연이 버림을 받지 않는 내용이 서양의 윤리적 가치 관념에 더욱 부합하였다.

할리우드 버전의 〈천륜〉은 많은 줄거리를 삭제하였고 '효'와 '내 집 어른을 모시는 마음으로 남의 집 어른을 모신다'는 주요 줄거리를 두드러지게 드러냈다. 이를 통해 많은 장면들이 삭제됐음을 알 수 있다. 예를 들어 소정이 예정을 모시고 도시에 가서 거주하고 소정과 여 씨가 화방(畫舫)에서 고관, 귀인들과 같이 향락하는 등의 장면을 삭제하였다. 연화(聯華) 버전 〈천륜〉에서 소정의 신분은 공무원이었으나 할리우드 버전의 〈천륜〉에서는 그런 내용이 없었고 모든 가족이 도시에 가서 거주한 것은 소정의 장래를 위한 것이라고만 소개하였다. 옥아의 결혼 및 그가 결혼한 후 부모와 갈등이 생겨서 조부모 곁으로 돌아가는 등의 줄거리도 모두 삭제되었다. 파라마운트 영화사가 '효'라는 주제를 강조하기 위해서 중요하지 않다고 생각하는 디테일한 부분을 모두 삭제한 것 같다.

파라텍스트(para-text)의 사용

할리우드 버전의 〈천륜〉은 영화 번역에 대한 각색에서 번역 파라텍스트를 사용한 것을 알 수 있다. 번역에서 파라텍스트는 흔히 어느 시기의 번역 주체와 목표 언어 사회가 원작, 원작자, 원어(原語)문화와 원어 사회에 대한 태도를 표명하며 원어 문화의 이미지를 구축하는 과정에서 중요한 역할을 하였다. 파라텍스트의 방식을 빌어서 작품은 원어 사회에서 목표 언어 사회로 들어간 후 기능 전환 혹은 기능 추가 향상을 실현할 수 있다. 영화에 서언 혹은 설명을 추가하는 것은 영화 번역의 후원자의 이데올로기와 의지에 따라서 작품을 이해하고 설명한 것이다. 원어의 사회 현상을 비판하고 원어 문화의 위치를 확정짓는 것은 영화 관객들이 원어 영화를 이해하는 데 직접적인 영향을 미쳤다.

파라마운트 영화사 버전의 〈천륜〉에서 영화의 서두에 특별히 긴 설명을 추가하였다. 이를테면, "For more than three thousand years, filial piety has remained the dominant force in China's history and culture. In their religion, philosophy, drama, literature and music, it is truly the "Song of China". The immortal theme is again presented in this authentic picture of modern China, which was produced, written, directed, acted, photographed and musically scored in China by Chinese, and first presented at the Grand Theatre, on Bubbling well road, Shanghai, China."(3천여 년 동안 '효'는 줄곧 중국 역사 문화의 주요 동력이 되었다. 효는 중국의 종교, 철학, 연극, 문학과 음악 속에 존재하는 진정한 "중국의 노래"이다. 이 불후의 주제는 현대 중국의 영화 속에서 드러났다. 이 영화는 중국인이 중국에서 제작·각본·연출·연기·촬영·배경음악을 넣은 것이다. 이 영화는 중국 상해의 남경서로(南京西路)에 위치한 대광명영화관에서 처음 상영됐다.)

영화 서두에 추가한 이 번역 파라텍스트는 영어 설명으로서 영화의 '효'의 주제를 뚜렷하게 표현하였고 '효'를 '중국의 노래'로 정의함으로써 이 영화는 중국인이 제작·각본·연출·연기·촬영·배경음악을 넣은 영화라는 것을 강조하였고 중국적 특색을 두드러지게 나타냈다. 이러한 영화 서두에 추가한 설명은 영화의 논조를 정해준 것으로서 관객이 영화를 감상하고 이해하는 데 있어 견인 역할을 하였다.[284] 1936년 11월 10일에 발행한 〈뉴욕 타임스〉에 실린 이 영화에 대한 평론글로부터 미국 영화평론계의 이 영화에 대한 평가를 살펴볼 수 있다. 영화평론에서 특별히 영화 서두에 대한 설명을 논의한 바가 있다. 영화 서두에서 설명하였듯이 중국인은 효를 주제로 한 연극을 좋아한다는 것이다. 영화에서 사용한 번역 파라텍스트는 일반 관객들에게 영향을 끼칠 뿐만 아니라 영화평론가에게도 영향을 미쳤다. 다만 파라텍스트 속의 정보도 영화사와 영화평론가를 포함한 미국 영화계가 가진 중국에 대한 보편적인 인식을 반영하였다. 영화 앞에 추가한 영문 설명은 목표 관객들에게 일종의 사유 방향을 제시해주었다.

할리우드가 연화(聯華) 버전의 〈천륜〉 번역을 수정하는 것은, 겉으로는 이국적 특색이 넘치는 번역 방법이었지만 실은 서양, 특히 미국 이데올로기에 대한 심층적인 영합이었다. 이러한 이국 정서가 가득 찬 번역 방법은 목표어 사회의 가치관과 이데올로기를 진정으로 흔들지 못하였다. 파라마운트 영화사는 영화에 대한 번역과 각색으로 중국 영화, 즉 하나의 동양적인 '타자' 형상을 보여주었지만 영화에서 표현하고자 한 생각은 자국의 이데올로기, 관객의 심리적 기대에 따라서 본질적인 변화가 나타났다.

---

284) Nugent, Frank S. "Song of China, an All-Chinese Silent Picture, Has a Premiere Here at the Little Carnegie." New York Times ,10 Nov. 1936.

The History of Chinese cinema

7장

중국 영화사의 번역 전략
: 영화 6편을 통하여

1

중국 언어적, 문화적 특징의 유지

현재까지 발견된 1905~1949년 사이에 출판·배급하고 제작된 중국 영화 중에 중국 영화사에서 영어 자막을 추가한 영화는 총 8편이 있다. 앞에서 논의하였던 〈일전매(一剪梅)〉, 〈한 꿰미 진주(一串珍珠)〉 외에 또 6편이 있는데 모두 중국 이야기를 소재로 한 영화였다. 자막 번역의 후원자는 중국의 민영 영화사였고 번역문은 해외 관객을 대상으로 제작한 것이었다. 하지만 여기에서 말한 해외 관객은 일반적으로 상해에서 생활하고 있는 외국인 관객뿐만 아니라 동남아시아 등 해외 시장의 관객들도 포함하고 있었다. 여기서 〈노동자의 사랑(勞工之愛情)〉(일명 〈척과연(擲果緣)〉, Labor's Love, 명성영편공사(明星影片公司), 1922년 제작), 〈정해중문(情海重吻)〉(Don't Change Your Husband, 대중화백합영편공사(大中華百合影片公司), 1928년 제작), 〈아들영웅(兒子英雄)〉(일명 〈아내가 무섭다(怕老婆)〉, Poor Daddy, 장성영화공사(長城畫片公司), 1929년 제작), 〈설중고추(雪中孤雛)〉(The Orphan of the Storm, 화극 픽처스(華劇影片公司), 1929년 제작), 〈도화읍혈기(桃花泣血記)〉(The Peach Story, 연화영업공사(聯華影業公司), 1931년 제작), 〈은한쌍성(銀漢雙星)〉(Two Stars, 연화영업공사, 1931년 제작) 등 영화에 대한 번역을 통하여 이런 영화들의 번영 상황을 자세히 살펴보겠다. 이 6편의 영화제작사는 비록 서로 다르지만 모두 중국 초기의 민영 영화사들이다. 영화의 제작 시기는 모두 1933년 이전, 다시 말하면 당시 정부의 영화관리기관이 국내에서 국산 영화를 상영할 때 영어 자막의 삽입을 명시적으로 금지하기 전에 제작하였다고 알 수 있다. 본 장에서 구체적인 영화 텍스트를 통하여 중국 영화사가 영화를 번역할 때의 구체적인 전략과 방법을 분석하고자 한다.

이 6편 영화의 자막 번역문을 보면 중국 언어와 문화적 특색을 유지한 부분이 많다. 번역문에서 인명과 호칭에 대한 번역과 중국어 특유 상징의 유지 등 두 측면에서 분석을 진행하고자 한다.

인명과 호칭에 대한 번역

이 6편 영화의 인명을 번역할 때 대체로 음역(音譯)의 방법을 적용하거나 음역과 의역(意譯)을 결합하는 방식을 사용하였다. 〈노동자의 사랑〉에서 '정목공(鄭木工)'을 'Cheung'으로 번역하였고 '직업을 과일장사로 바꾼 정목공'을 'Cheung the fruit seller'로 번역하였으며 '닥터 축(祝) 과 그의 딸'을 간단하게 '한 의사와 그의 딸'로 번역하였고 영화의 영어 자막에서는 구체적인 인명을 제시하지 않았다.

영화 〈아들영웅〉에서 번역자 손유(孫瑜)는 중국인 사이의 호칭을 대체로 직역하였다. 예를 들어 '노호(老胡)'를 'Old Hu'로 번역하였고 '벙어리 장흥(啞子長興)'을 'Dumb Chang'으로 번역하였다. 이런 번역 방식은 영어권 관객들로 하여금 중국인의 호칭에 대해 쉽게 이해할 수 있게 하였다.

영화 〈설중고추〉에서 인명에 대한 번역도 각 이름의 발음에 따라서 음역을 한 것이다. 예를 들어 '위란경(韋蘭耕)'을 'Wei Lan Kun'으로 번역하였고 '상소제(常嘯梯)'를 'Chang Tsio Te'로 번역하였으며 '양대붕(楊大鵬)'을 'Yang Ta Peng'으로 번역하였고 '춘매(春梅)'를 'Chun Mei'로 번역하였다. 집의 늙은 하인이 춘매가 비를 무릅쓰고 외출하는 것을 보고 "춘매 누님, 비를 맞으면서 어디로 가세요?(春梅姐, 你冒著雨到什麽 地方去?)"라고 물었다. 여기서 춘매를 '누나'라고 부르지만 춘매가 자신보다 나이가 많아서가 아니라 단순히 여성을 지칭하는 일종의 호칭이다. 영화의 영어 자막은 이 대사를 "Oh, Chun Mei, why are you running out in the rain?"라고 번역하였는데 영어의 호칭 습관에 적합하였다. 중국어의 특유한 호칭에 대해 번역자는 번역 시에 중국어 문화적 특성을 적용하였다. 예를 들어, '위양 씨, 란경의 둘째 엄마(韋楊氏, 蘭耕 之二娘)'를 영화의 영어 자막에서는 "Mrs Wei, nee Miss Yang, the concubine of Lan Kun's father"라고 번역하였다. 여기서 'nee'를 사용하였는데 'nee'는 영어권에서 여성이 결혼 전에 가진 성씨를 의미하므로 이로써 위양 씨의 호칭을 설명한 것이다. 즉 원래 양 씨였는데 후에는 위 씨 남자와 결혼하였다는 것을 설명한다. 그러나 영화에서 방탕아 상소제의 부하 중의 한 명을 '소두(小頭)'라고 부르는데 번역문에서 'Siao Tao'라고 음역을 하였다. 이러한 번역 방법은 원문에서 별명이 가지고 있는 함의를 표현해내지 못하였을 뿐만 아니라 목표 언어의 관객들에게 아무런 의미도 없다.

〈도화읍혈기〉에서는 인명에 대한 번역도 음역의 방법을 사용하였다. '육기(陸起)'를 'Luo Chi'라고 번역하였고 '임고(琳姑)'를 'Lim'으로 번역하였으며 '덕은(德恩)'을 'Teh-en'으로 번역하였다. 그러나 자막 '소도적 활장비(劫牛賊活張飛)'는 역사인물 장비를 빌어서 소도적의 건장하고 용맹함을 비유한 것인데 영어로 'The living Chang Fee—the cattle thief'라고 번역하여 영어권 관객들에게 장비는 역사인물이라는 느낌을 주었지만 역사문화 배경지식이 없으므로 장비는 유명한 도적이라는 것까지만 가늠할 수 있었다.

영화 〈은한쌍성〉에서 인명에 대한 처리도 음역 방식을 사용하였다. 예를 들어 '이욱동(李旭東)'을 'Li Kung Tung'으로 번역하였고 '월영(月英)'을 'Yue-ying'으로 번역하였으며 '고기(高琦)'를 'Kao Che'로 번역하였고 '양의운(楊倚雲)'을 'Yang Yee Yun'으로 번역하였다. 영화에서 인물의 별명에 대해서는 별명이라는 것을 보여줄 수 있는 호칭을 사용하였다. 이를테면 '유 뚱보(劉胖子)'를 'Fat Liu'로 번역하였다. 그러나 영화에서 〈누동원(樓東怨)〉의 '매비(梅妃)'와 '당명황(唐明皇)'을 각각 'Mei Fee'와

'Tang Ming Huang'으로 번역하였다. 다만 매비 앞에 해석으로서 'the deserted Empress, Mei Fee, first consort of Tang Ming Huang'를 추가하여 독자들로 하여금 매비와 당명황의 신분을 추측할 수 있게 하였다.

영화 〈정해중문〉에서 인명에 대한 번역은 모두 음역의 방식을 사용하였다. 예를 들어 '기평(起平)'을 'Chi Ping'으로 번역하였고 '몽천(夢天)'을 'Meng Tien'으로 번역하였으며 '아복(阿福)'을 'Ah Foh'로 번역하였다. 하지만 영화에서 인물의 호칭을 번역할 때 영어식 호칭 습관에 따라서 번역을 한 것도 있다. 예를 들어 여군(麗君)이 혼잣말로 몽천이 자신에게 편지를 쓰지 않았다는 것을 원망하면서 "꼬마야, 어제 수요일은 네가 나에게 편지를 써야 할 날이었어.(小鬼啊, 昨天星期三是你應該給我寫信的日子.)"라고 말하였다. 영어는 이를 "Dear Chen, wasn't Wednesday yesterday—the day to write to me?"라고 번역하였다. 여기서 여군이 애인을 부르는 별명 '꼬마(小鬼)'를 'Dear Chen'으로 번역함으로써 영어권 관객들이 더욱 쉽게 이해할 수 있게 하였다.

예를 들면 몽천은 자신과 여군 사이의 은밀한 사랑이 여군의 남편 기평에게 발각되자 여군에게 "동생은 오늘 내 집으로 가자.(今天妹妹到我家去吧)"라고 한다. 영화의 영어 자막에서 '동생(妹妹)'을 'honey'라고 번역하였는데 언어 환경에 맞아 떨어졌다. 아래 도표는 영화에서 각 인물에 대한 호칭을 번역한 것이다. 여기서 번역자가 중국 문화 특유의 호칭, 예를 들어 '어르신(老太太)', '다섯째 언니(五阿姐)', '진 도련님(陳少爺)', '아가씨(小姐)', '부인(太太)', '서방(姑爺)' 등을 번역할 때 모두 영어의, 문화습관에 접근하는 방식을 사용하였으며 영어권 관객들이 쉽게 이해할 수 있도록 하였다.

중국어 자막	영어 자막
妈妈 어머니	Mamma...
小鬼啊, 昨天星期三是你应该给我写信的日子。 꼬마야, 어제 수요일은 너가 나에게 편지를 써야 한 날이었어.	Dear Chen, Wasn't Wednesday yesterday— the day to write to me?
老太太来有什么事? 어르신, 무슨 일로 찾아오신 거죠?	Mamma, anything I can help you?
你是梦天吗? 我想到五阿姐那里去, 你马上 过来陪我好吗? 몽천 씨인가요? 저는 다섯째 언니한테로 가 고 싶은데 같이 가주실래요?	Meng Tien, is it? Wouldn't you company me to my 5th sister?
阿福, 快到陈少爷家去探听探听, 倘是在他 那里, 马上把她接回来。 아복아, 얼른 진 도련님 집에 가서 알아봐. 아직 그 집에 있을 테니 얼른 모시고 오너라.	Ah Foh, go to Mr. Chen's home. You'd take her here if she is there.
刚才少爷同一个女的到哪里去的。 방금 도련님과 한 여자는 어디에 가셨지?	Where did Mr. Chen and a woman go to?
小姐, 太太叫我们来接你的, 快同回去。 아가씨, 부인께서 마중하러 나와서 같이 가 라고 하셨습니다.	Mrs. Huang, Mistress asked us to take you back with us.
你是陈少爷吗? 快来快来, 太太有事同你商量。 진 도련님이세요? 빨리 오세요. 부인께서 상 의할 일이 있다고 하십니다.	Mr. Chen? Mistress wants you to come here for an important matter. Please hurry.
今天妹妹到我家去吧。 오늘 동생은 내 집으로 가지.	Will you, honey, go to my home today?
我要和阿福去接姑爷到此地来。 저는 아복과 서방을 이곳에 모시겠습니다.	I have to go with Ah Foh to get Mr. Huang here.

영화 〈정해중문〉에서 사람의 호칭에 대한 번역

중국어에서 인명은 특별한 의미를 갖고 있다. 영화 인물의 이름은 더욱 많은 정보를 갖고 있으며 인물의 성격, 운명, 가족관계, 사회 지위 등을 암시한다. 이런 것들은 음역으로 표현할 수 없다. 초기 영화에서 인물 이름에 대해 대체로 음역을 사용하여 영어권 관객들은 중국인의 이름이라는 것을 느낄 수 있지만 중국어 관객들은 이름에서 얻은 정보와 예술적 향수를 느낄 수 없다.

그리고 또 주의해야 할 점은 이 6편 영화의 영어 자막에 모두 중국어에 없었던 예절성 호칭이 추가된 것이다. 예를 들어 〈노동자의 사랑〉에서 정목공이 수의사를 '아저씨(老伯伯)'라고 부르는데 'Respected sir'로 번역하였다. 영화 〈설중고추〉에서 위란경의 어머니는 위란경을 '란아(蘭兒)'라고 불렀다. 란아는 위란경의 아명이었는데 영어로는 'my dear son'으로 번역하였다. 어머니의 아들에 대한 사랑을 강조하기 위한 것으로 보인다. 이러한 번역 전략은 〈은한쌍성〉에서도 나타났는데 다음과 같은 예시가 있다.

중국어 자막: 월아, 피곤해? 앉아. 아빠가 노래 하나 들려줄게.(月兒, 你倦了嗎? 坐下, 爸爸談一支曲子你聽聽)

영어 자막 : My dear daughter, are you tired? Well, sit down and listen to this.

중국어 자막: 월아, 무릇 네가 좋아하는 것이라면 아빠도 좋아한단다.(月兒, 凡是你所愛的, 爸爸也一定是愛的)

영어 자막 : My dear child! Whatever be your heart's desire, it has my whole hearted approbation.

여기서 아버지가 딸을 부르는 아명 '월아'를 'my dear daughter' 혹은

'my dear child'으로 번역하여 아버지의 딸에 대한 애틋한 사랑을 더욱 두드러지게 표현하였다.

이런 번역은 영화 〈도화읍혈기〉와 영화 〈설중고추〉에서도 구현되었다.

중국어 자막: 덕은: "얼른 이 집이라는 감옥에서 내보내주세요. 임고를 보러 가야 해요."(德恩 : "快放我出這牢監家庭吧, 我要去看琳姑啊.")

영어 자막 : (Teh-en), "Let me out from this jail like house. I must see Miss Lim."

중국어 자막: 임고는 어머니가 되었다. 그녀는 자신의 딸이 자신과 같은 환경에서 살기를 원하지 않았다.(琳姑做母親了, 但她不希望她的女兒將來同她的環境一樣.)

영어 자막 : Miss Lim becomes a mother. She fervently hopes that her daughter would be brought up in better circumstances than she has been.

중국어 자막: 신부 호춘매는 열악한 환경에 둘러싸여 저항할 힘이 없는 고아이다.(新娘胡春梅, 為層層惡劣環境重重包圍, 無力反抗之孤女.)

영어 자막 : Miss Hu Chun Mei, the bride, a miserable girl, who is too weak to defend herself against the crowd of rowdies around her.

중국어 자막: 암컷 호랑이는 춘매를 교도관이 죄수를 대하는 것처럼 마음에 들지 않으면 주먹으로 때렸다. 춘매는 죽고 싶을 정도로 고통스러워서 도망가는 길을 선택하였다.(雌老虎之於春梅, 似獄吏之於囚犯,

偶不愜意, 則拳足並施, 春梅痛不欲生, 隨赴於出亡一途。)

영어 자막 : The tigress treats Miss Chun Mei like a jailer mistreats a prisoner often beating and kicking her. The bride bears it without murmur, until reaching the breaking point, she thinks of the suicide.

이 두 영화를 번역할 때 여러 곳에 오직 중국어 자막 '琳姑(임고)'와 '春梅(춘매)'만 나타날 때 영어 자막으로는 'Miss Lim'과 'Miss Chun Mei'로 번역하였다. 이렇게 인위적으로 영어 자막에 예절성 호칭을 추가하는 번역 방법은 초기 영화사의 설립 취지와 연관이 있었을 것이다. 앞에서 분석한 바와 같이 중국 초기 영화사는 설립할 때 민족적 이미지를 개선하고 국가의 명예를 홍보하는 것을 목적으로 하였기에 이러한 번역 방법은 '예의지국(禮儀之邦)'인 중국의 이미지를 더욱 뚜렷하게 하는 효과가 있었다.

번역문에 보류한 중국어 특유의 의상(意象)

이 6편 영화의 번역문에서는 대부분 중국 특유의 이미지를 포함하고 있었다. 영화 〈아들영웅〉에서 거북이는 여러 차례 나타난 동물 이미지였다. 영화 서두에 아근(阿根)이 거북이를 낚시하는 장면이 있다. 영화에서 노호(老胡)는 아내와 아내의 애인의 모욕을 받았을 때 영화 화면에도 거북이의 이미지가 나타났다. 노호의 아내와 그 아내의 애인은 노호를 여러 차례 거북이, 혹은 늙은 거북이라고 조롱하였다. 중국어에서 주로 거북이로 남자를 지칭하는데 흔히 폄하하는 의미를 가지고 있다. 예를 들어 '목을 움츠리는 거북이(縮頭烏龜)'는 바로 겁쟁이란 뜻이다. 영화에서 노호는 성격이 나약하고 아내를 두려워하기에 그의 아내와 아내의 애인은 자주 그를 거북이로 부른 것이다. 그는 이에 대해 알고 있었으며 자신을 (스스로) 거북이라고 부른 적도 있었다. 영화의 번역자인 손유는 번역할 때 여러 차례 이런 이미지를 사용하였는데 목표 언어의 관객들도 중국 문화 속의 거북의 이미지가 가진 의미를 인식할 수 있었다. 예컨대, 이성(李成)이 노호의 아내에게 "너네 늙은 거북이는 우리의 일을 아는가?(你那老烏龜知道我們的事嗎?)"라고 묻는 말을 손유는 "Does the old turtle, your husband know our affairs?"라고 번역하였다. 이는 'the old turtle'로 거북이의 이미지를 사용하는 동시에 'your husband'로 거북이의 대상을 특정하였다. 그 뒤에 거북이를 번역할 때는 해석을 추가하지 않았고 직역하였다. 예를 들어 호원(胡元)이 아내에게 "미천한 년아, 너희들은 멀리 도망가는 게 좋을 거야! 이 늙은 거북이가 자네들을 감히 어쩌지 못할 거라고 생각해?(賤婦! 你們好遠走高飛啊! 諒我這老烏龜不敢怎樣嗎?)"라고 말하였다. 손유는 이 대사를 "Vile woman. Fly now if you want. You thought the old turtle won't interfere?"라고 번역하였다. 이때 관객들은 이미 영화의 앞의 번역문에서 거북이의 이미지가 명시한 함의를 파악하였기에 더 이상의 해석은 필요가 없었다.

영화 〈도화읍혈기〉에서 복숭아꽃은 영화를 관통하는 중요한 이미지이다. 복숭아꽃은 중국 문학작품에서 가장 흔히 볼 수 있는 소재였고 주로 사랑과 관련이 있으며 영어 자막에서 복숭아꽃의 이미지에 대한 사용은 목표 관객들로 하여금 중국 문화에서 복숭아꽃은 사랑을 상징한다는 것을 인식하게 할 수 있다. 서두에서 "연지는 매우 화려하고 꽃의 색깔이 사람의 눈물과 같다네. 사람의 눈물을 복숭아꽃과 비교하면 흐르는 눈물은 아름다운 꽃과 같다네. 눈물을 흘리는 눈으로 꽃을 보면 눈물이 쉽게 마르고 눈물이 마르면 꽃이 모두 시들어지네(胭脂鮮艷何相類, 花之顏色人之淚, 若將人淚比桃花, 淚自長流花自媚, 淚眼觀花淚易幹, 淚幹春盡花憔悴)."라는 시가가 있다. 이것을 "For ages in China, the fonder color of the peach blossoms has been compared to that of human teardrops. The peach tree speaks of love, of sorrow and of tears."라고 번역하였다. 원문에서 시구는 비유, 의인의 수법을 응용하여 복숭아꽃과 눈물의 관계를 비유하였고 영화의 비극적 색체를 암시하였다. 번역문의 서두는 'for ages in China'로 복숭아의 색깔을 사람의 눈물로 비유하는 것은 중국 문화의 전통이며 아래 문장에서는 또 "The peach tree speaks of love, of sorrow and of tears."라고 말하였는데 원문의 이미지를 확대한 것이다. 원문의 이미지의 주체는 복숭아꽃이고 비유 대상은 눈물이다. 그러나 번역문에는 본체를 복숭아 자체로 확장하였고 중국어 문화에서 복숭아꽃은 슬픈 사랑과 눈물을 상징한다고 표현하였다. 이는 외국 관객들로 하여금 중국 문화에서 복숭아가 가진 의미에 대해 오독하게 하였다.

영어권 문화에 치우친 번역

이 6편 영화의 자막 번역에서 자막 번역자는 영어권 문화에 접근하기 위해 노력을 하고 있는 것을 볼 수 있다. 번역자는 번역문에 중국어 자막에 존재하지 않는 기독교적인 색채를 가미해서 번역문의 내용을 조정함으로써 번역문이 영어권 사회의 문화전통, 윤리제도에 더욱 적합하게 만들었으며 나아가서 목표 언어로 다가가는 방식으로 중국 문화의 개념을 정리하였다.

기독교적 색채의 추가

이 6편 영화의 번역에서 정도가 다른 기독교적 색체와 기독교적 영향을 볼 수 있다. 영화 〈노동자의 사랑〉에서 중재인이 술자리에서 다투고 있는 쌍방에게 "오늘 화해의 술을 마셨으니 화해해야 한다(今天吃了和事酒, 你們就該和好了)."라고 알려주었다. 영어 자막에서는 이 대사를 "It's unwise to fight. So let us eat drink and be merry."라고 번역하였는데 여기서 'eat, drink and be merry'는 『성경』누가복음 12장 19절에서 발췌한 것으로, 원문은 "And I will say to my soul, 'Soul, you have many goods laid up for many years to come ; take your ease, eat, drink and be merry.'"이다.

영화 〈도화읍혈기〉의 영어 번역에도 기독교적 색채가 나타났다. 예를 들어, 덕은이 처음으로 임고를 만났을 때 "얼마나 순수한 아름다움인가? 도시에서 어떻게 찾을 수 있겠는가?(這是多麼純潔的美啊! 在城中哪裏找 得出來!)"라고 감탄을 금치 못하였다. 이것을 영어로 "How chaste and beautiful! You never find such in the city!"라고 번역하였는데 'chaste'는 영어에서 '정결'의 의미를 갖고 있으며 이는 중국어 '순결(純潔)'에 대한 해석이다. 그리고 덕은이 임고에게 고백할 때 "난 평생 너를 사랑한다. 절대로 네가 고난을 당하게 하지 않을 것이다.(我終身愛你, 決不會使你受災難的。)"라고 한 말을 영어로 "I will always love you, I will protect you from evil and harm."라고 번역하였다. 여기서 'evil' 과 'harm'을 번역문에 넣어서 기독교적 색채를 띠게 하였다.

또한, 영화 〈아들영웅〉의 번역문에서도 기독교적 색채가 나타났다. 예를 들어 호원이 아들에게 괴로워하지 말라고 위로할 때 한 "착한 애야! 너의 아버지 때문에 속상하지 말거라!(好孩子! 你不要為你爸爸傷心!)" 라는 말을 손유는 "My little lamb, don't you grieve for me."라고 번역하였다. 번역자는 'my little lamb'으로 '착한 애야!'를 가리켰다. 양은 『성경』에서 자주 나타나는 동물로서 성격이 온순하며 순결무구의 상징이다.

영화 〈정해중문〉의 번역문에서도 원문에 존재하지 않는 기독교적 색채를 볼 수 있다. 예를 들어 진몽천은 여군과의 은밀한 감정이 공개될 때 "우리 둘은 지금 천궁에 들어간 것보다 더 행복하다.(我們倆現在的快樂勝入天宮。)"라고 흥분하며 말하였다. 이를 영어 자막에서는 "We are as happy as angels in heaven."라고 번역하였는데 천사는 천당에 있는 기독교적 상징으로 중국어의 '천궁(天宮)'의 이미지를 대체한 것이다. 몽천이 기분이 좋아서 여군에게 전에 두 사람이 사놓았던 옷으로 갈아입자고 하면서 "이 옷들을 이제 스스럼없이 입을 수 있게 되었네.(這幾種衣服如今可以大大方方地穿了。)"라고 말하였다. 이를 영어로 "Now you can wear these dresses and devil-may-care!"라고 번역하였다. 이러한 번역 방법은 목표 관객들이 영어 자막을 이해하는 데 도움을 준다.

번역문에 원문 자막에 없는 기독교적 요소들이 나타난 것은 당시 중국 사회에서 기독교가 이미 상대적인 영향력을 갖고 있었다는 것을 의미한다. 동서양 문화가 교류하는 상해에서 영화 번역자는 이미 서양 사회의 종교에 대해 상당한 이해를 갖게 되었고 기독교의 전형적인 의상과 속담을 번역 속에 녹여낼 수 있었다. 이러한 번역 방법은 틀림없이 해외 관객, 특히 서양 관객이 영화에 대한 친근감을 느끼게 할 수 있었으며 관객들이 영화를 이해하는 데 도움을 주었다. 물론 당시의 영화 번역자들은 대체로 유학을 경험한 중국인이거나 중국어에 능통한 외국 인사였기에 그들 자체가 높은 이해를 갖고 있었고 이것이 번역문에서 여러 차례 기독교적 색채가 나타나게 된 이유이다.

2

영어권 문화의 보충

　비교적 이상적인 예술 효과를 얻기 위해 영화의 영어 자막은 번역할 때 의식적으로 영어권 사회의 문화전통, 윤리제도와 습속 등을 고려하게 되며 번역문에 대해 일부 조정을 진행하여 영어권 관객들의 상식과 위배되는 느낌을 들지 않게 하고 받아들이게 한다. 영화 〈도화읍혈기〉에서 임고와 덕은이 두 번째 만났을 때 '두구연화의 임고(豆寇年華之琳姑)'라는 자막이 나타나서 임고의 나이를 알려주었다. '두구연화(豆寇年華)'는 당나라 시인 두목(杜牧)의 시 〈증별(贈別)〉의 "가냘프고 어여쁜 열서너 살 아가씨, 이월 초 두구꽃 봉오리를 닮았네.(娉娉裊裊十三餘, 豆蔻梢頭二月初。)"에서 유래된 것이다. 시인은 초봄 이월의 나뭇가지에 막 피려는 두구화 꽃봉오리를 가냘픈 열세 살 남짓한 소녀에 비유하였다.

후세에서는 '두구연화'란 단어로 소녀를 표현하였으며 두목이 말한 '열세 살 남짓'이라는 구체적인 나이에 얽매이진 않았지만 대체로 제한이 있으며 주로 십대 여자아이를 가리켰다. 그러나 영어에서는 "Miss Lim, a grown-up girl"로 번역함으로써 의도적으로 임고의 나이를 높여서 표현함으로써 후에 임고와 덕은이 연애하고 동거하며 출산하는 것을 더욱 서양 관객들이 부담 없이 받아들이게 하였다.

영화 전편에서 양대붕(楊大鵬)과 춘매는 서로 사랑하지만 '사랑해' 혹은 '사랑(愛)' 같은 단어를 전혀 말한 적이 없었다. 예를 들어 양대붕이 춘매를 찬양할 때 "춘매, 난 네가 가여우면서도 사랑스러워."라고 한 대사를 영어 자막은 "Chun Mei, out of pity for you, I seem to love you." 라고 번역하였다. 중국어 자막에서 양대붕은 춘매에게 사랑한다는 말을 하지 않았고 중국어에서 귀엽다고 말하는 것도 그 사람을 꼭 사랑한다는 뜻이 아니다. 영어 자막에서 양대붕은 솔직하게 춘매에게 말하고 있다. 영화 결말 부분에서 춘매는 양대붕에게 "당신은 눈보라와 큰 위험을 겪으시면서 저를 구사일생에서 살려주셨으니 실로 감격을 말로 표현할 수 없네요. 이제부터 저는 평생 도련님을 모시기를 바랍니다."라고 말하였다. 이에 대응되는 영어 자막으로는 "You have, for my sake, braved dangers and the storm, taking no heed for your personal safety and in this I am greatly affected by your love and henceforth am quite willing to submit to your commands."이다. 중국어 자막에서 춘매는 양대붕이 위험을 무릅쓰고 자신을 구해주는 것에 감사하며 평생 도련님으로 모시겠다고 말하였다. 이는 구시대 여성이 자신의 몸과 마음을 사랑하는 사람에게 바치겠다는 것을 의미한다. 영어로 춘매는 대붕의 사랑에 감동됐다는 것으로 번역하였다. 여기서 원문의 자막은 중국 전통적인 윤리 도덕규범에 더욱 부합하고 영어 번역은 사랑을 부각함으로써 각자 자신의 목표 관객들을 고려한 것으로 이해할 수 있다.

중국 문화의 개념에 대한 처리

영화에서 중국적 특색이 있는 단어에 대해서도 목표 언어로 접근하는 처리 방식을 사용하여 독자들이 이해하도록 도움을 주었다. 영화 〈노동자의 사랑〉에서 번역자는 수의사가 "휴! 재수 없는 일을 연속 두 번 만났네!(哎! 連觸兩個霉頭。)"라고 한 말을 "What an unlucky time I am having!"라고 번역하였다. 여기서 'an unlucky time'으로 '두 재수 없는 일(兩個霉頭)'로 번역하였는데 중국어 '재수 없는 일(霉頭)'을 직접 번역하는 것을 피하였다. 이 외에도 수의사가 말한 "날을 잡아 부처님께 빌어야지. 어서 달력을 가져와.(要撿個日子拜拜菩薩才好, 快拿歷本來。)"라는 대사를 번역할 때 '부처님께 빌다(拜拜菩薩)'에 대한 직역을 피하기 위해 "Loss is certainly prominent around here. Where is my fortune telling book?"로 번역하였다. 수의사가 말한 "선생님께서는 무슨 병환이 있으십니까?(先生有何貴恙?)"를 "Tell me your troubles."라고 번역하였다. 여기서 'troubles'로 중국 고대 의사들이 환자에게 진료할 때 자주 하는 질문을 사용하였다.

영화 〈설중고추〉에서도 영어권 문화로 접근하는 번역 방법이 있다. 영화에서 등장한 방탕한 상소제가 음탕한 눈빛으로 신부를 바라보는 장면 뒤에 "여인에게만 공을 들이고, 여인들 속에서 생계를 유지하는 방탕아 상소제.(專在女子身上用功夫, 脂粉隊裏討生活之浪蕩子常嘯梯。)"라는 자막이 나타났다. 이를 영어로 "Chang Tsio Te, a flatter of girls, always crazy over a skirt."라고 번역하였다. 영어에서 여성을 'skirt'로 비유하는데 중국어에서 여성을 비유하는 단어 '脂粉'을 사용한 것이다. 양대붕이 춘매가 물을 긷고 있는 것을 볼 때 "당신같이 허약한 몸으로 어떻게 들 수 있겠어? 내가 도와줄게.(像你這般弱不禁風的身材, 怎能拿得動, 讓我來幫助你吧。)"라고 말하였다. 중국어에서 여인의 몸이 유약하는 것을 형용할 때 '弱不禁風(몸이 약해 바람이 불어도 쓰러질 것 같다)'라는 단어를 사용하는데 여기서는 'too frail'로 번역하였다. 물론 중국어의 '상징미'를 나타나지 못하였지만 서양 관객들로 하여금 양대붕이 춘매가 연약하다고 생각하는 것을 느낄 수 있게 하였다. 영화에서 또 장기를 두는 장면이 있는데 체스의 용어로 중국어 장기를 번역하였다. 예를 들어 '멍군'[285]에 대한 영어 자막 번역은 'Guard the King with the Marquis'이고 "말을 두는 것이 좋다"를 영어로 "It's better to move the knight instead"로 번역하였으며 "차가 나간다(出車)"를 "Attacking with the castle"로 번역하였다. 이러한 번역 방법은 서양 관객들이 익숙한 번역 방법을 사용하였고 그들이 이해하는 데 도움을 주었다.

영화 〈정해중문〉에서 '생신잔치를 하다(做壽)', '생신 축하 술을 마신다(吃壽酒)' 등은 중국인이 노인의 생신을 축하할 때 사용하는 용어로서 영어 자막에서는 모두 'birthday party'라고 번역하였다. 이러한 번역 방법

285) 撑壯: 부연설명

은 영어권에서 생일을 축하하는 관습에 더욱 적합하고 독자들이 쉽게 이해할 수 있다. 구체적인 사례는 다음과 같다:

중국어 자막: 생신이 곧 다가와서 반드시 상해에 가야 해요. 일들은 선생님께서 좀 수고하세요.(我因爲做壽的日子近了, 所以非回上海不可, 行事請先生偏勞.)

영어 자막 : I have to return to Shanghai for my birthday party. I request you to look after the business for me.

중국어 자막: 생일잔치에 술 마시는데 상의할 게 또 뭐가 있다고.(吃壽酒還有什麼事商量.)

영어 자막 : Birthday party. What can be the urgent matter, today?

중국어 자막: 오늘 당신 장인어른이 오십 세 생신잔치 하는 날인데 당신을 데리고 가서 술 한잔 마시라고 하셨어.(今天令嶽大人做五十大壽, 叫我們接你去吃壽酒的.)

영어 자막 : Today's the birthday of your father in law. We are here to invite you to the party.

영화 〈은한쌍성〉에서도 마찬가지로 중국 문화의 일부 용어들을 번역문에서 영어 언어문화에서 쉽게 이해할 수 있는 단어로 교체하였다. 예를 들어 감독 고가(高珂)가 "소개자인 나는 이제 사직서를 제출해도 되겠네. 이제 내가 필요가 없어…. 그 두 사람은 정원에서 키스를 하고 있어.(我這月老要提出辭職, 這件事用不著我了……他們倆在園子裏接吻呢.)" 라고 말하였다. 이를 "A matchmaker is unnecessary in this case,

Therefore I beg to resign."라고 번역하였다. 여기서 중국 민간 전설 속에 나타난 '月老(소개자)'를 'matchmaker'로 번역해서 서양 관객들이 쉽게 이해하도록 하였다. 그리고 양의운(楊倚雲)의 사촌오빠가 양의운에게 "너의 행복은 신구 예교 속에서 희생할 수밖에 없구나. 똑똑한 동생아, 일찍 마음을 바꿔라. 그녀의 청춘을 지체하지 말게나.(你的幸福只好在這新舊禮教中犧牲了, 聰明的雲弟, 及早回頭, 免誤了她的青春罷.)"라고 한 말을 "Your must sacrifice your dream of happiness for the sake of honor. Be prudent, my dear cousin. Give her up and do not spoil her innocent life."라고 번역하였다. 여기서 '예교(禮敎)'를 'honor'로 번역하는 것도 해외 관객들이 쉽게 이해하도록 하기 위해서이다.

흥미로운 것은 영화에서 한 골프장이 한 가산(假山)에 위치해 있었다는 점이다. 상단에 중국어 '가산(假山)'으로 쓰여 있었고 영어 "Cathy Sports Club"으로 번역을 하였다. 가산은 중국 원림 전통의 호칭에 부합하지만 Cathy Sports Club은 영어에서 스포츠클럽에 대한 호칭에 부합하다. 중국과 영어 자막이 서로 다른 호칭 방법을 사용한 것은 하나의 번역문화를 보여주었을 뿐만 아니라 당시 상해의 국제화 정도를 반영하였다.

3

압축과 생략

압축과 생략은 멀티미디어 번역에서 흔히 볼 수 있는 현상이다. 멀티미디어 번역에는 영화 번역이 포함되는데 자막 번역은 늘 시간과 공간의 제한을 받는다. 구체적으로 말하면 무성영화의 자막 번역과 유성영화의 자막 번역이 받는 제약은 다르다. 무성영화를 관람할 때 관객들은 스크린의 영상을 봐야 할 뿐만 아니라 삽입한 자막 화면도 읽어야 한다. 영화 자막의 정보로 스크린 영상에 대한 이해를 보충하는 것이다. 목표 관객들에게 더 많은 관람 시간을 주기 위해 번역자는 대체로 자막의 정보를 줄여서 관객의 읽는 부담을 덜어주고자 한다. 스크린에서 이미 나타난 정보에 대해 번역자는 압축 혹은 생략의 번역 방법을 적용한다.

영화 〈노동자의 사랑〉의 서두에 "광동인 정목공은 직업을 과일장사로 바꾸고 축 의사의 딸과 과일을 던지는 인연을 맺어서 축 의사에게 청혼을 하였다. 축 의사는 '내 의사의 업을 흥하게 할 수 있는 자를 딸과 결혼시키겠다'고 말하였다. 목공은 아이디어를 내서 축 의사의 소원을 이루어 주었다. 사랑하는 사람들이 드디어 사랑의 결실을 맺었다.(粤人鄭木匠, 改業水果, 與祝醫女結擲果緣, 乃求婚於祝醫.祝雲:'能使我醫業興隆者, 當以女妻之.'木匠果設妙計, 得如祝願.有情人遂成了眷屬。)"라는 총자막(總字幕)이 나타났다. 이는 중국어 문언(文言)으로 완전한 이야기를 서술한 것인데 영어 자막은 간단하게 명사구로 번역하였다. 즉, "A doctor in needy circumstance, whose daughter is much admired by a fruit shop proprietor(formerly a carpenter) who sicks to the tools of trade."이다. 번역자는 문장으로 이루어진 쓴 이야기 전체를 번역하지 않았고 심지어 각 인물의 호칭도 사용하지 않았다. 단지 주요 인물 중의 하나인 의사의 직업과 영화 속에서 기타 인물과의 관계를 번역해서 관객들에게 설명하였다. 후에 정목공이 청혼하다가 실패할 때 나타난 자막 "불쌍한 정목공! 청혼 실패에 실망하여 문을 닫고 잠을 잤다."를 "Cheung much disappointed in love matter is very miserable."로 번역하였다. 여기서 정목공 상태에 대한 감탄을 생략하였을 뿐만 아니라 중국어에서 문을 닫고 잠을 잔다는 행위에서 나타난 어쩔 수 없는 상태도 생략하였다.

영화 〈도화읍혈기〉에서 산파가 임고가 출생한 후 육기(陸起)에게 "먼저 꽃이 핀 다음에 열매를 맺으니 따님의 출산을 축하합니다.(先開花後結果, 恭喜你添了一個姑娘。)"라고 말하였다. 영어에서는 간단하게

"Congratulations. It's a girl."라고 번역하여 "먼저 꽃이 핀 다음에 열매를 맺는다(先開花後結果)"를 생략하였다. 산파가 애를 받을 때 산모가 여자아이를 낳으면 흔히 이 말을 해서 여자아이 태어난 후에 그다음 아이는 꼭 남자아이를 낳을 것이라고 산모와 산모의 가족을 위로한다. 원문에서 나온 이런 속담은 중국 농경문화에서 존재하는 남존여비의 사상과 관련이 있다. 영어 번역에서 이것을 생략함으로써 남존여비의 색채를 희석시켰다.

영화 〈아들영웅(아내가 두렵다)〉에서도 영화 번역에서 흔히 볼 수 있는 생략 현상이 나타났다. 영화에서 노호가 힘들게 일하는 장면을 보여준 후 "낮에 배를 젓고, 밤에 맷돌을 갈아도 배가 고프고 귀가 찢어졌다. 노호는 마누라 때문에 고생을 다하였다.(日搖船, 夜推磨, 肚皮餓, 耳朵拉破, 老胡老胡, 吃盡了老婆的苦。)"라는 자막이 나타났다. 손유는 이 타유시(打油詩)를 "Old Hu's daily toils"라고 번역하였다. 원문의 시는 유머러스하고 해학적으로 노호가 밤낮으로 힘들게 일하였지만 마누라의 학대를 받는 모습을 표현하였다. 그러나 손유의 번역은 오직 화면에 대한 가장 기본적인 의미에 대한 설명이여서 아쉬웠다. 영화는 후에 이성(李成)이 죽고 노후가 억울함을 씻는 것으로 끝난다. 영화에서 "진범이 죽고 도난당한 물건을 다시 되찾았으며 호 씨 부자는 다시 만난다.(真兇已死原臟又得, 胡氏父子重復團聚)"란 자막이 등장하였다. 손유는 이를 간단하게 "The happy reunion"로 번역하였고 구체적인 "진범이 죽고 도난당한 물건을 다시 되찾다(真兇已死原臟又得)"에 대한 번역을 하지 않았고 단지 모두가 행복한 엔딩이라는 것만 알려주고 관객들로 하여금 스스로 구체적인 결말을 추측하게 만들었다.

마찬가지로 영화 〈설중고추〉의 자막 번역에도 생략 현상이 나타났다. 이를테면 춘매가 양가네 집에서 쫓겨난 후 날씨가 나빠지자 영화에서 "한순간에 바람과 비가 그치고 얼음이 얼어서 유리세계가 되었다.(一刹那間, 風停雨止,結冰累累, 頓成玻璃世界。)"라는 자막이 나타났다. 그러나 영어 자막에서는 오직 간단하게 "At night"라고 시간만 번역하였으며 구체적인 기후 환경에 대한 묘사를 하지 않았다. 그러나 영화의 화면으로 내용을 짐작할 수 있기에 관객은 영화 화면을 보면서 당시 열악한 기후 상황을 알 수 있다. 하지만 중국어의 뛰어난 언어 묘사를 느낄 수는 없었다.

4

각색과 추가

    압축과 생략과 반대로 번역자는 자막의 번역문에 원문 자막에 없는 정보를 추가할 수 있고 자신의 영화 속의 인물, 배경에 대한 이해를 첨가할 수 있다. 이러한 현상은 이 6편 영화에서도 모두 나타났다. 예를 들어 〈노동자의 사랑〉의 영어 번역문에도 일부 정보를 추가하였다. 이를테면 "흥! 저 쌍놈의 자식, 이가 아프대!(呸! 那個王八蛋牙齒疼.)"를 번역자는 영화의 줄거리에 따라서 "I have no toothache. I am looking for the one who threw the melon."이라고 번역하였다. 번역자는 영화의 화면이 보여준 정보에 따라서 번역한 것으로서 이러한 영문 번역에 대해 관객들은 더욱 합리적으로 생각하게 된다. 젊은이가 술에 취해 넘어져서 축 의사를 찾아가서 진료를 받을 때 "연회에서 마셨는데 신이 너무 미끄러워서 문제가 생겼어요!(酒會吃得, 這雙皮鞋太滑, 出的毛病!)"라고 말하였다. 이를 "Those confounded foreign shoes my wife bought which caused mishap."라고 번역하였는데 'confounded', 'foreign', 'my wife' 등 일부 원문에 존재하지 않는 정보를 추가하였다.

〈정해중문〉에서 여군의 어머니가 딸을 응석받이로 키웠다. 여군의 시어머니가 여군이 외도한 사실을 알려주자 그녀는 완강히 부인하다가 증거를 본 후 "알았어요. 제 딸을 어디로 쫓아냈나요?(好好, 我的女兒, 你把她趕到什麼地方去了?)"라고 묻는다. 이를 영어로 "Well, well, My poor daughter, where did you drive her to?"라고 번역하였다. 번역자가 여군의 어머니가 자신의 딸을 두둔하고 있는 심정을 추측해서 영어 번역문에 'poor'를 추가한 것이다. 영화에서 진몽천의 거소를 보여준 후 자막으로 "낭만적인 대학생 진몽천의 집(浪漫的大學生陳夢天之家)"이라고 표현하였는데 영어 자막으로는 "Dissipated youth Chen Mong Tien's home"라고 썼다. 중국어 자막에서는 진몽천의 신분은 고등교육을 받은 '대학생'이라는 것을 명시하였고 '낭만적'이라는 단어로 그의 성격을 표현하였다. 하지만 영어 자막에서는 'dissipated'란 단어를 사용해서 진몽천의 대학생 신분을 밝히지 않았고 단지 'youth'란 단어를 사용하였다. 이러한 변화는 번역자가 진몽천이란 인물의 방탕함에 대한 비판적인 시각을 볼 수 있다. 변호사사무소에서 몽천과 여군이 이혼 수속을 하고 있을 때 몽천의 어머니는 여군에게 폐백을 다시 돌려달라고 하였는데 "기왕 다른 사람으로 취급하지 않는 이상 이혼할 때 폐백을 왜 언급하세요?(既然不當他人看待, 離婚還提什麼聘禮不聘禮。)"라고 말하였다. 이에 대한 영어 자막은 "It's lucky enough to get rid of such a woman. Why rave about the wedding expenses?"로 되어 있다. 영화 속의 기평은 엄청 중후하고 온화한 사람이었다. 그의 말도 그의 성격을 따랐다. 그의 말에는 여군에 대한 질책이 없었다. 그러나 "It is lucky to get rid of such a woman."이라고 번역하여 분명히 기평이 여군을 질책하고 있는 것으로 표현하였다. 이혼한 후 기평이 여군을 그리워하는 모습을 본 어머니는 "이미 이혼하였는데 왜 또 생각하느냐?(已經離婚了, 何必再去想他呢.)"라고 말하였다. 이에 "Get that vulgar woman out of your head once for all."이란 영어 자막이 나타났다. 중국어 자막에서 기평의 어머니는 그냥 아들보고 계속 여군을 그리워하지 말라고만 하였고 여군에 대한 비판이 나타나지 않았다. 그러나 영어 자막 'the vulgar woman'으로 여군에 대해 도덕적 가치 평가를 진행하였다. 후에 여군의 어머니가 장 선생에게 부탁해서 기평을 생신잔치에 요청할 때 장 선생은 "왜 내가 그를 마중하러 가야 하죠?(怎麼我可以去接他呢?)"라고 말하였는데 영어 자막에는 "How can poor I get him?"라고 되어 있다. 번역자는 번역문에 형용사 'poor'를 추가하여 장 선생의 원하지 않는 태도를 표현하였다. 이로부터 이 영화에 대한 번역에서 번역자는 번역할 때 자신이 영화에 대한 인식과 도덕 감정적인 비판적 색채를 추가하였다는 것을 알 수 있다.

5

금기어와 사회 갈등의 표현

금기어에 대한 번역

초기 영화사들은 모두 중국 문화를 알리고 선량한 중국인의 이미지를 선보이는 것을 자신의 사명으로 간주하였다. 그래서 영화에 대한 번역에서 원문보다 더 예의를 지키는 것을 볼 수 있다. 원문에서 나타난 일부 금기어도 번역어에서 중성적인 단어로 대체되었다. 예를 들어 〈노동자의 사랑〉에서 중국어 자막 "흥! 저 쌍놈의 자식, 이가 아프대!(呸! 那個王八蛋牙齒疼。)"를 번역자는 영화의 상황에 따라서 "I have no tooth ache. I am looking for the one who threw the melon."라고 번역하였다. 여기에서 단어 '쌍놈의 자식(王八蛋)'을 삭제해서 번역하지 않았고 번역문에도 임의의 저주성적인 단어가 나타나지 않았다. 또한, 〈도화읍혈기〉

에서 영어 번역은 말투에서도 '가볍게 넘어가는' 방법을 적용하였다. 예를 들어 연연(娟娟)은 덕은을 평가할 때 "덕은은 정말 인격이 없다. 농촌 여인에게 그런 추태를 부리다니!(德恩真沒人格, 同鄉下女子做這樣醜態!)"라고 말하였다. 여기서 '인격이 없다(沒人格)', '추태(醜態)'로 연연이 덕은의 행위는 신분에 적합하지 않고 격에 맞지 않다고 생각하고 있다는 것을 보여주었다. 그러나 영어 자막은 "Teh-en must be crazy. Enjoy making love to that country girl."이라고 되어 있다. 단지 'must be crazy'로 덕은을 표현하였고 윤리도덕적인 평가를 추가하지 않았으며 비난의 정도를 낮췄다. 육기가 도시에 들어간 후 덕은과 동거한 딸이 도시의 여자처럼 치장한 모습을 보고 "난 내 딸이 이런 미천한 꼴로 있는 것이 싫다! 옛날 옷을 입고 날 만나러 와라."라고 말하였다.

'미천한 꼴(賤樣)'이란 단어는 육기가 딸이 덕은과 동거한 것은 염치가 없는 짓이라고 나무라는 태도를 표현하였다. 이에 대한 영어 자막은 "It is against my wish to see my own daughter dressed like this. Go and get into the clothes in which you came."이다. 단지 'dressed like this'를 사용하였고 육기의 딸에 대한 날카로운 비평적인 태도를 번역하지 않았으며 가볍게 넘어갔다. 육기는 딸 임고가 죽은 후 덕은을 만날 때 "마침 잘 왔어. 네가 내 딸을 죽여놓고 이 화근을 남기면 어쩔 셈인가?(你來了很好, 你害死了我的女兒, 還要留下這孽根, 怎麼辦?)라고 말하였다. 여기서 '화근(孽根)'이란 단어로 육기가 덕은과 임고 사이의 사랑 및 외손자에 대한 태도를 나타냈다. 그러나 영어 자막은 "Well. You have come. My daughter died, because of you and left this child behind. Now what are you going to do with this child?"로 되어 있다. 단지 '화근(禍根)'을 'this child'로 번역하여 가볍게 처리하는 방법을 적용하였으며 중국어 자막에 담겨진 분노의 의미를 번역해내지 못하였다.

〈정해중문〉에서 금기어에 대한 번역도 '가볍게' 처리하는 수법을 사용하였다. 예를 들어 "이제 와서 무슨 장인 같은 헛소리하는 거야?(現在還講什麼岳大人不岳大人的鬼話。)"를 "When the wife is divorced, does the father-in-law come in?"로 번역하였는데 여기서는 '헛소리(鬼話)'를 번역하지 않았고 번역문의 말투는 보다 부드럽게 만들었다.

이러한 금기어를 가볍게 처리하는 번역 방법은 목표 언어의 관객들로 하여금 중국인의 언행은 점잖고 예절이 밝다는 느낌을 가져다주었다. 이는 앞에서 분석한 영어 자막에 존칭을 추가한 것과 같은 효과를 가지고 있고 초기 영화사가 번역할 때 번역문에 필터링을 진행하여 중국의 국제적인 이미지를 확립하려는 것과 관련이 있다.

사회 갈등을 희미하게 나타내다

1920~30년대의 중국은 서양과의 교류가 활발하였고 사회는 치열한 변혁기를 겪고 있었다. 이 시기 중국 사회는 사상, 제도적으로 거대한 변화를 겪었다. 이러한 대격변은 영화에서도 나타났다. 중국 사회에 존재하는 사회 모순, 신구(新舊) 사상, 윤리도덕의 갈등에 대해 영화의 중국어 자막은 직설적으로 예리하게 지적하였으나 영어에서는 가볍게 처리하였다.

영화 〈도화읍혈기〉에서 김 부인이 그녀의 외동아들 덕은에 대한 사랑을 언급할 때 평가적인 자막 하나를 산입하였다. 즉 "김 부인은 그녀가 혼자서 키운 아들 덕은을 가장 사랑하였다. 아쉽지만 그녀의 사랑은 시대에 적합하지 않았다.(金太太她最愛的就是她的獨養兒子德恩, 可惜她的愛法太不合時代了。)"이다. 중국어 자막에서 김 부인의 사랑은 시대에 적합하지 않는다고 지적하면서 5.4신문화운동의 영향을 받은 중국 사회가 사회 질서, 윤리도덕 면에서의 개혁을 겪고 있음을 암시하였다 김 부인의 덕은에 대한 사랑은 새 사회의 가정관계에서 나타난 부모와 자녀의 관계에 적합하지 않게 되었다는 것이다. 그러나 영어 번역에서는 오직 "Mrs. King lores Teh-en, her only son, above all things, but not always in the wisest manner."라고 번역하여 김 부인이 아들에 대한 사랑은 '언제나 가장 지혜로운 방법'으로 이루어지지 않았음을 알려주었다.

영어로 이렇게 번역함으로써 영어 관객들은 중국어 관객들처럼 중국의 사회 변혁 속에 내포된 갈등을 인식하지 못하였고 김 부인이 아들에 대한 사랑 방식은 언제나 가장 지혜롭지만은 않았다는 것을 의미한다. 이 밖에 덕은과 임고가 숲에서 데이트할 때 "녹음이 짙은 곳에 늘 한 쌍의 어울리지 않는 연인이 나타난다.(綠蔭深處, 常有一對不調和的情人出現。)"라는 자막이 나타났다. 중국어 자막에서 '어울리지 않는(不調和)'를 사용하여 덕은과 임고의 집안은 현저한 차이가 있어서 세인들에게 조화롭게 보이지 않는다는 것을 지적하였다. 그러나 이 중국어 자막의 아래에는 "Lim and Teh-en the days of love will be long remembered."라는 영어 자막이 있는데 두 사람의 사랑은 어울리지 않는다는 것을 전혀 언급하지 않았고 두 사람의 사랑은 오랫동안 기억에 남을 것이라고만 말하였으며 두 사람의 사랑은 사회와 가정이 받아들이지 않을 거라는 사실을 가볍게 이야기하였다. 영화는 엔딩 부분에서 덕은이 어머니에게 보낸 편지를 번역할 때 덕은의 의도를 확대하였다. 덕은이 쓴 편지 원문에 대한 자막은 다음과 같다. 즉,

어머니 슬하 아들이 아룁니다. 아들은 임고(琳姑, 며느리)를 사랑하였는데 임고는 저 때문에 죽어 이 아들은 가슴이 찢어집니다. 어머니께서 아들의 마음을 헤아려 며느리로서의 예로 장례를 치러주신다면 이 아들은 바로 집으로 돌아가겠습니다. 혹 그렇게 하지 않으시면 저는 울분을 주체하지 못하고 영원히 집 밖을 떠돌아다닐 것입니다. 삼가 평안하시기를 바랍니다.

아들 덕은(德恩) 울면서 씁니다.

편지에 대한 번역문 자막은 다음과 같다.

Dear Mother,
I love Lim. My heart is broken [sic] her death. Please acknowledge her relatives as our equals, other [sic] should be ashamed to return home.

Your loving son Teh-en.

영어 번역문과 원문의 내용 면에서 가장 큰 차이점은 덕은의 편지에서 어머니에 대한 요구이다. 즉 임고를 '며느리로서의 예로 장례식을 치른다(葬以兒媳之禮)'를 "Please acknowledge her relatives as our equals."라고 번역하였는데 덕은의 요구가 연인의 지위에 대한 인정으로부터 인간으로서 평등한 지위에 대해 인정 요구로 확대하였다. 이는 어디까지나 승화가 아닐 수 없다. 영어권 관객들은 덕은의 요구가 보다 현대적이고 진보적이라고 느낄 것이다.

영화 〈은한쌍성〉이 곧 끝날 때 "사랑과 예교가 서로 다투고 사랑의 힘이 강하지만 승리는 최종적으로 예교에 속한다.(愛情與禮教相爭, 愛之力果大, 但勝利終屬禮教。)"와 "Love versus honor. Great is the power of love, but greater is still his sense of duty."라는 자막이 나타났다. 5.4운동 이래 예교는 비판과 타도해야 할 대상이 되었다. 연화영화사에서 제작한 영화에는 모두 봉건예교를 반대하는 인식이 깔려 있다. 예컨대 〈도화읍혈기〉 등 영화를 보면 '예교를 반대(反對禮教)'하는 것은 당시 중국 사회, 특히 문화계에서 하나의 선진적인 유행이 되었고 당시의 사회 갈등을 대표하였다. 그러나 영어에서 '예교'를 'honor'과 'duty'로 번역해서 그 의미를 희석시켰기에 영어권 관객들은 당시의 사회 갈등을 느낄 수 없었다.

번역문은 중국어 자막에서 나타난 사회 갈등, 관념 갈등, 말투 갈등 등에 대해 가볍게 처리하는 방법을 적용하여 어느 정도로 영화에서 나타난 여러 갈등을 미화하여 중국 문화가 대격변에서 겪은 아픔을 숨겼으며 대외 선전에서 중화 문화와 중국인의 이미지를 보호하는 역할을 하였다.

6

번역자 손유가 끼친 영향

　영화 〈아들영웅〉은 현존하고 있는 유일한 영화 서두에 영화 번역자의 이름이 표기된 작품이다. 지금까지 볼 수 있는 초기의 무성영화를 보면 번역자의 이름을 표기한 것이 없다. 이 영화의 번역자는 바로 중국 영화사에서 명성이 자자한 손유이다. 학술계에서는 줄곧 그가 연출한 작품에 대해 연구를 하였으나 손유의 영화 번역자로서의 신분과 그의 번역 작업을 언급하지 않았다. 손유의 본명은 손성서(孫成嶼)이고 본적은 사천 자공(四川自貢)이며 1900년에 중경(重慶)에서 태어났다. 아버지는 청나라 시기의 거인(擧人)이었고 대학교에서 오랫동안 교편을 잡았다. 손유는 어렸을 때부터 아버지를 따라서 두루 돌아다녔고 천진(天津) 남개(南開)중학교에서 졸업한 후 1919년 겨울에 북경청화고등학교에 입학하였다. 그는 재학 기간에 잭 런던(Jack London)의『표범인간의 이야기(The Leopard Man's Story)』와 토머스 하디(Thomas Hardy)의『아내를 위하여(To Please His Wife)』를 번역하여 모순(茅盾)이 창간한 〈소설월보(小說月報)〉에 게재하였다. 그는 1923년에 미국 위스콘신대학교의 문학연극학과에 들어가서 공부하였으며 그동안 산문, 단편소설, 이백 시가에 대한 번역 등을 발표하였으며 '이백의 시에 대한 영어 번역을 논하다(論英譯李)'를 졸업논문으로 제출하였는데 그 동안 80여 편의 이백의 시를 번역하였다. 졸업 후 손유는 계속 뉴욕 영화촬영학교에 들어가서 미국의 연극가 데이비드 벨라스코(David Belasco)가 개설한 연극학원에서 촬영, 인화와 편집 등을 배웠다. 동시에 콜롬비아대학교 초급 선택과목과 고급 영화 각본과 연출 과목을 선택 이수하였다.[286] 또한, 그는 1926년에 귀국한 후 장성영화사와 민신영편공사에 취직하였고 〈어차괴협(魚叉怪俠)〉, 〈소상루(瀟湘淚)〉와 〈풍류검객(風流劍客)〉 등을 촬영하였다. 1930년, 손유가 연화영업공사에 들어간 후 1932년부터 1934년까지 그는 연이어 〈야생장미(野玫瑰)〉, 〈화산정혈(火山情血)〉, 〈천명(天明)〉, 〈작은 장난감(小玩意)〉, 〈체육왕후(體育皇後)〉, 〈대로(大路)〉 등 6편 영화의 감독을 맡았으며 대부분은 이미 무성영화 시대의 경전이 되었다. 손유 본인은 '문화대혁명' 이후에 근 80세가 되었음에도 또 다시 이백의 시가 40여 수를 번역하였으며 전 세계에게 중국 문예의 높은 전통을 소개하였다. 1981년, 홍콩상무인쇄관은 손유의 번역 작품『이백시 신역(李白詩新譯)』

---

286) 孫瑜, 《銀海泛舟——回憶我的一生》, 上海：上海文藝出版社, 1987年, 第1-35頁。

(영문)을 출판하였는데 그 중에는 손유가 초기에 번역한 80여 수와 '문화 대혁명' 후에 번역한 40여 수가 포함되어 있다. [287]

영화 〈아들영웅〉에서 번역은 손유가 하였다는 것을 캡처한 그림

여러 영화사를 살펴보면 손유가 그 시절에 연출한 작품에 대한 소개만 있을 뿐 그가 번역 작업에 참여한 기록이나 토론은 찾아볼 수 없고, 본인의 자서전에서도 번역 경력에 대해 별로 언급하지 않았다. 이백의 시와 문학작품을 번역한 것을 언급하였지만 자신의 영화에 대한 번역 경험을 깊이 얘기하지 않았다. 손유는 1926년에 귀국한 후 줄곧 영화사에서 일하였으며 뛰어난 영어 실력과 수년간의 해외 생활 경험을 가지고 있어서 이상적인 영화 번역자로 선정되었다. 1933년 이전의 중국 국산 영화는

---

287) 同上，第265-268頁。

현재 남아 있는 것이 많지 않을 뿐더러 손유도 별세한 지 여러 해 되었다. 손유가 당시에 몇 편의 영화 번역에 종사하였는지 알 수 없고, 또한 그의 번역 과정이나 전략(번역 방법론)도 알 수 없어서 영화 〈아들영웅〉을 통하여 들여다볼 수밖에 없었다.

손유는 매우 높은 문학적 조예가 있었고, 수많은 영화 대본을 창작하였다. 그가 연출한 작품은 많은 시의(詩意)를 갖고 있어서 〈십자가두(十字街頭)〉를 연출하였던 심서령(沈西苓) 감독은 그를 '시인 감독'이라 불렀다. 그가 번역한 영화 작품에서도 이런 시인의 기질을 숨길 수 없어서 흔히 번역문을 시의 있게 번역하였다. 영화에서 아근(阿根)이 아버지가 억울한 누명을 쓰고 붙잡힌 뒤 밤늦도록 괴로워하며 잠을 이루지 못하자 "만물이 조용한 심야에 힘들고 무고한 아이를 가여워하라.(萬眾都靜的夜中, 可憐這困苦無辜的兒童.)"라는 자막이 나타났다. 손유는 이 자막을 "A night of stillness, in the world of sorrow, a little heart that is bleeding unseen."라고 번역하였다. 번역문은 원문보다 더 시적이고 'a little heart that is bleeding unseen.'으로 아근의 고통스러워서 잠을 이루지 못하고 의지할 데가 없는 상황을 번역해냈다.

이 6편의 영화는 모두 중국 영화사가 후원자로서 영화를 번역하고 해외 관객의 관람 요구에 맞춘 것이다. 구체적인 번역 방법론을 보면 자막 번역자가 중국 문화 언어의 요소를 유지하면서도 목표 언어문화로 접근하기 위해 노력하며 번역문에 기독교적 색채를 스며들게 하고, 영화의 자막 내용을 서양 사회의 이데올로기와 윤리도덕에 맞게 어느 정도 각색하는 모습을 볼 수 있다. 초기의 영화사들은 중화 이미지를 알리고 국가 명예를 알리는 것을 취지로 삼았기에 초기 영화들은 인물 대사에서 번역문에 예의바른 표현을 많이 쓰게 되었다. 그리고 금기어에 대해서는 중성적인 어휘를 이용하여 번역하였고 당시 중국 사회에서 나타났던 극심한 사상적 도덕 · 윤리적 충돌에 대해 가볍게 넘어가는 방식을 적용하여 목표 관객들이 중국 사회에서 발생한 큰 동요와 불안감을 느끼지 못하게 하였다.

맺음말

　지금까지 중국 영화 발전사는 이미 한 세기에 이른다. 1905년에 등장한 영화 〈정군산(定軍山)〉은 중국인이 영화를 제작하는 효시가 되었고 15년 뒤에 영화 〈장자가 아내를 시험하다(장자시처, 莊子試妻)〉가 미국에서 개봉되면서 중국 영화가 해외에서 전파하는 서막을 열었다. 관련 통계 연구에 따르면, 1905년부터 1949년에 이르러 중국 본토 영화사들은 천 여 편의 영화를 제작하였는데 1917년~1927년 사이만 하더라도 중국 국내의 각 영화사들이 자발적으로 영어 번역을 한 중국 영화가 97편에 달했다. 중국 초기의 영화 번역은 조직적이고 계획적이며 대규모적인 대외 번역활동으로 당시나 지금이나 모두 중요한 사회적 의미와 학술 연구 가치를 가지고 있다. 하지만 중국 국내와 해외 학계에서 아직 이에 대해 주목하지 못했고 전면적이고 체계적인 연구 성과는 아직 미흡한 수준이다. 이 책은 중국 초기의 국산 영화에 대한 번역(1905-1933)을 연구 대상으로 하고 특히 그 중의 영어 자막 번역에 대해 번역 연구와 문화 연구의 관점에서 중국 초기 영화 번역을 역사문화의 맥락에서 살펴보고 중국 영화 번역의 기원, 심층 원인, 번역 유형에 대해 탐구하였다. 또한, '자세히 읽기(close reading)'의 방법으로 초기 영화의 중국어 자막과 그것의 영어 번역에 대해 고찰하여 초기 영화 속의 중국어와 영어 자막의 특성,

번역 현상과 번역 전략을 분석하였다.

20세기 상반기에 구미 영화가 중국 대륙을 풍미하면서 인식과 기술 면에서 중국 국산 영화 번역의 생성과 발전을 추진시켰다. 초기 구미 영화의 중국 이미지에 대한 왜곡도 중국 민족 영화업계와 정부기관을 자극하여 중국 영화를 번역해서 중화민족의 훌륭한 이미지를 내세우는 데 영향을 미쳤다. 이러한 과정에서 국민정부 영화관리기구(國民政府電影管理機構)가 국산 영화의 번역에 대해 규제를 시행함으로써 국산 영화에 대한 번역이 영화사의 비즈니스 번역, 정부와 영화사의 합작 번역, 정부가 주도한 영화 번역과 해외기구가 중국 영화에 대한 번역 등 네 가지 유형으로 구분되었다. 중국 초기 영화의 자막은 문언문(文言文)과 백화문(白話文)이 뒤섞이고 중국어와 외국어가 같이 사용되는 특성을 나타났으며 이는 당시 동양과 서양이 교류를 진행하고 사회가 격변하는 시대적 상황을 반영하였다. 초기 영화 번역에는 이중 번역 현상과 동양 정서적인 번역 현상 등 다양한 현상이 나타났다. 영화의 자막 번역문은 주로 이데올로기, 후원자, 시학과 심미적 요구의 영향을 받아서 최대한 많은 관객들이 수용하도록 각색하였다.

요컨대, 이 책은 처음으로 중국 초기 국산 영화의 번역 활동과 관련된 사료들에 대해 전면적이고 심층적으로 고찰하고 발굴하며 연구하였고 영화 번역에 대해 체계적이고 기술적인 연구를 진행함으로써 영화 번역과 역사적 맥락 사이의 상호 작용 관계를 제시하고 영화 번역의 전형적인 특성 및 번역 전략과 방법을 해독하며 관련 연구의 취약점을 보완하려고 하였다.

이 책은 1905~1948년 사이의 중국 국산 영화 번역에 대해 거시적이면서도 미시적인 측면에서 연구를 진행하였고 역사·문화적 맥락에 환원하여 고찰함으로써 영화 번역 자체의 전형적인 특성 및 가치와 의미, 그리고 영화 번역과 사회적 맥락 사이의 상호 작용 관계를 해석하고자 하였다. 거시적인 측면에서 진행한 고찰과 연구에 따르면 이 책은 초기 영화 번역이 형성된 이유와 네 가지 존재 형식을 정리하고 분석하였다. 미시적인 측면에서 진행한 고찰과 연구에 따르면 이 책은 전형적인 영화의 번역 텍스트를 자세히 읽음으로써 초기 영화의 자막기능, 언어 특성을 분석하였고 중국 초기 영화 번역 속에 존재한 이중 번역과 동양 정서적인 현상 및 중국 초기 영화사의 구체적인 영화 역출(譯出)의 전략과 방법을 고찰하였다.

대체적으로 말하면 중국 초기의 영화 번역은 민족 영화산업과 정부가 자발적으로 영화 문화와 예술을 번역하고 수출하는 행위로서 중국 문화를 알리고 중국 국민의 이미지를 심어주며 상업적 이익을 도모하는 등 면에서 긍정적인 작용을 했다고 할 수 있다. 이와 반대로 현재 중국 영화가 해외에서 상영할 때 더빙 번역보다 대부분 자막 번역을 적용했다. 이런 번역은 주로 해외의 수입기구에서 자발적으로 진행하는 번역이고 중국의 영화사가 주동적으로 외국어 자막을 추가한 중국 영화는 극소수에 불과했다. 초기 중국 영화에 대한 번역을 통해 알 수 있듯이 해외기구가 중국 영화를 번역할 때 흔히 중국 영화사와 다른 번역 전략을 사용했고 동방 정서적인 번역 방법을 사용했는데 이러한 번역문은 서양 사회에 기존한 중국의 고정된 이미지를 강화했을 뿐이다. 중국 영화기구가 자발적으로 역출할 때 중국의 긍정적인 이미지를 선보일 수 있는 번역 전략을 적용했다. 이러한 역사적 경험을 거울삼아 문화 전파력을 높이고 자발적으로 중국 영화를 역출하면 서양 관객들은 왜곡되거나 작위적인 동양 정서적인 중국 이미지가 아닌 보다 더 긍정적이고 주동적인 국가 이미지를 볼 수 있게 된다.

　이 책은 중국영화자료관, 국가도서관과 베이징대학도서관에서 소장하고 제공한 대량의 역사 자료 그리고 20세기 상반기에 발행한 신문잡지, 영화 연감(年鑑)과 영화사, 초기 영화회사에서 출판한 특간, 영화인들의 회고록, 정부법률규정 및 공고, 생동적이고 현존한 영화 텍스트 등을 토대로 엮은 것이다. 자료를 수집하는 과정에서 직면한 비교적 중요한 문제는 초기 영화 번역의 번역자에 대한 자료가 적고 보존한 영화 번역 텍스트도 많지 않는 것이다. 이는 어느 정도 이 책이 초기 중국 영화의 번역자에 대한 고찰과 번역 텍스트에 대한 분석을 충분히 진행하는 것을 제한하였다. 필자는 향후의 연구에서 더욱 많은 초기 중국 영화의 번역 작품과 초기 영화 번역자에 대한 자료를 찾아내고 고증하며 초기 중국 영화 번역에 대한 고찰을 더욱 충실하게 할 수 있기를 기대하고 있다. 이 책의 연구 과정에서 20세기 상반기에 외국 영화가 중국 시장에서 번역되고 수용하는 과정도 연구자의 큰 관심을 불러일으켰다. 외국 영화의 번역자들도 대체로 중국 영화의 영어 자막 번역자들이다. 필자는 향후 연구에서 이 영역을 언급할 것이고 이 시기의 양방향 영화 번역 활동 간의 관계를 살펴볼 예정이다.

역자 후기

　지난 부산대학교 중국연구소에서 주최하는 〈교류: 중국지식인〉 세미나가 있었는데, 영광스럽게 진행을 맡았습니다. 제2강을 맡아주신 찐하이나 교수님께서 저서를 강의 자료로 제공해주셨습니다. 마침 저는 통번역대학원 출신에다 2014년부터 통번역 관련 강의를 진행해왔기에 자막 번역에 대한 관심이 상당히 많았습니다. 이때 찐하이나 교수님의 저서를 읽게 되었습니다. 또한 주제가 많은 연구가 이루어지지 않은 중화민국 시대의 무성영화라 호기심을 더 갖게 되었습니다. 처음에는 번역이라고 생각했으나 자세히 읽어보니 변사(辯士) 역할을 해주신 분도 있었고 마치 걸음마 단계의 동시통역사처럼 활동했던 것 같았습니다. 무척 재미있고 흥미로웠습니다.

　내용은 재미있었으나 번역하는 과정에서는 무척 힘들었다는 생각밖에 안 남았습니다. 중화민국 시대는 문언문(文言文)에서 백화문(白話文)으로 전환되는 시기였습니다. 즉, 인용하는 부분은 현대 중국어가 아니라 전부 다 중국어 고어(古語)였다는 말이지요. 번역은 힘들었으나 그래도 보람이 있습니다. 중국 초창기의 자막 번역이 어떻게 이루어졌고, 그 당시의 해외진출이 어떻게 이루어졌는지, 또한 사인(士人)들이 그 특별한 시대에서 어떠한 역할을 했는지, 다양한 내용들을 하나의 책에서 관규(管窺)할 수 있습니다.

이번 기회를 통해 한국 학술계에 없었던 중국 무성영화의 빈틈을 채우는 데 조금이라도 기여할 수 있으면 좋겠습니다. 또한 이 책이 중국 영화나 중국 문화, 혹은 중국이라는 나라에 관심 있는 대중분들께 선물이 되었으면 합니다.